Künneth • Tauchschein – was nun?

Thilo Künneth

Tauchschein – was nun?

Fortbildung – Ausrüstung – Tauchziele für Anfänger im In- und Ausland

Müller Rüschlikon

Meinem Schatz Sabine

ISBN 3-275-01524-9

Sie finden uns im Internet unter www.mueller-rueschlikon.ch

1. Auflage 2005

Lektorat: Myrta Baumberger, Horst Dederichs
Einbandgestaltung: Katja Draenert
Innengestaltung: Stefan Kamps
Druck: Fotolito LONGO, Bozen
Printed in Italy

Vorwort

Mal ehrlich: Bekommen Sie nicht auch noch feuchte Augen, wenn Sie an ihren Urlaub mit den traumhaften Tauchgängen in klarem, sonnendurchflutetem Wasser zurückdenken? Ob Sie nun den Tauchschein in der Karibik, auf den Malediven, im Roten Meer oder in Europa gemacht haben, spielt für die ersten Tauchgänge kaum eine Rolle. Jeder hatte mit Sicherheit sein persönliches Erlebnis bei der Ausbildung und ein Taucher-Highlight unter Wasser.
Für den Einen sind es die kleinen Freuden, wie der erste Oktopus, der neugierig aus der Felsspalte kam oder das bunte Seepferdchen, das versteckt auf einem Seegrashalm saß. Oder hatten Sie schon die erste Haibegegnung, die echtes Herzklopfen verursachte?

Keine Angst – es gibt noch viel in der reichhaltigen Unterwasserwelt zu sehen und Sie werden noch viel erleben! Bleiben Sie beim Tauchen, besuchen Sie weiterführende Kurse und betauchen Sie die schönsten Gewässer auf der Welt. Denn nie war es für Taucher einfacher und günstiger, Urlaub zu buchen, zu reisen und Anschluss an eine Tauchbasis zu finden!

Ich möchte Sie als Neuling der Tauchgemeinde tiefer in die Welt des Sporttauchens einführen. Oder haben Sie noch keinen Schein und sind nur neugierig? Dann finden Sie hier mit Sicherheit alle notwendigen Informationen, um diesen faszinierenden Sport ausüben zu können.

In den folgenden Kapiteln erwartet Sie...

... ein Wissens-Refresh – das sollten Sie wirklich wissen!

... Ausrüstungsempfehlungen und Hinweise zur Technik.

... eine Vorstellung der besten Tauchgebiete der Welt.

... Tipps zu Tauchreisen und Fernflügen.

... wertvolle Grundlagen zum sicheren Tauchen.

... Informationen über Standards, Tauchscheine und Verbände.

... ein Ausblick auf weiterführende Qualifikationen.

... ein ausführliches Taucherglossar und eine Checkliste zum Packen.

Auch in diesem Buch habe ich wieder auf die umständliche Schreibweise »der / die Taucher/ -innen« verzichtet. Ich spreche daher im Text grundsätzlich nur von dem Taucher. Es sind damit aber auch alle weiblichen Taucherinnen angesprochen, die mir das bitte verzeihen mögen!

An dieser Stelle möchte ich mich herzlich für die Mitarbeit einiger Leute bedanken, ohne die das Buch so nicht hätte entstehen können:

- Sabine Künneth, meine pharmazeutisch- medizinische Beratung und eifriger Korrekturleser
- Kay Graf, für Fotos und weitere Unterstützung
- Dr. Uli Erfurth, Bionaut, für den Beitrag zu Korallenriffen
- Günter Wegner, Sharkproject, für den Beitrag zu Haibegegnungen
- Gaby Nenadal, für Unterwasser-Fotos
- Martin Hablützel, für Unterwasser-Fotos
- Michael Christ, für Unterwasser-Fotos
- Ella Stoß, Fa. Seemann Sub, für Unterstützung mit Material und Produktfotos

Danke schön!

Viel Spaß beim Lesen und Tauchen

Thilo Künneth

Inhaltsverzeichnis

1. Eine kleine Auffrischung des Wissens

Westlicher Clownfisch – Beacon Beach/Ko Similan - Thailand
(Foto: Gaby Nenadal)

So ist es jedem Taucher am Anfang ergangen: In mehr oder minder langen Theorie-Einheiten wurden physikalische Grundlagen, Medizin, Ausrüstungskunde, Umweltschutz, Dekompressions- und Tauchzeitberechnungen unterrichtet. Alles war unheimlich wichtig für die Prüfung. Für die Praxis später hat man aber nur einen Bruchteil davon angewendet.

War das alles »für die Katz«? Eigentlich soll mit der ganzen Theorie vor allem das Bewusstsein zum sicheren und vernünftigen Tauchen geweckt werden. Es werden Gefahren und Probleme aufgezeigt, die sich später beim Tauchen durch dieses Wissen leichter vermeiden lassen. Da werden physikalische Prinzipien erklärt, die die Vorgänge unter Wasser plötzlich logisch und erklärbar erscheinen lassen. Und nicht zuletzt wird die eigene Ausrüstung gründlich erklärt, denn das ist schließlich unsere »Lebensversicherung« unter Wasser.
Damit möchte ich die »Gretchenfrage« stellen:
Was haben Sie von Ihrem Tauch-Theorieunterricht behalten? Was wissen Sie noch? Was können Sie im Notfall wirklich anwenden?

Hier sind ein paar Fragen, bunt gemischt aus dem Grundlagenwissen für Taucher. Wenn Sie alles auf Anhieb beantworten können: Herzlichen Glückwunsch! Sie können beruhigt dieses Kapitel überspringen.

Wissen Sie noch...
- Warum ist das Gesetz von Boyle-Mariotte so wichtig für Taucher?
- Warum schwimmt ein Körper, während ein anderer, gleich großer sinkt?
- Warum erscheint Blut tiefer unter Wasser blau-grau?
- Warum muss ich mich beim Auftauchen an bestimmte Regeln halten?
- Warum soll ich bei Schnupfen nicht tauchen?
- Wie kann ich aus einer 200bar-Pressluftflasche atmen?
- Was ist ein Deko-Stopp?
- Wie plane ich meinen Tauchgang richtig?

Na? Doch nicht mehr so sicher?
Deshalb möchte ich mit einem kleinen Grundlagenkapitel beginnen und mich auf das WIRKLICH NOTWENDIGE beschränken. Bitte erwarten Sie keine Wiederholung Ihres Tauchkurses. Hier kommt in knapper Form das, was zum sicheren Tauchen wirklich notwendig ist.

1.1 Grundlagen der Tauch-Physik

1.1.1 Nix geht ohne Boyle-Mariotte

In der Taucherei steht und fällt fast alles mit dem Gesetz von Boyle-Mariotte. Wenn man das begriffen und verinnerlicht hat, kann man sich die meisten Vorgänge unter Wasser leicht erklären.

Wie wir wissen, erhöht sich der Umgebungsdruck unter Wasser, je tiefer wir tauchen. Alle 10 Meter kommt 1 bar Wasserdruck hinzu. Ausgehend von einem normalen Luftdruck von 1 bar auf Meereshöhe, wird unser Körper auf 10 Meter mit 2 bar, auf 20 Meter mit 3 bar, usw. belastet.

Das Gesetz von Boyle-Mariotte erklärt nun, wie sich ein luft- oder gasgefüllter Hohlraum bei verändertem Außendruck verhält. Und das ist für uns so wichtig zu wissen, da wir jede Menge luftgefüllte Hohlräume beim Tauchen mit uns »rumschleppen«: Tarierjacket, Bläschen im Neoprenmaterial, Tauchermaske, Lunge oder Nebenhöhlen. Und auf alles wirkt nun besagtes Gesetz von Boyle-Mariotte.

Das Volumen eines Gases verändert sich umgekehrt zum anliegenden Druck.

Das gilt aber nur bei gleich bleibender Temperatur. Für uns heißt das: Je größer der Umgebungsdruck beim Abtauchen wird, desto kleiner wir der luftgefüllte Hohlraum. Je tiefer wir tauchen, desto mehr wird unsere Lunge komprimiert – zumindest solange, bis wir wieder aus der Pressluftflasche atmen und die Luftmenge in der Lunge wieder erhöhen. Je tiefer wir tauchen, desto mehr wird unser Tarierjacket zusammengepresst – und wir verlieren Auftrieb, weswegen wir immer schneller absinken. Je tiefer wir tauchen, desto mehr werden die Bläschen im Neoprenanzug zusammengepresst – wir verlieren abermals Auftrieb, und es wird durch schlechtere Isolationswirkung kälter.

Wer waren Boyle und Mariotte?

Der französische Geistliche und Physiker Edme Mariotte (1620 bis 1684), der sich mit naturwissenschaftlichen und speziell mit physikalischen Problemen der Mechanik von Flüssigkeiten und Gasen beschäftigte, wurde durch die Entdeckung des Druck-Volumen-Gesetzes bekannt.

Der englische Naturforscher Robert Boyle (1627 bis 1691) begründete mit seinen Forschungen die moderne Chemie. Nebenbei formulierte er 1662 den gesetzlichen Zusammenhang zwischen Druck und Volumen einer Gasmenge, der später allgemein nur noch das »Boyle-Mariottsche Gesetz« genannt wurde

Boyle-Mariotte sagt: »Für eine abgeschlossene Gasmenge ist Druck mal Volumen konstant ($p \times V =$ konstant)« – was nichts anderes bedeutet, als dass sich eine Druck- oder Volumenveränderung im gleichen Maße auf den jeweils anderen Faktor auswirkt. Verdoppelt sich der Druck (zum Beispiel beim Abtauchen von 0m auf 10m), muss sich das Volumen halbieren. Druck mal drei heißt Volumen geteilt durch drei. Ebenso bedeutet die Vergrößerung eines luftgefüllten Körpers auf das Vierfache (mal vier) eine Druckverminderung um Faktor 4 (geteilt durch vier).

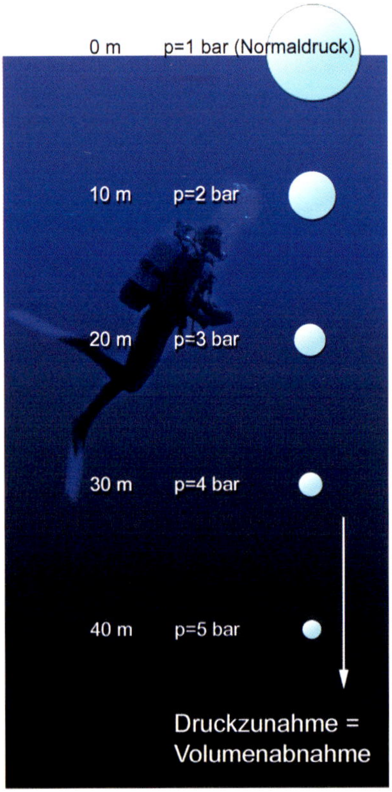

Mit zunehmender Tiefe erhöht sich der Umgebungsdruck. Im selben Verhältnis verringert sich das Volumen eines gasgefüllten Körpers (hier: Luftballon).

1.1.2 Der gute alte Archimedes

Eines der unbeliebtesten Gesetze hat der alte Grieche Archimedes formuliert. Es ist eigentlich nicht besonders spektakulär, aber als Formel sehr umständlich zu erklären. Beschränken wir uns also auf den Kern der Aussage:

Das Gewicht eines Körpers in einer Flüssigkeit wird scheinbar um so viel leichter wie die verdrängte Flüssigkeit wiegt.

Einfacher gesagt: Ein dicker Taucher verdrängt mehr Wasser, er wird scheinbar unter Wasser leichter und hat somit mehr Auftrieb. Das Prinzip macht sich jeder Taucher zunutze, indem er sich durch Aufblasen der Tarierweste »dick« macht und somit an Auftrieb gewinnt. Auch das Eigengewicht hat Auswirkungen auf das Verhalten eines Körpers im Wasser. Bei gleichem Volumen kann ein Objekt sinken (Abtrieb), während ein anderes noch schwimmt (Auftrieb). Stellen Sie sich einen Styroporklotz und ein Bleistück derselben Größe im Wasser vor. Dazu muss ich wohl keine Zeichnung machen.

Machen wir uns das beim Tauchen wieder zunutze. Durch den schön dicken, kuschelig warmen Neoprenanzug hat der arme Taucher anfangs keine Chance in die Tiefe zu tauchen. Er verdrängt zu viel Wasser, er hat mehr Auftrieb als Abtrieb, also schwimmt er. Um seinem Namen gerecht zu werden (Taucher!), muss er also an Gewicht zulegen. Mehr essen ist auf die Schnelle nicht drin, also muss mehr Ausrüstung her. Am besten Teile, die klein und schwer sind (eben selbst wenig Wasser verdrängen und viel Abtrieb erzeugen). Ja – Blei!

Wie viel Blei brauche ich beim Tauchen?

Die optimale Bleimenge muss jeder vor dem Tauchen für sich selbst herausfinden. Je nach Eigengewicht, Körperfülle, Ausrüstungszusammenstellung und Dicke des Tauchanzuges kann das natürlich variieren. Es gibt dazu keine Richtwert-Tabellen. Ein kleiner Test zeigt vor dem Abtauchen, ob wir zu viel oder zu wenig Blei dabei haben: Wir lassen uns an der Oberfläche senkrecht im Wasser hängen – ohne Luft im Jacket – und atmen normal ein. Nun dürfen wir nur so tief sinken, dass uns das Wasser gerade bis auf Augenhöhe reicht. Zieht uns das Gewicht zu sehr in die Tiefe, sind wir überbleit. Schwimmen wir dagegen wie ein Korken, sollten noch ein paar Gewichtsstücke mehr mitgenommen werden.

Am besten probiert man das vorher schon beim Training im Schwimmbad in voller Ausrüstung und erhöht die Bleimenge Stück für Stück, bis man seine optimale Bleimenge gefunden hat.

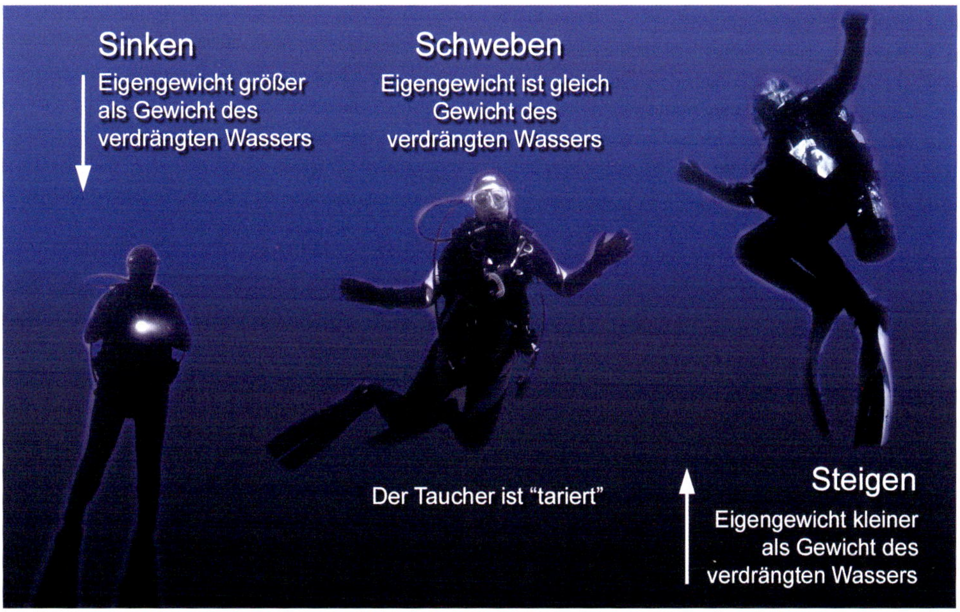

Sinken - Schweben - Steigen: Das Prinzip des Archimedes

Jetzt haben wir durch die eigene Gewichtserhöhung Abtrieb erzeugt, wir sinken. Wie aber stoppen? Ich könnte einfach das Blei abwerfen. Das hilft, ist aber auf die Dauer sehr teuer! (Anm.: Im Notfall ist das allerdings das Mittel der Wahl!)
Oder wir erzeugen Auftrieb, wie es der alte Archimedes vorgeschlagen hat. Dazu machen wir uns einfach wieder dicker, indem wir Luft ins Tarierjacket blasen. So lange, bis unser Sinken beendet ist und wir einen Schwebezustand erreicht haben. Dann sind wir tariert!
Das war`s schon zum Gesetz von Archimedes. Gar nicht so schwer, aber unglaublich wichtig, um das Tauchen wirklich zu verstehen.

Wozu ständig tarieren?

Viele Anfänger haben mit dem ständigen Tarieren unter Wasser ihre liebe Not. Aber wozu muss ich mich auf jeder Tiefe eigentlich neu austarieren? Vergesse ich mich rechtzeitig ins Gleichgewicht zu bringen, »stürze« ich zu schnell in die Tiefe. Beim Aufstieg dasselbe Dilemma: Ohne Nachtarierung, sprich Luftablassen, werde ich immer schneller. Das erklärt sich schnell und einfach durch die wichtigsten Aussagen der Tauchtheorie:

Beim Abtauchen pressen sich die in das Neopren eingeschlossenen Luftbläschen zusammen (nach Boyle-Mariotte), so dass der Taucher Luft in das Jacket blasen muss (Volumenvergrößerung, mehr Wasser wird verdrängt), um wieder Auftrieb zu gewinnen. Noch tiefer getaucht, presst sich auch noch die Luft in der Tarierweste zusammen, was wieder durch erneutes Lufteinlassen ausgeglichen werden muss.

Beim Auftauchen das umgekehrte Spiel: Die Luft in der Weste und die Bläschen im Neoprenanzug dehnen sich aus; d.h. je höher man kommt, desto mehr Auftrieb bekommt man (Volumenzunahme = mehr Wasserverdrängung nach Archimedes). Wenn man nicht rechtzeitig Luft aus dem Jacket lässt, läuft man Gefahr, an die Oberfläche zu schießen!

Während des Tauchens verbraucht man außerdem Atemluft aus der Pressluftflasche, die dadurch logischerweise leichter wird (1000 Liter Luft wiegen 1,2 kg). Durch das veränderte Gewicht erhalten wir wieder mehr Auftrieb, der durch leichtes Luftablassen ausgeglichen werden muss.

Bei jeder Tiefenänderung und mit zunehmendem Luftverbrauch muss also nachtariert werden, will man nicht die Kontrolle über den Tauchgang verlieren!
Ein geübter Taucher kann kleinere Tiefenunterschiede auch mit der Lunge ausgleichen. Tief eingeatmet vergrößert sich der Brustkorb, mehr Wasser wird verdrängt – es geht aufwärts.

1.1.3 Von allen Sinnen verlassen: Sehen und Hören unter Wasser

Dass man unter Wasser ohne Hilfsmittel kaum etwas erkennen kann, ist jedem wohl klar. Aber auch mit einer Taucherbrille kommt es zu einigen optischen Effekten, die der Taucher kennen muss.
Durch die Streuung und Absorption des Lichts an kleinsten Schwebeteilchen ist zum einen die Sichtweite unter Wasser stark eingeschränkt. Unter günstigsten Verhältnissen im klaren Meerwasser können wir deshalb nur maximal 50 bis 60 Meter weit sehen. In heimischen Seen schrumpft dieser Wert schnell auf 1 bis 5 Meter.

Zum anderen wird es in größeren Wassertiefen immer dunkler, bis irgendwann das restliche Sonnenlicht vollkommen absorbiert ist.
Auch dringen die Farbanteile des Sonnenlichts unterschiedlich tief ins Wasser ein. Ab 5 bis 10 Meter Tiefe kommt schon kein rotes Licht mehr durch das Wasser.
Dies ist nicht nur für Unterwasserfotografen wichtig, die ohne Blitz enttäuscht sind, dass der rote Seestern auf dem Foto grau aussieht. Eine blutende Wunde kann leicht unbemerkt bleiben, da in der Tiefe nur eine blaugraue Flüssigkeit zu sehen ist, die sich um die betroffene Stelle ausbreitet.
Die Farbe Blau erkennen wir hingegen noch über die 60m-Grenze hinaus (wenn hier überhaupt noch Sonnenlicht ankommt).

Den seltsamsten Effekt beschert uns aber das Phänomen der Lichtbrechung: Die Lichtstrahlen brechen sich am Übergang Wasser – Glas – Luft an der Tauchermaske. Dadurch erscheint uns ein Objekt im Wasser näher und größer. Da der Brechungsindex des Wassers 1,333-mal (= 4/3) so groß ist, wie der von Luft in der Tauchmaske, können wir die Regel für Taucher aufstellen:

Ein Objekt unter Wasser erscheint uns 1/3 größer und 1/4 näher, als es in Wirklichkeit ist.

Wenn jetzt ein Taucher von dem 2 m großen Hai erzählt, der in nur 5 Meter Entfernung an ihm vorbei geschwommen ist, wissen Sie Bescheid. Nicken Sie anerkennend und denken an obige Regel. Der Hai war in natura nur 1,5 m groß (2 m geteilt durch 4/3) und war mindestens ca. 7 Meter entfernt.

Zum Hören unter Wasser sollte man als Taucher eigentlich nur wissen, dass man sich nicht auf seine Ohren verlassen kann. Durch die größere Schallgeschwindigkeit unter Wasser kann das menschliche Ohr die Richtung und Entfernung einer Schallquelle nicht mehr auflösen; sie kann auch weiter entfernt sein, als man meint. Eine exakte Richtungsbestimmung unter Wasser ist nicht mehr möglich. Ein gehörtes Motorboot kann sich in einer völlig anderen Richtung befinden, als vermutet. Oder schon direkt über dem Taucher. Also aufgepasst beim Auftauchen!

1.2 Grundlagen der Tauchmedizin / Tauchunfälle

Leider haben die eben genannten Gesetze auch Auswirkungen auf unseren Körper beim Tauchen. So müssen wir uns daran gewöhnen, einige Einschränkungen hinzunehmen und Regeln einzuhalten. Die folgenden Seiten sind eine Essenz aus dem riesigen Gebiet der Tauchmedizin und der Tauchunfälle.

1.2.1 Unser Ohr beim Abtauchen

Beginnen wir mit der Phase des Abtauchens. Was passiert da eigentlich?
Mit zunehmender Tauchtiefe erhöht sich ständig der Umgebungsdruck (alle 10 Meter um 1 bar). Nach dem Gesetz von Boyle-Mariotte verkleinern sich dabei ebenso konstant die Gasvolumen im und am Körper. Zum Beispiel auch der Hohlraum im Mittelohr – das ist die Höhle hinter dem Trommelfell, die unsere Gehörknöchelchen (Hammer, Amboss, Steigbügel) beherbergt. Da das Mittelohr an sich nicht kleiner werden kann, wird auf andere Lösungen zurückgegriffen: Das Trommelfell wird nach innen gewölbt, da die Luftmenge im Mittelohr jetzt einen Unterdruck erzeugt. Diesen Druck spüren wir beim Abtauchen. Je tiefer wir tauchen, desto größer würde der Schmerz im Ohr werden. Aber dem kann Abhilfe geschaffen werden. Glücklicherweise ist das Mittelohr über die so genannte Ohrtube oder Eustachische Röhre mit dem Mund-Rachenraum verbunden. Diese hat am Ausgang eine kleine Klappe, die sich bei Normaldruck beim Schlukken immer öffnet und schließt. Beim Abtauchen können wir das Öffnen durch den so genannten Druckausgleich erzwingen: Wir pressen sanft Luft aus dem Mund-Rachenraum in das Mittelohr und öffnen damit die Klappe der Ohrtube. Dadurch wird der entstandene Unterdruck rechtzeitig ausgeglichen. Das Trommelfell wird nicht nach innen gedrückt - es gibt keine Schmerzen beim Abtauchen!

1.2.2 Tauchen mit Schnupfen?

Warum schimpft der Tauchlehrer eigentlich, wenn ich mit Schnupfen tauchen möchte?
Die besagte Ohrtube kann bei Schnupfen angeschwollen, verschleimt und somit verstopft sein. Stellen wir uns die eben beschriebene Abtauchphase bei Schnupfen vor: Der Umgebungsdruck erhöht sich mit der Tiefe. Im Mittelohr entsteht ein Unterdruck. Durch die verstopfte Ohrtube gelingt der Druckausgleich nicht. Das Trommelfell wird nach innen gesaugt. Der Schmerz wird immer größer. Zusätzlich wird noch Gewebsflüssigkeit angesaugt und sammelt sich im Mittelohr an. Wollen Sie immer noch tiefer tauchen?
Irgendwann wird das Trommelfell reißen. Wenn nicht, kann es nach dem Tauchen trotzdem zu heftigen Ohrproblemen wie Mittelohrentzündung

und sehr großen Schmerzen kommen. Also: Vorsicht beim Abtauchen!

Übrigens...
...Gefährlicher kann bei Schnupfen sein, wenn der Druckausgleich beim Abtauchen mit Gewalt gelingt und die eingeschlossene Luft beim Auftauchen nicht mehr entweichen kann. (siehe: Barotrauma beim Auftauchen)

Durch eine bei Erkältung verstopfte Ohrtube kann kein Druckausgleich mehr erfolgen. Das Trommelfell wird nach innen gewölbt – die Schmerzen steigen!

1.2.3 Barotrauma beim Abtauchen

Ohrprobleme (auch ohne Trommelfellriss) gehören in die Kategorie »Barotrauma« der Tauchunfälle. So werden alle durch Über- oder Unterdruck entstandenen Verletzungen genannt (»Baro« ist griechisch und heißt

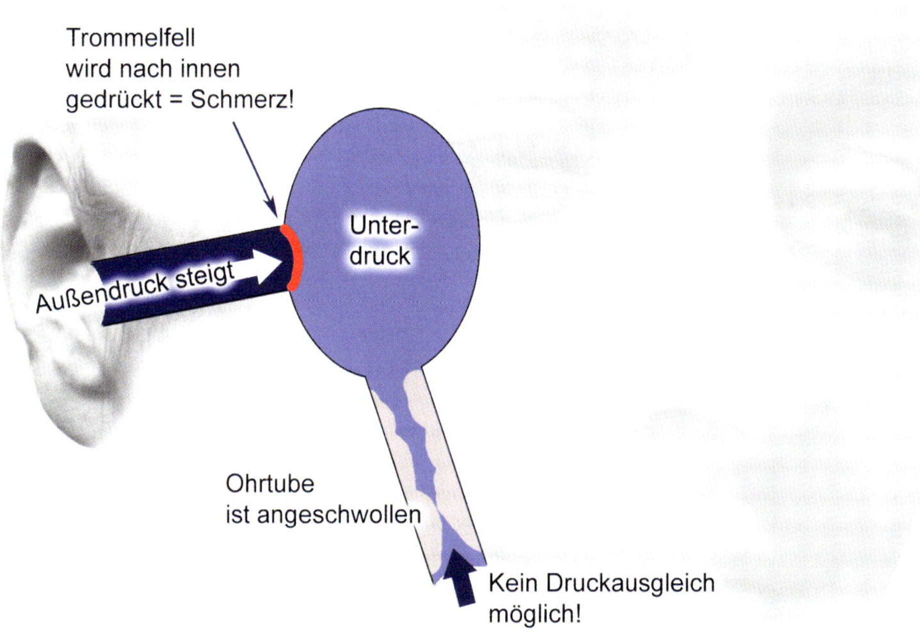

Verstopfte Ohrtube und Mittelohr

»Druck« – »Trauma« ist die Verletzung). Im englischsprachigen Ausland wird dabei von einem Squeeze gesprochen (»pressen«, »drücken«).

Andere nennenswerte Vertreter des Barotraumas bei Abtauchen sind:

- Schmerzen in den Stirn- oder Nebenhöhlen, die meist auch auf fehlenden oder schlechten Druckausgleich der Hohlräume durch eine Erkältung zurückzuführen sind.
- Zunehmender Unterdruck im Maskenraum. Auch hier wurde vergessen, rechtzeitig den Druck in der Tauchermaske durch Ausatmen durch die Nase auszugleichen. Durch das Festsaugen der Maske kann es zu blutunterlaufenen Augen bis hin zu Augenschädigungen kommen.
- Auch die Lunge würde sich beim Abtauchen ständig verkleinern, wenn wir nicht aus der Pressluft-Flasche atmen würden. Ein Barotrauma der Lunge kann aber bei Freitauchern ohne Atemgerät vorkommen, die bei der Jagd nach Tiefenrekorden die menschliche Physiologie vernachlässigen.

Übrigens...
... sind Ohrstöpsel beim Tauchen keine Lösung gegen ein Barotrauma im Ohr. Im Gegenteil! Mit zunehmender Tiefe wird der Stöpsel weiter ins Ohr gedrückt. Es entsteht ein nicht ausgleichbarer Hohlraum vor dem Trommelfell. Auch bei erfolgreichem Druckausgleich im Mittelohr wird nun das Trommelfell unter heftigen Schmerzen nach außen gesaugt. Ein Drukkausgleich entsteht erst wieder, wenn das Trommelfell gerissen ist!

Ein Barotrauma im Ohr entsteht durch fehlenden oder erzwungenen Druckausgleich und wird durch Schwellung oder Verschluss der Ohrtube ausgelöst. Oft ist ein Trommelfellriss die Folge!

1.2.4 Im Rausch der Tiefe

Jetzt haben wir die ganze Zeit von den Auswirkungen durch den Einfluss von Umgebungsdruck gesprochen. Auch die Luft, die wir unter Wasser atmen, wirkt in der Tiefe anders als an Land.
Der Mensch ist ein Atemgasgemisch an Land bei 1 bar gewohnt. Es beinhaltet neben vernachlässigbaren Resten 21% Sauerstoff und 78% Stickstoff. Die einzelnen Gasanteile haben jeweils einen Teildruck in Größe ihres prozentualen Anteils: Sauerstoff hat demnach auf Meereshöhe einen Teildruck von 0,21 bar, Stickstoff 0,78 bar. Alle Gasteildrücke ergeben zusammen den Umgebungsdruck 1 bar. Daran ist der menschliche Körper von Natur aus gewöhnt, damit können wir gut leben.

Bei erhöhtem Außendruck unter Wasser ändern sich nun aber auch die Teildrücke der einzelnen Gasanteile (nach dem Gesetz von Dalton) in der Atemluft. Bei 10 Meter, unter 2 bar Umgebungsdruck, erhöht sich der Teildruck von Stickstoff auf 1,56 bar. Bei 20 Meter (3 bar) auf 2,34 bar usw.

Wir bekommen in der Tiefe also eine erhöhte »Stickstoff-Dosis« ab. Der überzählige Stickstoff kommt beim Einatmen über die Atemwege und den Blutkreislauf ins Gewebe und setzt sich auch an den Synapsen der Nervenzellen fest, die für die Weiterleitung von Informationen von Nerv zu Nerv verantwortlich sind. Durch diese Blockade kann es irgendwann zu einem Tiefenrausch kommen.

Die Symptome sind einem Alkoholrausch ähnlich: Die Konzentration und Kritikfähigkeit lässt nach, Angst wechselt zu Euphorie, der Taucher beginnt sich unnatürlich zu verhalten. Wenn der Tauchpartner beginnt, mit einem Hai Wechselatmung zu üben, wird`s kritisch.

Allerdings nimmt der Tiefenrausch langsam zu und kündigt sich an: mit einem metallischen Geschmack im Mund und Ohrsausen. Das Denken fällt schwerer. Wem das an sich selbst auffällt, sollte die momentane Tauchtiefe verlassen und höher steigen. In der Tiefe von 10 - 20 m verschwinden die Auswirkungen schnell wieder.

Rein medizinisch gesehen hat Stickstoff ab 4 bar Teildruck eine narkotische Wirkung auf den Menschen. Rechnerisch ist dieser Wert beim Presslufttauchen bei 40 m erreicht. Man darf sich dabei aber nicht auf diese Tiefengrenze verlassen. Je nach Tagesform, Trainingsstand und Körperbau kann es schon ab 30 Metern zu einem Tiefenrausch kommen!

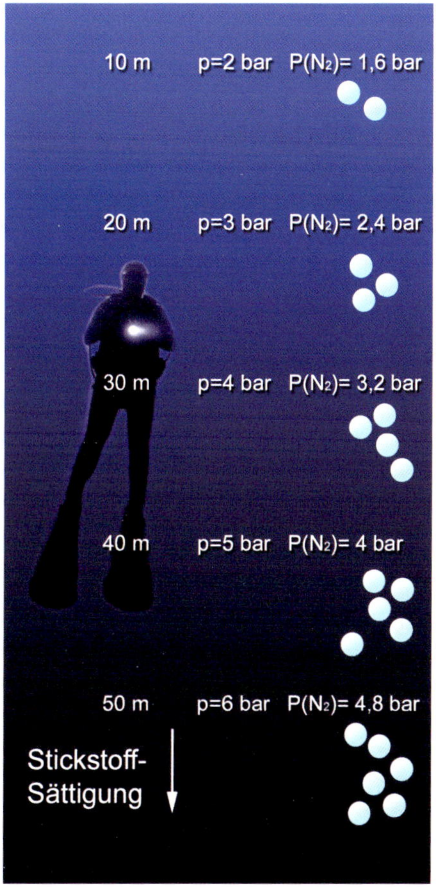

Mit zunehmender Tiefe erhöht sich der Teildruck des Stickstoffs im gleichen Verhältnis wie der Umgebungsdruck. Der Körper des Tauchers sättigt sich mehr mit Stickstoff.

1.2.5 Zu viel Kohlendioxid ist nicht gut

Kohlendioxid ist das Abfallprodukt bei der Verbrennung des lebenswichtigen Sauerstoffs in den Körperzellen. Beim Ausatmen geben wir das Kohlendioxid wieder ab – alles ist gut.

Unter erhöhtem Umgebungsdruck allerdings atmet der Mensch oft anders als gewohnt. Viele Taucher atmen wenig und flach, um Luft zu sparen – was absolut falsch ist und gar nichts bringt. Der Taucher reduziert dabei die Sauerstoffaufnahme und erhöht dabei die Konzentration von Kohlendioxid im Körper. Ebenso lässt große Anstrengung unter erhöhtem Druck die Atemmuskulatur schneller ermüden. Die Folge ist eine flache, hechelnde Atmung. Der Kohlendioxidanteil im Körper steigt an und es kommt zu einer Kettenreaktion, die vom Taucher selbst nicht erkannt wird: Das Gehirn stellt die zu hohe Kohlendioxidkonzentration fest und veranlasst die Atemmuskulatur zu schnellerem Atmen. Durch die flache und schnelle Atmung wird noch weniger Kohlendioxid abgeatmet, es kommt zu Vergiftungserscheinungen, dem so genannten Essoufflement.

Folge: Der Taucher wird hektisch, hat erhöhten Lufthunger, sein Bewusstsein trübt sich. Kopfschmerzen, Schwindel und Übelkeit folgen. Schlimmstenfalls wir der Taucher bewusstlos, was unter Wasser fatale Folgen haben kann!

Übrigens...
...den gleichen Effekt kann übrigens ein zu eng sitzender Neoprenanzug auslösen. Der Taucher kann nicht mehr richtig tief einatmen. Eine flache Atmung stellt sich ein.

Eine zu hohe Kohlendioxid-Konzentration in der Lunge durch flache Atmung, verunreinigte Pressluft oder defekten Lungenautomaten kann zu Vergiftungserscheinungen führen!

Des Tauchers unerklärlicher Harndrang

Die landläufige Meinung, der erhöhte Umgebungsdruck unter Wasser drückt auf die Blase, ist zwar in der Folge korrekt, aber die Ursachen liegen woanders:
Beim Tauchen erreichen wir einen Schwebezustand im Wasser, der Körper ist praktisch schwerelos. Dadurch verschiebt sich die Blutverteilung im Körper. Sackt an Land normalerweise mehr Blut in die Beine, sammelt sich im Wasser, bedingt durch die horizontale Schwimmlage, mehr Blut im zentralen Körperbereich. Verstärkt wird dieser Effekt durch einen eng anliegenden Neoprenanzug, der eine Ausdehnung der Gefäße an der Körperoberfläche verhindert.
Unser Gehirn meldet jetzt ein vermeintlich zu großes Blutvolumen durch die Sensoren im Herzen und startet mit der Gegensteuerung. Der Körper beginnt mit der Entwässerung, indem die Niere mehr Harnflüssigkeit an die Blase abgibt. Und das bringt so manchen Taucher unter Wasser in arge Bedrängnis.

1.2.6 Wie entsteht eine Dekompressionskrankheit?

Um die Vorgänge bei der Entstehung einer Dekompressionskrankheit (oder kurz DCS für Decompression Sickness) zu verstehen, muss etwas mehr ausgeholt werden. Ich verspreche aber, dass Sie am Ende mehr Verständnis für die Sicherheitsregeln beim Auftauchen haben werden!

Caisson-Krankheit

Der Begriff »Caisson-Krankheit« wurde Ende des 19. Jahrhunderts geprägt, als Arbeiter unter Wasser an Brückenfundamenten bauten. Dazu wurden so genannte Caissons (franz.: »Kasten«) eingesetzt – unten offene Senkkästen, die von der Oberfläche mit Druckluft versorgt wurden. Nach langen Arbeitsgängen unter Wasser traten mit der Zeit bei den Arbeitern unerklärliche Krankheitsbilder auf. Heute wird dieser Begriff in der medizinischen Fachliteratur nicht mehr so häufig gebraucht. Man spricht mittlerweile nur noch von einer DCS, der »Decompression Sickness« oder Dekompressionskrankheit.

Wie vorangehend schon erwähnt, besteht unsere Atemluft unter anderem aus 21% Sauerstoff und 78% Stickstoff. Während der lebenswichtige Sauerstoff in den Zellen verbrannt wird, benötigt unser Körper den Stickstoff nicht. Dieser wird eingeatmet und nutzlos wieder ausgeatmet. Da wir das schon unser ganzes Leben lang machen, hat sich mittlerweile unser ganzer Körper mit Stickstoff gesättigt, d.h. überall im Blut, im Gewebe und in den Zellen befinden sich gelöste Gasteilchen des nutzlosen Stickstoffs.

Was passiert nun beim Tauchen?
Beim Abtauchen steigt der Außendruck, ebenso erhöht sich der Teildruck der Gase in der Atemluft (wir hatten das schon beim Tiefenrausch besprochen). In z. B. 10 m Tiefe (2 bar Umgebungsdruck) verdoppelt sich der Teildruck von Stickstoff schon auf 1,56 bar. Das Mehrangebot an Stickstoff wird nun mit der Zeit im Körper gelöst. Über die Luftwege gelangt der Stickstoff in den Blutkreislauf und verteilt sich im ganzen Körper. Zuerst im Blut, dann im Fettgewebe, bis zuletzt auch im Knochenmark und in den Nervenzellen. Tauchen wir noch tiefer, erhöht sich weiter der Umgebungsdruck und damit der Teildruck der Gase in der Atemluft. Wieder werden die noch größeren Stickstoffmengen im Blut gelöst und bis in die letzten Ecken des Körpers transportiert. Aber das braucht seine Zeit. Die Geschwindigkeit der Sättigung ist von der Art des Gewebes und der jeweiligen Durchblutung abhängig. Fettreiches Gewebe kann zum Beispiel fünfmal mehr Stickstoff aufnehmen als wässriges Gewebe. Als Folge braucht Fett aber auch länger, um den Stickstoff wieder loszuwerden. Ebenso spielt die Temperatur eine große Rolle.

Merken wir uns also: Je länger wir Luft unter erhöhtem Druck einatmen, desto mehr und intensiver sättigt sich der Körper mit Stickstoff.

Die Sättigung des Körpers mit Stickstoff ist u.a. abhängig von Zeit, Tiefe, Temperatur, Gewebeart und Durchblutung.

Bis hierhin muss sich der Taucher noch keine großen Gedanken machen. Anders sieht es erst beim Auftauchen aus:
Der Teildruck des Stickstoffs in der Atemluft nimmt wegen sinkendem Umgebungsdruck ab. Es entsteht nun ein Ungleichgewicht zwischen Atemluft und gelöstem Stickstoff im Körper. Das Gas wandert wieder aus den Geweben in das Blut und wird nach Transport durch den Körper in die Lunge abgeatmet. Dies ist ein normaler Vorgang und ist beim Tauchen nach den Sicherheitsregeln nicht weiter kritisch.

Was geschieht aber bei zu schnellem Auftauchen?
Bei einem plötzlichen Druckabfall – der Taucher »schießt« an die Oberfläche – kann der Stickstoff nicht mehr rechtzeitig aus dem Gewebe transportiert werden. Das Gas perlt direkt im Gewebe aus, es bilden sich Gasbläschen im Körper. Stellen Sie sich eine Mineralwasserflasche vor: Beim Öffnen entweicht schlagartig der darin vorhandene Überdruck, das gelöste Kohlendioxid im Wasser perlt als Gasbläschen aus.

Der »Sprudelflaschen-Effekt« - Beim schnellen Öffnen einer Sodaflasche entweicht schlagartig das vorher im Wasser gelöste Kohlendioxid als Gasbläschen.

Ähnliches passiert im Körper des Tauchers: Der gelöste Stickstoff perlt bei zu schnellem Auftauchen aus. Die nun entstandenen Gasbläschen können, je nachdem, wo sie sich gerade im Körper befinden, schwere Schäden anrichten: Blutbahnen verstopfen und Embolien verursachen, Gewebe zerreißen oder Nervenbahnen blockieren. Man kann sich somit lebhaft vorstellen, was passiert, wenn ein Gasbläschen die Nerven im Rückenmark oder ein Herzkranzgefäß blockiert. Es kann zu lebensgefährlichen Unfällen kommen!

Vermeide einen Dekompressionsunfall durch kontrolliertes, langsames Auftauchen und Einhalten der Dekompressionsstopps laut Austauchtabelle oder Computer.

In der Tauchmedizin unterscheidet man zwei Schweregrade der DCS: Die Symptome und Auswirkungen einer DCS Typ I und einer DCS Typ II. Als Taucher sollte man diese Symptome kennen, um nach dem Tauchen eine eventuelle Dekompressionskrankheit bei sich oder bei dem Tauchpartner rechtzeitig erkennen und entsprechend handeln zu können.

1.2.7 Die Merkmale einer DCS Typ I

Die Folgen der ersten Stufe der DCS sind vor allem schmerzhafter Natur. Sie treten nach dem Auftauchen mit größter Wahrscheinlichkeit in den ersten 30 Minuten auf. Man muss aber noch bis 24 – 48 Stunden nach dem Tauchgang mit folgenden Symptomen rechnen:

- **Taucherflöhe**
Gasblasen unter der Haut erzeugen einen Juckreiz. Dazu kann ein roter fleckiger Hautausschlag auftreten
- **Schwellungen der Lymphgefäße**
Durch Bläschen verursachte Lymphverschlüsse stauen sich zu Ödemen und Schwellungen der Haut auf (»Apfelsinenhaut«).
- **Gelenk- und Gliederschmerzen**
Stickstoffbläschen sammeln sich in Gelenkkapseln und rufen nach zuerst taubem Gefühl einen heftigen Schmerz hervor. Die Betroffenen beugen (engl.: »bend«) ihre Gelenke oft recht unnatürlich, um schmerzhafte Bewegungen zu vermeiden. Deshalb wurden diese Symptome auch »Bends« getauft.

Eine DCS Typ I ist durch schmerzhafte Symptome wie Taucherflöhe, Apfelsinenhaut und Bends gekennzeichnet. Sie sind oft nur Vorbote einer DCS Typ II.

Übrigens...
...eine DCS Typ I kann sich innerhalb von 48 Stunden noch zu einer DCS II verstärken!

1.2.8 Die Merkmale einer DCS Typ II

Diese Folgen sind erheblich schwerwiegender als die von Typ I. Sie beeinflussen hauptsächlich Nervenssystem und Atmung. Eine DCS II entsteht aus der Kombination von Gefäßverschlüssen und direkten Gewebeschäden und kann zu schwersten gesundheitlichen Schäden bis hin zum Tod führen. Auch hier muss man noch bis 48 Stunden nach dem Tauchen mit dem Auftreten von Symptomen rechnen.

- **Lungenschädigung**
Gasblasen verstopfen die Kapillargefäße der Lunge. Es entsteht ein brennender Schmerz in den Lungenflügeln, der zu extremer Kurzatmigkeit führt. Der Sauerstoffmangel erhöht den Pulsschlag – der Betroffene hat

blaue Lippen. Wegen des Erstickungsgefühls (engl.: ersticken = to choke) nennt man diese Symptome »Chokes«. Ein totales Versagen des Herz-Kreislaufsystems ist möglich!

- **Innenohrschädigung**

Im Innenohr entstehende Bläschen wirken sich schädlich auf Gehör- und Gleichgewichtssinn aus: Ohrgeräusche, Gehörverlust, Gleichgewichtsstörungen, Schwindel und Erbrechen können die Folge sein.

- **Hirn- und Rückenmarkschäden**

Eine Schädigung von Zellen im Gehirn kann zu Sinnesstörungen (Reflexstörungen, Seh- und Hörstörungen) führen. Im Rückenmark können die Stickstoffbläschen Nervenleitungen zerstören und sogar eine Halbseiten- oder Querschnittslähmung verursachen.

Eine DCS Typ II ist durch Störungen des Nervensystems, Herz und Lunge gekennzeichnet. Die Symptome sind Chokes, Gleichgewichtsstörungen, Halbseiten- oder Querschnittslähmung bis hin zu Tod durch Herzversagen.
Eine DCS II ist immer lebensbedrohlich!

Verstärkende Faktoren für eine DCS

Es gibt einige Faktoren, die die Anfälligkeit für eine Dekompressionskrankheit erheblich ansteigen lassen:
Kälte, hohe körperliche Anstrengung, Flüssigkeitsverlust (starkes Schwitzen) vor dem Tauchen, Fettleibigkeit, Alkoholkonsum, Non-Limit-Tauchen, Jo-Jo-Tauchgänge und zu schnelle Aufstiege verstärken das Risiko einer DCS erheblich. Bedenken Sie das bei der Tauchgangs-Planung!

1.2.9 Barotrauma beim Auftauchen

Auch beim Auftauchen sind wir wieder der Gesetzmäßigkeit von Herrn Boyle und Herrn Mariotte ausgeliefert. Alle Gase haben das Bestreben, sich bei sinkendem Umgebungsdruck auszudehnen. Ist das Gas in einem Hohlraum eingeschlossen, sucht es sich einen Weg »ins Freie« oder versucht den Hohlraum zu vergrößern.

Luft im Kopf

Solange wir gesundheitlich fit sind, kann die Luft im Mittelohr oder in den Stirn- und Nebenhöhlen wieder über den natürlichen Weg entweichen. Kritisch kann das allerdings bei Schnupfen werden. Gehen wir trotz ausdrücklicher Warnung unseres Tauchlehrers mit einer Erkältung tauchen, kann es während des Tauchgangs im kalten Wasser zu einem Verschluss (durch Schleim oder Schwellung) der Ohrtube oder der Nebenhöhlen kommen. Jetzt ist zusätzliche Luft in den Hohlräumen »gefangen« und kann bei Ausdehnung während des Auftauchens nicht mehr entweichen. Die Folge sind heftigste Schmerzen im Ohr oder in den Nebenhöhlen. Im schlimmsten Fall sucht sich die Luft durch das Trommelfell den Weg ins Freie. Das Trommelfell reißt, kaltes Wasser dringt ins Mittelohr. Schon unter Wasser kann es jetzt zu Orientierungsverlust, Schwindel und Übelkeit kommen. Auf lange Sicht gesehen kann das zu Hörschäden oder sogar zum Gehörverlust führen.

Niemals mit Schnupfen tauchen oder unter Wasser einen Druckausgleich erzwingen!

Das hält die stärkste Lunge nicht aus
Das Auftauchen hat die gleichen Auswirkungen auf die Lunge:
Wir haben gehört, dass beim Aufstieg von 10 m an die Wasseroberfläche der Druck von 2 bar auf 1 bar sinkt, also halbiert wird. Gleichzeitig dehnt sich jedes Luftvolumen auf das Zweifache aus. Das würde auch mit unserer

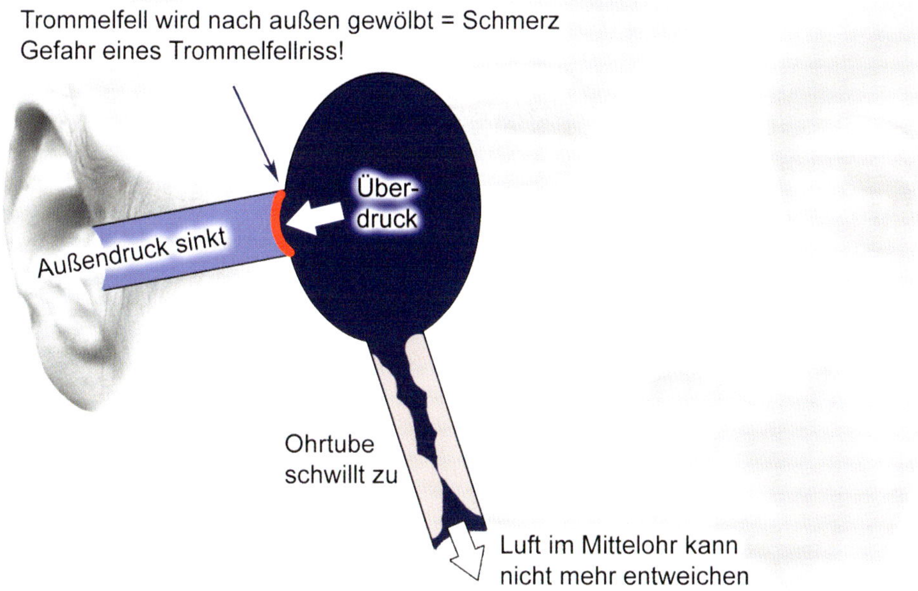

Tauchen mit Schnupfen: Wenn im Mittelohr eingeschlossene Luft beim Auftauchen nicht mehr entweichen kann, ist mit dem Schlimmsten zu rechnen: Trommelfellriss!

Lunge geschehen, wenn wir beim Auftauchen nicht ausatmen oder die Atemwege verschlossen sind. Die eingeschlossene Luft kann nicht mehr entweichen, die Folgen können Lungenüberdehnung oder Lungenriss sein.
Keine Angst – beim vernünftigen Tauchen mit langsamen Aufstiegen und normaler Atmung wird dieser Lungenüberdruckunfall (Barotrauma der Lunge) nicht vorkommen. Allerdings sieht man gerade bei Anfängern immer wieder Panikaufstiege mit angehaltener Luft aus der Tiefe.

Beim Auftauchen niemals die Luft anhalten!

Schlimmer ist da ein regelrechter Verschluss der Luftröhre. Das kann in der Tiefe bei Verschlucken und Einatmen von Wasser passieren. Der Kehlkopf kann sich krampfartig verschließen (»Stimmritzenkrampf«); die Luftröhre ist dann blockiert. Der Betroffene kann einerseits nicht mehr atmen, aber auch aus oben genannten Gründen nicht auftauchen. Es bleibt die »Wahl« zwischen Bewusstlosigkeit oder Lungenriss.

Neben den Folgen eines gerissenen Lungenflügels muss bei so einem Tauchunfall damit gerechnet werden, dass Luftbläschen in den Blutkreislauf gelangt sind. Diese können wie beim Dekompressionsunfall Gefäße verschließen, Embolien auslösen und zu ähnlichen Symptomen führen (siehe auch DCS Typ II).

1.2.10 Blackout in der ersten Runde

Jetzt möchte ich noch ein Wort zum Apnoetauchen, also dem Schnorcheln ohne Druckluftgerät, verlieren. Dies wird von vielen entweder als eigenständige Tauchdisziplin oder als »Mittel zum Zweck« während des Hallenbadtrainings für die Freiwasser-Saison betrieben.
Ich möchte ausdrücklich vor den Gefahren des so genannten »Hyperventilierens« warnen! Dieses für längere Zeit bewusste, tiefe Ein- und Ausatmen wird gerne vor dem Strecken- oder Tieftauchen praktiziert. Es ist allerdings ein Trugschluss zu glauben, wir könnten damit unseren Luftvorrat erhöhen und länger unter Wasser bleiben. Wir atmen damit nur mehr Kohlendioxid ab und täuschen unsere »Mess-Sensoren« im Körper:
Beim Tauchen wird ständig die Kohlendioxid-Menge im Blut »gemessen«. Da Kohlendioxid durch Verbrennung von Sauerstoff in den Zellen entsteht, kann das Gehirn mit dieser Methode gut feststellen, wann der Sauerstoff im Blut aufgebraucht ist, und wann es Zeit ist wieder einzuatmen. Es wird dann dieses unangenehme »Luftnot-Gefühl« erzeugt, das uns zum Auftauchen und Atmen zwingt.
Durch das Hyperventilieren vor dem Tauchen senken wir nun die natürliche Kohlendioxid-Schwelle im Blut, und das Gehirn kann nicht mehr rechtzeitig einen Sauerstoffmangel feststellen. Der »Sofort-Einatmen-Zwang« kommt zu spät, das Gehirn bekommt

nicht mehr genug Sauerstoff, und wir werden schlagartig bewusstlos. Weil das oft beim Training im Bad vorkam, nannte man diesen Effekt »Schwimmbad-Blackout«.

Beim Apnoetauchen und Schnorcheln gilt deshalb verstärkt die Zweimann-Regel »Tauche nie alleine«. Möchten Sie zu Trainingszwecken gerne Ihr Streckentauchen verbessern? Kein Problem – aber bitten Sie vorher einen anderen Schnorchler, die Tauchstrecke zu beaufsichtigen!

Niemals vor dem Streckentauchen hyperventilieren!

1.2.11 Kalt ist die See

Wenn wir nicht gerade auf den Malediven tauchen, ist das Meer oder der See meist so kalt, dass wir einen Kälteschutz brauchen. Wir wählen dazu einen meist modischen, gut sitzenden Neoprenanzug, je nach Wassertemperatur. In heimischen Seen sollte es mindestens ein 7mm-Halbtrockentauchanzug sein, wenn nicht sogar ein Trockentauchanzug mit flauschigem Unterzieher.
Aber aufgepasst: Je tiefer wir tauchen, desto mehr werden die Luftbläschen im Neoprenanzug zusammengepresst. Die Isolationswirkung lässt nach, wir beginnen mit der Zeit zu frieren. Es kann eine Unterkühlung drohen!

Durch die bessere Temperaturleitfähigkeit wird dem Körper im Wasser 3 - 4 mal schneller Wärme entzogen. Bei längerer Kälteeinwirkung besteht die Gefahr der Unterkühlung!

Eine Unterkühlung ist nicht zu verharmlosen und sollte rechtzeitig anhand einiger Warnsymptome erkannt werden.
Der Mensch gehört zur Gattung der Warmblüter und muss um richtig zu funktionieren immer eine konstante Körperkerntemperatur von 36,5° Celsius haben. Wird die Temperatur höher nennen wir das Fieber, wird sie niedriger heißt es Unterkühlung. Das Ganze spielt sich in langsamen Phasen ab, kann sich aber bis zu Tod durch Herzversagen steigern.
Am Anfang, wenn wir nur wenige Grad an Temperatur verlieren, wird die Durchblutung unserer Außenregionen gedrosselt. Der Körper versucht durch Kältezittern Wärme zu produzieren und sein »Fell« aufzustellen (»Gänsehaut«). Durch die Kälte spüren wir Schmerzen vor allem an den Händen und Füßen. Bei weiterem Temperaturverlust hört das Zittern auf, das Schmerzempfinden lässt nach. Unser Bewusstsein trübt sich, die Atmung wird langsamer, es kommt zu ersten Lähmungserscheinungen. Bei massivem Abfall der Körperkerntemperatur drohen Herzrhythmusstörungen, Kammerflimmern bis hin zu Herz-Kreislaufversagen.

Wir sollten beim Tauchen deshalb immer auf uns und unseren Tauchpartner achten. Bei den ersten Anzeichen einer beginnenden Unterkühlung (blaue Lippen, Zittern, blasse Haut, schneller Puls) heißt es: Wasser verlassen, aufwärmen!

1.2.12 Manche mögen's heiß

Schwitzen unter Wasser? Unmöglich! Aber Schwitzen vor dem Tauchen: Hat jeder schon erlebt.
Eingepackt in den warmen Neoprenanzug bei über 30° Celsius sitzen wir in einem kleinen, ägyptischen Tauchboot und warten auf den Tauchgang. Der Schweiß rinnt nur so über die Stirn, womöglich haben wir nicht einmal eine Kappe, die uns vor der prallen Sonne schützt. Na, kommt Ihnen das nicht bekannt vor?
Die Gefahren und Probleme von Überhitzung sollte sich jeder Taucher vor Augen führen: Durch starkes Schwitzen kommt es zu einem hohen Flüssigkeits- und Salzverlust. Neben der Gefahr von Muskelkrämpfen erhöht der Flüssigkeitsverlust (Dehydration) die Anfälligkeit für eine Dekompressionskrankheit rapide!

Setzen wir unseren Kopf längere Zeit direkter intensiver Sonnenbestrahlung aus, kann die Infrarot-Strahlung Gehirnzellen schädigen. Ein solcher Sonnenstich macht sich durch Schwindel, Übelkeit und Kopfschmerzen bemerkbar. In extremen Fällen kann es zu Atemlähmungen und Herz-Kreislaufversagen kommen.

Die schwerste Folge kann aber ein Hitzschlag für den Menschen haben. Und das betrifft vor allem uns Taucher! Der Hitzschlag entsteht, wenn die Wärmeabgabe des Körpers durch z. B. den Neoprenanzug verhindert wird. Kommen nun noch eine hohe Außentemperatur, hohe Luftfeuchtigkeit und schwere Arbeit (wie durch Flaschenschleppen) hinzu, ist die Gefahr eines Hitzschlags groß. Es folgt eine rasche, fieberartige Temperaturerhöhung. Der Körper reagiert mit Kopfschmerzen, Übelkeit, Erbrechen, Schwindel- und Schwächeanfällen. Bewusstlosigkeit und im extremen Fall Tod durch Herz-Kreislaufversagen können die Folge sein!

Eine Überhitzung entsteht durch fehlende Möglichkeit des Körpers, die angestaute Hitze auf normalem Weg abzuführen oder durch direkte intensive Sonneneinstrahlung!

Tipps bei Hitze und Sonne

Ich empfehle ein paar Grundregeln bei Tauchreisen in wärmeren Regionen einzuhalten. Das vermeidet auch die unangenehmen Auswirkungen eines Sonnenbrands:

- Immer viel trinken vor dem Tauchen (nein – kein Alkohol)!
- Aus der prallen Sonne gehen! Im Schatten ist es warm genug!
- Neoprenanzug erst kurz vor dem Tauchgang anziehen!

- Schwere körperliche Anstrengung in der Sonne vermeiden!
- Bei starker Sonneneinstrahlung immer eine Kopfbedeckung tragen!
- Nicht am Sonnenschutz sparen! Sonnencreme mit hohem Lichtschutzfaktor schon vor dem Sonnenbad anwenden!

Tauchen von Land aus kann auch anstrengend sein.

1.3 Grundlagen der Tauchtechnik und des Tauchrechnens

1.3.1 Die gepresste Luft ist immer dabei

Das Presslufttauchgerät (PTG) oder auch Drucklufttauchgerät (DTG) ist das zentrale Ausrüstungsteil für den Taucher. Ohne geht nicht und ein Defekt kann unter Wasser fatale Folgen haben. Deshalb ist diese Einheit aus Pressluftflasche, Sicherheitseinrichtung, Atemregler und Tragegestell auch an eine europäische Norm gebunden, der EN250. Diese beschreibt die Mindestanforderungen für ein sicheres Sporttauchen für das so genannte »autonome Leichttauchgerät mit Druckluft« (kurz: SCUBA – engl.: »Self Contained Underwater Breathing Apparatus«).

Die Pressluftflasche ist ein geprüfter Druckzylinder aus Stahl oder Aluminium mit einem Ventil (Einfach- oder Doppelabgang). In Deutschland ist eine regelmäßige TÜV-Prüfung gesetzlich vorgeschrieben, wobei eine neue europäische Betriebssicherheitsverordnung die alten TÜV-Vorschriften abgelöst hat. Während bisher in einem Intervall von 2 Jahren die Druckbehälter geprüft werden mussten, spricht die Europaverordnung für Pressluftflaschen von künftig zwei Prüfungsterminen: Alle 2 1/2 Jahre eine Sichtprüfung und alle 5 Jahre eine Wasserdruckdichteprüfung.

Übrigens...
...bis 31.12.2007 gibt es eine Übergangsregelung, in der noch nach den alten Prüfintervallen vorgegangen werden darf.

Eine Pressluftflasche ohne gültigen oder mit abgelaufenem TÜV-Stempel darf nicht mehr gefüllt und benutzt werden.

In Europa werden normalerweise Flaschen mit 7 l, 10 l, 12 l, 15 l, 2 x 7 l oder 2 x 10 l verwendet, wobei mir schon bei dem Gedanken an letztere der Rücken schmerzt.

Beim Kauf einer eigenen Flasche ist vor allem auf den Ventilausgang zu achten. Handelsüblich sind zwei Standards: Der in Europa verwendete DIN- und der international übliche INT-Anschluss. Also Vorsicht bei Billigimporten aus dem Ausland. Der Lungenautomat könnte nicht an den Anschluss der neuen Flasche passen!

Ein Ventil sperrt oder öffnet die Druckluftzufuhr aus der Pressluftflasche. Es wird mit Einfach- oder Doppelabgang, mit oder ohne Reserveschaltung verkauft.

Flaschengröße cubic feet?

Im amerikanischen Sprachraum werden Pressluftflaschen (»tanks«) nicht nach der Volumengröße Liter bemessen, sondern nach dem Fassungsvermögen »cubic foot« (cft). Man blickt als Europäer etwas ratlos drein, wenn man zum ersten Mal einen »80 cft tank« von der Tauchbasis bekommt. Wie viel Luftvorrat habe ich nun?
Als Eselsbrücke muss man sich nur merken, dass 1 cubic foot ca. 30 Liter sind (exakt: 28,32 l). Die 80er-Flasche enthält also 2265 Liter Luft, was bei 200 bar Fülldruck ungefähr einer 11-Liter-Pressluftflasche entspricht.

Als kleine Hilfe:
- 50 cft tank ≈ 7 Liter PTG
- 80 cft tank ≈ 11 Liter PTG
- 100 cft tank ≈ 14 Liter PTG

Im Urlaub sind Sie also normal mit einem 80er- oder 100er-Tank gut bedient. Mehr muss nicht sein.

1.3.2 Jetzt bitte tief einatmen

Bei einem modernen Atemregler sprechen wir von zwei Komponenten: Die erste Stufe (oder Druckminderer), die direkt an das Ventil der Pressluftflasche geschraubt wird, verbunden über einen so genannten Mitteldruckschlauch mit der zweiten Stufe – dem Lungenautomat.

Ich möchte nicht sehr tief in dieses Stück Ingenieurskunst eintauchen und die detaillierten technischen Vorgänge schildern. Es gibt zu viele verschiedene Bauweisen und unzählige Herstellerfirmen. Jede preist natürlich die Vorteile genau ihres Systems an.
Vielmehr sollte der Taucher grundsätzlich wissen, was in diesem kleinen Teil passiert. Zumal man als Taucher doch öfter von neugierigen Zuschauern angesprochen wird und das eine oder andere erklären muss. Dann merken Sie sich nur diesen kurzen Abschnitt:

In der Pressluftflasche auf dem Rücken befindet sich im Normalfall ein Luftvorrat von 2000 Liter Luft, der unter einem Druck von 200 bar steht – sonst würde sie ja nicht in eine 10-Liter-Flasche passen! Der Mensch kann diese Druckluft aber nicht direkt atmen; sie muss erst auf den Umgebungsdruck reduziert werden. Und das macht der zweistufige Atemregler.
In der ersten Stufe wird die Druckluft (=HP »high pressure«) auf einen einstellbaren Mitteldruck (=LP »low pres-

sure«), etwa 10 - 15 bar, reduziert.
Die zweite Stufe ist der eigentliche Lungenautomat und passt den Mitteldruck auf einen atembaren Umgebungsdruck an. Durch die Auslassöffnung im Mundstück wird direkt wieder ausgeatmet.

Die erste Stufe eines Atemreglers an der Pressluftflasche

An den HP-Ausgang der 1. Stufe wird auch das Finimeter angebracht, das hier direkt den Flaschendruck messen und anzeigen kann.

In einem zweistufigen Atemregler wird die Druckluft in zwei Schritten auf einen atembaren Umgebungsdruck reduziert. Die beiden Komponenten sind mit einem Mitteldruckschlauch verbunden und funktionieren als eine Einheit.

Ich bezeichne den Atemregler als »Lebensversicherung für den Taucher«. Er sollte immer bestens gepflegt sein und regelmäßig technisch gewartet werden. Denn auf die Zuverlässigkeit dieses kleinen Teils kommt es beim Tauchen letztendlich an. Unverständlicherweise investieren sehr viele Sporttaucher viel Geld in modische Neoprenanzüge, teure Unterwasserkameras und Highend-Tauchcomputer, sind aber zu geizig, um ihren Automaten regelmäßig vom Fachhändler warten zu lassen. Sie verzichten doch bei Ihrem Auto auch nicht auf die jährliche Inspektion der Bremsen!

1.3.3 Wie lange kann ich eigentlich Tauchen?

Es ist mir klar, dass Tauchrechnen mit Abstand zum unbeliebtesten Thema der gesamten theoretischen Ausbildung eines Tauchers gehört. Dennoch sollte gerade die Fragestellung aus der Überschrift vor jedem Tauchgang geklärt werden. Mit der Zeit gibt es dann Routine und der erfahrene Taucher kann die Antwort meist ohne Berechnung geben.
Um das Problem richtig lösen zu können und ohne eine aufwendige Formel zu verwenden, muss man in zwei Schritten an die Lösung gehen:
1. Wie viel Luftvorrat habe ich dabei?
2. Wie viel Luft werde ich auf meiner geplanten Tiefe verbrauchen?
Habe ich das geklärt, ist die eigentliche Tauchzeitberechnung ein Kinderspiel.

1. Wie viel Luft habe ich dabei?
Zur Bestimmung meines Luftvorrats muss ich nur die Flaschengröße (Volu-

men in Litern) wissen und den momentanen Fülldruck am Druckmesser ablesen.

Beispiel:
Ein 10 Liter-DTG unter 200 bar Fülldruck beinhaltet 2000 Liter Druckluft (physikalisch richtig wäre die Einheit Bar-Liter!). Da wir aber immer an die Reserve denken müssen, ziehen wir für die Berechnung des Luftvorrats immer 50 bar ab! Somit hat unsere 10 l-Flasche einen Luftvorrat von 150 bar (200 bar Fülldruck minus 50 bar Reserve) = 1500 Liter (10 l mal 150 bar).

Der Luftvorrat im Pressluftgerät ist die mitgeführte Luftmenge, die sich aus Druck mal Volumen berechnet. Es ist immer eine Reserve von 50 bar zu berücksichtigen!

Ein weiteres Beispiel zum Vertiefen:
Wir wollen den momentanen Luftvorrat einer schon angetauchten 12-Liter-Flasche wissen. Auf dem Finimeter lesen wir einen Restdruck von 150 bar ab.
Zuerst: Immer an die 50 bar Reserve denken! Damit steht uns nur noch 100 bar für den nächsten Tauchgang zur Verfügung. Das multiplizieren wir nur noch mit dem Flaschenvolumen: 12 Liter mal 100 bar = 1200 Liter Luftvorrat!

2. Wie viel Luft werde ich verbrauchen?
Dazu muss ich zuerst wissen, wie mein echter Luftverbrauch an Land unter Belastung ist, oder ich nehme einen Richtwert aus den Lehrbüchern. Normalerweise braucht der Mensch an Land in Ruhe etwa 6 Liter Luft in der Minute. Dieser Wert steigt aber unter Belastung und schwerer Arbeit erheblich an und kann sich auf mehr als 80 Liter pro Minute erhöhen.

Allgemein wird für das normale Tauchen ohne erhebliche zusätzliche Belastung ein Luftverbrauch von 20 bis 25 Litern pro Minute angenommen. Natürlich variiert diese Angabe von Mensch zu Mensch. Ein großes 100-kg-»Mannsbild« – wie die Bayern sagen – braucht natürlich mehr Luft als ein zierliches 50-kg-Mädchen! Ebenso werden wir beim entspannten Dahintauchen wahrscheinlich keine 20 Liter pro Minute verbrauchen. Wehe aber, wir müssen gegen die Strömung ankämpfen. Rechnen Sie dann besser mit dem doppelten bis dreifachen Verbrauch!

Luftvorrat bei frisch gefüllten DTG

Flaschengröße	Fülldruck	Reserve	Luftvorrat
7 Liter	200 bar	50 bar	1050 Liter
10 Liter	200 bar	50 bar	1500 Liter
12 Liter	200 bar	50 bar	1800 Liter
15 Liter	200 bar	50 bar	2250 Liter

Wir rechnen mit einem Standard-Luftverbrauch von 20 Litern pro Minute beim Tauchen (= Atemminutenvolumen AMV des Tauchers).

Dieser Wert steigt nun mit der Tauchtiefe: In 10 m Tiefe bei einem Umgebungsdruck von 2 bar verbrauchen wir zum Beispiel doppelt so viel Luft, wie an Land. Da die Luft in der Tiefe verdichtet wird, atmen wir bei gleichem Atemzugvolumen mehr Luft als an Land ein. Deshalb multiplizieren wir das Standard-AMV immer mit dem Umgebungsdruck unserer geplanten Tauchtiefe.

Beispiel: Wir planen einen Tauchgang auf maximal 20 m Tiefe (= 3 bar Umgebungsdruck). Wir erhöhen deshalb das AMV von 20 Litern pro Minute auf 20 Liter mal 3 bar = 60 Liter pro Minute.
Es ist natürlich jedem klar, dass nicht der komplette Tauchgang auf 20 m stattfinden wird. Der Wert ist damit für den gesamten Tauchgang gesehen eigentlich zu hoch. Wir müssen aber immer mit einem unvorhergesehenen Mehrverbrauch (Strömung, Aufregung) rechnen und bleiben mit dem hohen Durchschnittswert immer auf der sicheren Seite.

3. Wie lange kann ich nun tauchen?
Jetzt muss nur noch der mitgeführte Luftvorrat durch den effektiven Luftverbrauch auf der geplanten Tauchtiefe geteilt werden, um die maximale Tauchzeit festzustellen.

Die maximale Tauchzeit ist der Quotient aus mitgeführter Luftmenge und Luftverbrauch pro Minute auf der maximalen Tauchtiefe.

Beispiel: Mit dem 12-l-DTG (200 bar) haben wir einen Luftvorrat von 1800 Litern (nach Abzug der Reserve) dabei. Wir planen einen Tauchgang auf maximal 20 m Tiefe und rechnen deshalb mit einem Luftverbrauch von 60 Liter pro Minute. Unsere maximale Tauchzeit ist:
1800 Liter geteilt durch 60 Liter pro Minute = 30 Minuten.

Mit einer Tiefenbeschränkung auf 10 m würde unser Luftverbrauch nur 40

Standard- Atemminutenvolumen von 20 l/min in verschiedenen Tauchtiefen

Tauchtiefe	Umgebungsdruck	AMV
0 m	1 bar	20 l / min
10 m	2 bar	40 l / min
15 m	2,5 bar	50 l / min
20 m	3 bar	60 l / min
25 m	3,5 bar	70 l / min
30 m	4 bar	80 l / min

Liter in der Minute betragen und wir könnten die maximale Tauchzeit auf:

1800 Liter geteilt durch 40 Liter pro Minute = 45 Minuten ausdehnen.

1.3.4 Nullzeit, Dekostufen und Dekostopps

Ein Wort vorweg: Vermeiden Sie es, in der Dekozeit zu tauchen. Bleiben Sie deutlich in der Nullzeit, reizen Sie die Grenzen nicht aus! Das verringert erheblich das Risiko einer DCS. Und das ist kein Tauchgang wert!

Die eigentliche Bestimmung der Werte ist ein reines Ablesen aus einer Tabelle. Wer bei PADI seinen Tauchschein gemacht hat, kennt den RDP »Recreational Dive Planer«, SSI-Schüler die Doppler-Austauchtabelle und CMAS-Jünger die DECO-Tabelle nach Bühlmann/Hahn. Egal was Sie verwenden, das Ziel ist immer dasselbe: Bestimmung der Nullzeit, Ablesen der Werte für Wiederholungstauchgänge und Bestimmung von Dekopausen.
Mir ist natürlich klar, dass die Mehrheit der Taucher nach dem Tauchkurs nur noch nach ihrem Tauchcomputer tauchen wird. Das Üben mit der Tabelle muss auch je nach Tauchschein individuell und am besten praktisch geschehen, so dass ich mich hier auf die Erklärung der wichtigen Grundbegriffe beschränke:

Abtauchzeit
ist der Zeitpunkt (Uhrzeit), an dem wir die Wasseroberfläche verlassen.

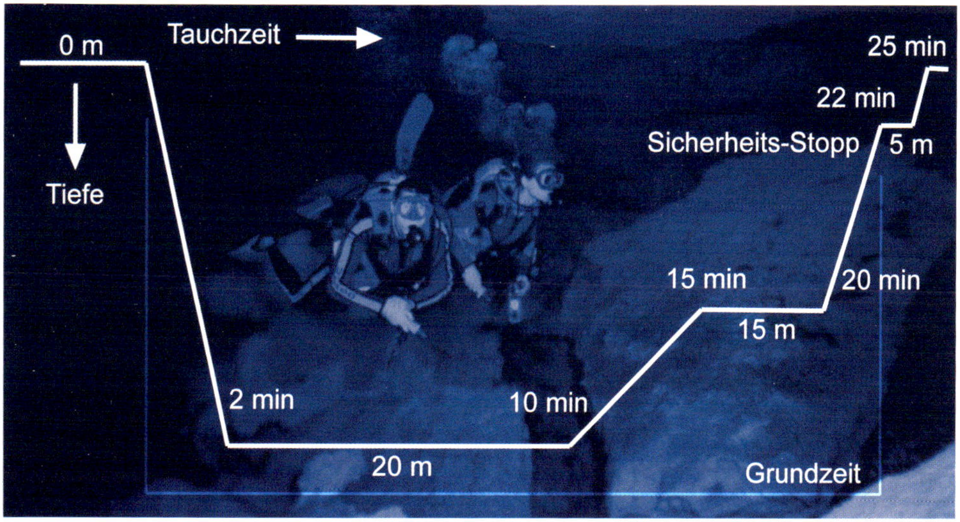

Das idealisierte Tauchprofil zeigt eine Grundzeit von 22 Minuten bei einer Gesamttauchzeit von 25 Minuten auf maximal 20 Meter.

Grundzeit
ist die Zeit vom Verlassen der Oberfläche bis zum Beginn des ersten Dekostopps oder Sicherheitsstopps.

Nullzeit
ist die Grundzeit, die ein Taucher maximal in Anspruch nehmen kann, ohne Dekompressionspausen beim Aufstieg einhalten zu müssen. Sie wird auch als NDL (No Decompression Limit) bezeichnet.
Wir planen einen Tauchgang grundsätzlich nur in der Nullzeit. In der Tauchgangsplanung wird eine maximale Tiefengrenze festgelegt, die wir während des Tauchgangs nicht überschreiten. Mit Hilfe einer aktuellen Tabelle bestimmen wir vorab die Nullzeit, also unsere erlaubte Grundzeit. Ein Computer vereinfacht dies und berechnet den realen Verlauf unseres Tauchgangs anhand programmierter Sättigungswerte. Die restliche verbleibende Nullzeit kann so komfortabel abgelesen werden. Bei sehr kaltem Wasser oder hoher körperlicher Anstrengung muss die Nullzeit reduziert werden, da sich das Risiko für eine DCS (Dekompressionskrankheit) erhöht.
Moderne Tauchcomputer können diesen Faktor berücksichtigen.

Übrigens...
... Die Austauchtabellen gelten immer nur für den angegebenen Höhenbereich. Bei Bergseetauchgängen (ab 700 m) sind spezielle Tabellen notwendig!

Was sind Risikotauchgänge?

Auch trotz Nutzung von Tauchcomputern gibt es immer wieder Dekompressionsunfälle bei Tauchgängen, die innerhalb der erlaubten Nullzeit stattfanden. Eine Studie dieser Unfälle brachte die Erkenntnis, dass einige Tauchprofile als Risikotauchgänge zu betrachten sind. Dazu gehören:
• Tauchgänge in sehr kaltem Wasser
• Erhöhte Arbeitsleistung unter Wasser
• Wiederholungstauchgänge
• Non-Limit-Tauchgänge (Mehrere Tage viele Tauchgänge hintereinander)
• Jo-Jo-Das idealisierte Tauchprofil zeigt eine Grundzeit von 22 Minuten bei einer Gesamttauchzeit von 25 Minuten auf maximal 20 Meter. Tauchgänge (Mehrere Auf- und Abstiege während eines Tauchganges)
• Extreme Tieftauchgänge
• Dekotauchgänge mit missachteten Dekostopps

Sicherheitsstopp
wird auch bei Nullzeittauchgängen empfohlen. Er sollte 3 – 5 Minuten auf 3 – 5 Metern betragen.

Dekompressionszeit / Dekozeit
ist die Zeit auf einer bestimmten Tiefe (3 m, 6 m, 9 m) die laut Tabelle oder Tauchcomputer zum Entsättigen eingehalten werden muss. Der Aufenthalt auf diesen angegebenen Tiefenstufen muss unbedingt befolgt und darf nicht verkürzt werden. Bei Verstoß gegen die Dekozeiten kann es zu einem Dekompressionsunfall kommen!

Auftauchzeit
ist der Zeitpunkt (Uhrzeit), an dem wir die Wasseroberfläche wieder erreichen.

Tauchzeit
ist die gesamte Zeit unter Wasser. Also Auftauchzeit minus Abtauchzeit.

Oberflächenpause
ist die Zeit nach dem Auftauchen bis zum Beginn des nächsten Tauchgangs.

Wiederholungsgruppe
kann aus der Tabelle abgelesen werden. Sie wird je nach dem Tauchgang anhand von Tiefe und Zeit bestimmt.

Wiederholungstauchgänge
sind Tauchgänge, für die sich ein fiktiver Zeitzuschlag auf die neue Nullzeit ergibt. Wenn wir innerhalb mehrerer Stunden (nicht Tage) nach dem Auftauchen einen weiteren Tauchgang beginnen, ist der Körper noch nicht vollständig von Stickstoff entsättigt. Es muss daher ein »Strafzuschlag« auf die neue Nullzeit eingerechnet werden, der sich aus Wiederholungsgruppe und Länge der Oberflächenpause ergibt. Die Verwendung eines Tauchcomputers erspart die Rechnerei. Es muss aber immer mit dem eigenen Computer getaucht werden, der auch an Land die Entsättigung weiterrechnet.

Fliegen nach dem Tauchen

Da wir an Land nach dem Tauchen immer noch eine Restsättigung mit Stickstoff haben – abhängig von Tauchzeit und Tiefe –, müssen wir das vom Computer oder der Tabelle vorgegebene Flugverbot beachten. Da der Kabinendruck im Flugzeug unter dem Normaldruck von 1 bar liegt, kann es auch hier noch zu einem ungewollten Ausperlen von Stickstoff – wie beim Auftauchen – kommen. Und während des Fluges kann uns dann keiner mehr helfen! Unabhängig von Computer und Tabelle wird eine Mindestwartezeit von 12 Stunden nach dem letzten Tauchgang empfohlen. Am gesündesten ist immer noch ein Tag Tauchpause vor dem Abflug. Relaxen Sie am Strand oder genießen Sie Ihr Urlaubsland mal über Wasser!

Tauchpause! (Foto: Kay Graf)

1.4 Jetzt wird`s praktisch

Die Theorielektionen sind für das Erlernen und Begreifen des Tauchens wichtig und unverzichtbar. Der Großteil des Könnens, das einen guten Taucher ausmacht, beruht aber auf praktischer Erfahrung und jahrelanger Übung. Betrachten wir also die »nassen« Aspekte des Tauchsports etwas näher:

1.4.1 Die Grundfertigkeiten des Tauchens

Man kann in keinem Buch – ist es auch noch so ausführlich – die notwendigen Fähigkeiten und Fertigkeiten für das Tauchen erlernen. Ich kann hier nur noch einmal Revue passieren lassen, was (hoffentlich) in der Gerätetauch-Grundausbildung gelehrt wurde. Es sollen hier unter dem Motto »Können Sie das?« die unverzichtbaren praktischen Fähigkeiten unter Wasser aufgezeigt und kurz beschrieben werden. Wenn Sie sich bei der einen oder anderen Übung nicht sicher fühlen, dann sollten Sie das nachholen und üben!

TIPP: *Wiederholen Sie regelmäßig alle Übungen aus dem Grundschein. Schwimmbäder und Übungsplattformen in heimischen Seen sind hierfür hervorragend geeignet, um die Zeit zwischen den Tauchurlauben sinnvoll zu nutzen. Wenden Sie sich dazu an einen Tauchausbilder, der Sie sicher gerne dabei unterstützt und hilft, Ihre Fertigkeiten zu verbessern!*

Pack` mas
wie die Bayern sagen würden. Die Grundlage für das selbstständige Tauchen ist das richtige Packen, Zusammenbauen und Anlegen der Tauchausrüstung. Das kann man nicht beschreiben – das muss man selber machen. Aber selbst erfahrene Taucher und Profis haben ihr eigenes Schema, nach dem sie vorgehen. Es ist als Anfänger gar nicht verkehrt, im Kopf eine Checkliste abzuhaken und Schritt für Schritt bewusst seine Ausrüstung zusammenzubauen.

Schon beim Zusammenpacken sollte man die komplette Ausrüstung vor sich ausbreiten. Ich empfehle dabei Anfängern immer, die Teile vor sich auf dem Boden so auszulegen, wie sie später angezogen werden. Das Tarierjacket auf den ausgebreiteten Anzug, die Handschuhe an die Ärmelenden, die Füßlinge und Flossen an Beinenden. Sehen Sie, worauf ich hinaus will? So erkennt man mit einem Blick die Vollständigkeit und auch mögliche Beschädigungen der Ausrüstungsteile. Nichts ist ärgerlicher als ein vergessenes Teil auf dem Tauchboot.

Am Tauchplatz oder auf dem Tauchboot beginnt dann das Zusammenbauen. Lassen Sie sich hierbei nicht von erfahreneren Mittauchern hetzen oder gar stressen. Bleiben Sie ruhig und gewissenhaft. Nur so lassen sich später Probleme oder gar Unfälle unter Wasser vermeiden!

Versuchen Sie für sich einen Ablauf zu finden und entwickeln Sie mit der Zeit ihre persönliche Checkliste. Als Hilfe gebe ich hier einen Vorschlag zum grundsätzlichen Aufbau:

- Alle Teile zurechtlegen.
- Pressluftflasche am Jacket befestigen: Dabei ist darauf zu achten, dass der Flaschengurt richtig in der Schnalle eingefädelt ist und richtig sitzt! Die Öffnung des Flaschenventils zeigt dabei zum Jacket hin. Wenn das Jakket eine Fangschlaufe hat, ist diese über das Ventil zu legen. Die Flasche sollte nicht zu hoch sitzen, um nicht während des Tauchganges mit dem Kopf gegen das Ventil zu stoßen. Nach Schließen des Gurtes darf sich die Flasche nicht mehr bewegen!
- Montage des Atemreglers: Schutzkappe der ersten Stufe entfernen und kurz kontrollieren, ob sich der O-Ring noch am Ausgang befindet (bei DIN-Anschluss). Erste Stufe vorsichtig anschrauben, wobei sich das Gewinde nicht verkanten darf. Nur mit der Hand festziehen, kein Werkzeug verwenden!
- Den Inflatorschlauch durch die Jakkethalterung führen und einklinken. Dazu wird die Kupplung mit zwei Fin-

gern zurückgezogen und über den Anschluss geschoben. Man hört das Einrasten. Kontrollieren Sie das durch leichten Zug am Schlauch!

• Pressluftflasche aufdrehen: Ventil im Uhrzeigersinn langsam komplett aufdrehen und eine halbe Umdrehung zurück. Aus Sicherheitsgründen sollte die Anzeige des Finimeters vom Körper weggedreht werden, um bei Versagen des Überdruckventils eventuelle Verletzungen durch Glassplitter zu vermeiden.

• Jetzt wird der Flaschendruck kontrolliert: Normalerweise sollten zu Beginn des Tauchgangs etwa 200 bar (oder 3000 psi) Druck in der Flasche sein. Durch Anatmen der 2. Stufe kann gleichzeitig die Funktion des Atemreglers überprüft werden und am Luftgeschmack unreine Luft erkannt werden. Die Luft darf nach nichts schmecken! Wenn doch: Sofort reklamieren und damit nicht tauchen! Blicken Sie beim Atmen auch auf das Finimeter. Wenn die Anzeige beim Einatmen schwankt, ist die Flasche nicht ganz aufgedreht oder es gibt ein Problem mit dem Druckminderer. Prüfen Sie das Oktopus-Mundstück gleich mit.

• Funktion des Inflators prüfen: Kurz auf den Inflatorknopf drücken und stoßweise Luft in das Jacket lassen. Beim Loslassen des Knopfes muss die Luftzufuhr sofort stoppen.

• Oktopus, Konsole, Computer und Finimeter in die Halterungen einhängen. Damit sind sie immer am selben Ort griffbereit und stören nicht beim Tauchen.

• Tauchflasche bis zum Anlegen nicht ungesichert stehen lassen. Im Boot gibt es meist spezielle Halterungen. Am Ufer legt man die Flasche mit dem Jacket am besten hin. Achten Sie darauf, dass niemand versehentlich auf die Instrumente oder den Computer treten kann!

Der Buddy-Check

Vor dem Sprung ins Wasser sollten sich die Tauchpartner gegenseitig noch einmal gründlich checken:

1. Ist die Ausrüstung komplett?
2. Tarierweste auf Sitz prüfen: Gurte festgezogen? Alle Schnallen zu? Flasche sitzt fest?
3. Blei prüfen: Genug Blei dabei? Sitzt der Bleigurt? Bleitaschen korrekt im Jacket?
4. Luft prüfen: Ist Ventil ganz aufgedreht? Atemregler und Oktopus testen (Schlechter Geschmack der Luft? Zu hoher Atemwiderstand?), Luftdusche betätigen. Ein Blick auf das Finimeter zeigt, ob Flasche gefüllt ist.
5. Abschließendes OK, wenn alles gegenseitig geprüft wurde und man bereit für den Tauchgang ist.

Im Wasser wird mit einem schnellen »Bubble-Check« gegenseitig die Dichtigkeit der Ausrüstung überprüft, bevor es endgültig losgehen kann.

Der letzte Check vor dem Abtauchen

Under Pressure - Der Druckausgleich
Unverzichtbar zum Tauchen ist das Beherrschen der wichtigsten Grundtechnik: Der Druckausgleich. Er sollte zum ersten Mal direkt nach dem Abtauchen schon wenige Zentimeter unter der Wasseroberfläche durchgeführt werden. Dann im flacheren Bereich alle paar Meter und nach Bedarf. Theoretisch ist das ganz einfach und jeder, der schon getaucht ist, muss ihn kennen:

- Nase zuhalten (deshalb ist ein gut greifbarer Nasenerker an der Tauchmaske so wichtig!)
- Luft sanft in Nase (wie beim Schnäuzen) pressen!
- Ein Knacken muss in beiden Ohren zu hören sein.

Übrigens...
... wenn Sie sich auch schon einmal gewundert haben, dass der Tauchlehrer ohne die Hand zur Nase zu nehmen abgetaucht ist: Manche Taucher beherrschen den Druckausgleich ohne das Nase-Zuhalten!

Probleme beim Druckausgleich?

Nicht wenige Taucher haben vor allem am Anfang mehr oder weniger große Probleme mit dem Druckausgleich. Versuchen Sie folgende Punkte zu beherzigen:

- Vorher unbedingt vom HNO-Arzt untersuchen lassen.
- Bei Schnupfen und Erkältung nicht tauchen!
- Lassen Sie sich die richtige Technik für den Druckausgleich von erfahrenen Tauchern zeigen und üben Sie ihn regelmäßig.
- Fußwärts abtauchen macht den Druckausgleich einfacher.
- Der erste Druckausgleich sollte unmittelbar nach dem Abtauchen durchgeführt werden. Dann noch mehrmals während der ersten Meter.
- Wenn Sie als Anfänger noch mit dem Tarieren unsicher sind: Halten Sie sich für den Druckausgleich am Ankerseil o. Ä. fest.
- Wenn Sie schon Druck in den Ohren spüren und der Druckausgleich nicht gleich gelingt: Höher tauchen, bis er leicht durchführbar ist. Niemals den Druckausgleich erzwingen!
- Bei Problemen mit dem Druckausgleich kann auch die Ausrüstung schuld sein: Checken Sie eine zu enge Halsmanschette oder eine zu eng anliegende Kopfhaube (lassen Sie etwas Wasser unter die Kopfhaube)!
- Chronische Probleme müssen vom Arzt beurteilt werden!

Maske ausblasen

Der Taucher muss in jeder Tiefe und in jeder Situation – auch bei Nacht, in trübem Wasser oder mit geschlossenen Augen – in der Lage sein, eine mit Wasser geflutete Tauchermaske wieder zu entleeren. Da eine undichte Maske, schlechter Sitz oder ein Verrutschen beim Tauchen ein alltäglicher Vorgang ist, darf diese Situation nicht zu einer potenziellen Gefahr werden. Deshalb wird diese Technik in der Ausbildung zuweilen drillmäßig geübt. Das Geheimnis liegt hierbei in der Ruhe und Gelassenheit, mit der man die Maske wieder ausbläst. Atmen Sie ruhig – auch ohne Sicht – durch den Automaten weiter und halten Sie sich Schritt für Schritt an die gelernte Übung:

- Den Kopf in den Nacken legen, zur Wasseroberfläche blicken.
- Mit den Fingern am oberen Maskenrand die Maske gegen die Stirn drücken.
- Durch die Nase Luft in kleinen Stößen ausatmen und so den Maskenraum entleeren.

Hilfe! Meine Tauchmaske ist undicht!

Klingt eigentlich harmlos. Es ist nur die Maske undicht. Nur? Der Taucher wird hierdurch seines Hauptsinnes »Sehen« beraubt. Er konzentriert sich dann nur noch auf die Maske und wie er das Wasser herausbekommt. Bei Anfängern kann das Problem schnell zu einer Stress-Situation werden.

Hier hilft nur, mit Unterstützung des Buddies den Sitz der Tauchmaske kontrollieren (Sind Haare unter dem Dichtgummi? Kann das Problem behoben werden?) und Maske wenn nötig öfter ausblasen. Liegt ein größeres Problem vor und die Maske kann nicht »trocken gelegt« werden, muss der Tauchgang beendet werden!

Wie vermeide ich eine undichte Maske?
Sie sollten unbedingt schon beim Einkauf auf den korrekten Sitz der Maske achten. Testen Sie die Dichtigkeit durch Ansaugen der Maske durch Mund und Nase. Pflegen Sie die Maske grundsätzlich nach dem Gebrauch: Nach dem Tauchen gründlich mit Süßwasser ausspülen. Die Maske nie in der prallen Sonnen liegen lassen. Als Schutz eignet sich gut eine starre Maskenbox.

Atemlos
Eine der ersten Übungen beim Gerätetauchen ist das Gewöhnen an das Atmen aus dem Lungenautomaten. Ich muss lernen erst auszuatmen, bevor ich durch das Mundstück einatmen kann. Beim Herausnehmen des Mundstücks – also der zweiten Stufe – beim Tauchen dringt Wasser durch die Mundöffnung. Durch das Ausatmen drückt man das Wasser zuerst durch das Ausatemventil und läuft nicht Gefahr Wasser zu inhalieren.

Der Tauchschüler übt deshalb im Pool und im Freiwasser auf verschiedenen Tiefen
• den Lungenautomaten aus dem Mund zu nehmen, wieder in den zu Mund stecken, auszublasen und weiterzuatmen;
• den Lungenautomaten aus dem Mund zu nehmen, loszulassen und wieder zu angeln;
• die Oktopusatmung am Ersatzmundstück des Buddies.

Für Notfälle wird die Luftnot-Situation in verschiedenen Varianten geübt. So muss man sich zum Beispiel an die Wechselatmung gewöhnen – das gemeinsame Benutzen eines Automaten. Der Partner simuliert eine Luftnot und zeigt das durch ein deutliches Unterwasser-Zeichen. Der Buddy beginnt jetzt sein Atemgerät mit ihm zu teilen. Im Wechsel atmen beide aus dem gleichen Mundstück – jeder nur einen Atemzug – wobei immer an das vorherige Ausatmen gedacht werden muss. Die bessere und sicherere Alternative im echten Notfall ist die Benutzung des Oktopus – so hoffentlich der Tauchpartner diese Ausrüstungsvariante besitzt!

Der große Sprung
Der Einstieg ins Wasser will geübt sein. Man kann die tollsten Varianten beobachten: Halsbrecherische Rollen vorwärts von der hohen Bordwand, rückwärts gesprungen, gerollt, gedreht und gekippt. In der Tauchausbildung und auch in der Praxis hat sich

eine Methode als am einfachsten erwiesen:
Aufrecht stehend, fertig ausgerüstet mit gefülltem Jacket, macht der Taucher einen großen Schritt vom Beckenrand (oder Bootsplattform) und lässt sich senkrecht ins Wasser fallen. Die gespreizten Beine geben genug Widerstand, um nicht zu tief einzutauchen. Dabei mit der einen Hand Maske und Mundstück, mit der anderen Instrumente und Ausrüstung gesichert. Gut im Wasser angekommen, signalisiert man dann der Mannschaft an Bord »Alles ok!«.

Etwas schwieriger ist der Ausstieg aus einem Schlauchboot. Da man hier meist nicht aufstehen kann, muss man sich sitzend rückwärts vom Schlauch rollen lassen. Wieder mit aufgeblasenem Jacket, gesicherter Maske und Mundstück plumpst man nun mit der Flasche voran und einer halbe Rolle rückwärts ins Wasser und muss versuchen, schnell wieder die Orientierung zu gewinnen.

Die Tiefe
Jetzt geht es in die Tiefe. Das direkte Abtauchen kopfüber, wie beim Schnorcheln, ist mittlerweile in Fachkreisen etwas umstritten. Gesünder und einfacher ist die Variante fußwärts:

• Luft aus dem Jacket ablassen, dabei ausatmen und sich bis etwa 2-3 m Tiefe sinken lassen.
• Dann Körper abknicken, Kopf nach unten und mit ein paar Flossenschlägen tiefer tauchen
• oder sich durch genug Bleigewicht weiter aufrecht langsam in die Tiefe fallen lassen.

Achten Sie hierbei auf das rechtzeitige Bedienen des Inflators. Mit zunehmender Tiefe muss durch Füllen des Jackets regelmäßig tariert werden. Ein zu schneller Abstieg kann sonst zu einem unkontrollierten Absturz in die Tiefe werden.

Eine Anleitung zu sicherem Tauchen

Viele Erkenntnisse der Tauchmedizin und Praxis wurden in einfachen »goldenen Regeln« formuliert, um dem Taucher – vor allem dem Anfänger – Verhaltensleitlinien an die Hand zu

geben. Mittlerweile gibt es bei allen Verbänden eine Vielzahl Hinweise und Richtlinien, mal als Tipps mal als mahnender Zeigefinger, die aber alle das gleiche bezwecken: Das sichere und unfallfreie Tauchen!
Hier eine Auswahl der meiner Meinung nach wichtigsten Regeln für die Praxis:

- **Tauche nie alleine!**
So hat man immer einen Partner, der im Notfall helfen kann!
- **Tauche nur, wenn du dich wohlfühlst!**
Die Gefahr eines Tauchunfalls ist sonst ungleich größer!
- **Tauche nie mit Schnupfen!**
Eine verschlossene Nebenhöhle oder Ohrtube verursacht Schmerzen beim Abtauchen. Es besteht das Risiko eines Barotraumas!
- **Trau dich, auch mal »NEIN« zu sagen!**
Gruppendruck ist gefährlich. Tauche nur so, wie du ausgebildet bist und du es dir selbst wirklich zutraust. (abhängig von der Tagesform!).
- **Pflege und prüfe gewissenhaft deine Ausrüstung!**
Davon hängt dein Leben ab!
- **Tauche nur mit bekannten Partnern!**
Du musst dich im Notfall hundertprozentig auf ihn verlassen können! Sei vor allem vorsichtig beim Tauchen mit anderen Anfängern.
- **Prüfe vor dem Tauchgang die Rettungsmöglichkeiten.**
Für den Fall der Fälle (nächstes Telefon, Sauerstoff, Erste-Hilfe-Material)!
- **Vermeide Deko-Tauchgänge und halte die Austauchzeiten ein!**
Das Risiko einer DCS ist zu groß!
- **Achte auf deinen Tauchpartner!**
So kannst du im Notfall schnell eingreifen und Hilfe leisten!
- **Überschätze dich nicht selbst!**
Vermeide eine Gefahrensituation, so vermeidest du einen Unfall!
- **Spezialtauchgänge nur mit entsprechender Ausrüstung und Ausbildung!**
Unternimm keine Eis-, Wrack- oder Höhlentauchtouren auf eigene Faust. Es gibt viele nicht zu unterschätzende Gefahrenquellen!
- **Fünf Minuten auf drei bis fünf Meter...**
...sollten immer als Sicherheitsstopp am Ende eines Tauchgangs eingehalten werden (auch bei Nullzeittauchgängen)!
- **Niemals zu schnell auftauchen!**
Es besteht Unfallgefahr durch Barotrauma und DCS!
- **Beim Auftauchen nicht die Luft anhalten!**
Du riskierst sonst einen Lungenriss!
- **Regelmäßiges Training und Weiterbildung!**
Nur so bleibst du körperlich und geistig für die nächsten Urlaubstauchgänge fit!
- **Immer die Ruhe bewahren!**
Mit einem klaren Kopf lassen sich auch schwierige Situationen meistern!

Schwerelos!
Richtig Tarieren will gelernt sein. Erst nach einiger Erfahrung und mehreren Stunden unter Wasser entwickelt man das richtige Gefühl, um mühelos die Schwerelosigkeit zu erreichen. Ab diesem Zeitpunkt beginnt das wirklich entspannte Tauchen.

Das ganze Dilemma beginnt mit dem Finden der optimalen Menge Blei. Je nach Dicke des Neoprenanzugs und Ausrüstungskonfiguration kann sich die notwendige Gewichtsmenge von Tauchgang zu Tauchgang ändern. Dazu kommen die Unterschiede im Salz- und Süßwasser. Das dichtere Meerwasser verschafft mir höheren Auftrieb, wodurch ich mehr Bleigewichte als beim Süßwasser-Tauchen brauche. In der Regel sind das je nach Körperfülle und -gewicht etwa 2 - 3 kg mehr.

Meine für mich richtige Menge Blei kann ich nur durch einen Test im Wasser finden: Ich lasse mich vor dem Abtauchen senkrecht im Wasser hängen, entleere mein Jacket vollständig und atme normal ein. Wenn mich der Bleigurt nun so weit nach unten zieht, dass mir die Wasserkante etwa bis auf Augenhöhe reicht, habe ich die optimale Menge Blei dabei. Sacke ich tiefer, bin ich überbleit; schwimme ich wie ein Korken, sollte ich noch ein paar Gewichte zulegen.

Unter Wasser lautet dann die Devise: Inflator nur selten und dann fein dosiert benutzen!

Im Idealfall muss man auf der erreichten Tiefenstufe nur einmal den Inflator bedienen und die weitere Feintarierung mit der Lunge durchführen. Bei einem Tiefenwechsel genügt ein kurzer Druck auf den Inflator, um gefühlvoll Luft hinein- oder auszulassen. Jedes übertriebene Manöver wird mit unkontrolliertem Steigen oder Sinken quittiert. Auch hierbei kann man nur einen Tipp geben: Üben, üben, üben.

Zu viel Blei?

Woran merke ich, dass ich überbleit bin? Zu viele Bleigewichte führen dazu, dass der Taucher in der Tiefe mehr Luft in sein Tarierjacket blasen muss. Das führt durch die Oberflächenvergrößerung zu einem höheren Strömungswiderstand. Zum anderen ändert sich die Schwimmlage: Aus dem erhöhten Auftrieb im Bereich des Oberkörpers resultiert eine aufrechtere Schwimmlage. Der Flossenschlag wirkt somit nach schräg unten, der Taucher zieht eine Schlammwolke hinter sich her.

Mit den Flossen schlagen – nicht Radfahren!

Ich möchte bei dieser Gelegenheit noch einen beliebten Anfängerfehler ansprechen: Die doch ungewohnte Bewegung des Flossenschwimmens wird schnell durch im Knie zu stark abgeknickte Beine zu einem »Radfahren« unter Wasser. Das kostet Luft und ist sehr ineffektiv. Der Taucher braucht viel Kraft und kommt kaum vorwärts. Ebenso falsch ist es, die Beine ganz steif und komplett gestreckt zu halten. Das ist sehr anstrengend und fördert einen Muskelkrampf.

Üben Sie den optimalen Flossenschlag durch regelmäßiges Schnorcheltraining im Schwimmbad, wie es das Lehrbuch beschreibt:

- Beine locker und annähernd gestreckt halten.
- Die Bewegung wird aus den Hüften ausgeführt.
- Mit dem (nicht übertriebenen) Beinschlag schaffen die Flossenblätter bei der Aufwärts- und bei der Abwärtsbewegung Vortrieb.

Übrigens...
... der routinierte Taucher legt beim Tauchen dazu noch seine Arme dicht an den Körper oder hält sie vor der Brust verschränkt. Er bewegt sie nur, wenn sie z. B. zum Instrumente ablesen oder tarieren gebraucht werden. Er braucht so zum einen durch einen geringeren Strömungswiderstand weniger Kraft und rudert zum anderen nicht ständig hilflos mit den Armen im Wasser.

Der Aufstieg

Im Tauchkurs wurden intensiv die Gefahren einer Dekompressionskrankheit (DCS) oder eines Lungenrisses bei zu schnellem Auftauchen behandelt. Beim Tauchen bedeutet das für uns, in der Regel nicht schneller als 10 m pro

Minute – eher langsamer – aufzusteigen. Moderne Tauchcomputer reagieren mit ärgerlichem Piepen auf Verletzung dieser Auftauchregel, um mich rechtzeitig vor einem möglichen Problem zu warnen.
Nach neuester Lehrmeinung wird ein dreistufiges System vertreten. Im tieferen Bereich, wo die Druckunterschiede noch nicht so extrem sind, darf schneller als im Flachbereich aufgestiegen werden. Als Richtwerte gibt man folgende zulässige Aufstiegsgeschwindigkeiten vor:

- Im Tiefenbereich 40 m – 20 m: max. 20 m/min
- Im Tiefenbereich 20 m – 10 m: max. 10 m/min
- Im Tiefenbereich 10 m – 0 m: max. 6 m/min

Am Ende wird, ganz gleich was Computer oder Deko-Tabelle sagen, von allen Ausbildungsverbänden ein Sicherheitsstopp von mindestens drei Minuten (besser fünf) auf drei bis fünf Meter Tiefe empfohlen!
Merken Sie sich einfach:

Sicherheitsstopp: 5 min auf 3 – 5 Meter

Der Blick zur Oberfläche

Auch auf den letzten Metern des Tauchgangs muss noch mit Verstand gehandelt werden. Beim Auftauchen sollte immer nach oben geblickt und eine Hand vorausgehalten werden. Mit einer Drehung um die eigene Achse kann man so die Wasseroberfläche überblicken und läuft nicht Gefahr, mit dem Kopf ein Boot oder einen Mittaucher zu rammen. Von der Verletzungsgefahr durch eine Schiffsschraube ganz zu schweigen.

1.4.2 Die Zehn Gebote

Der Welttauchverband CMAS hat sich neben der Förderung des Tauchsports auch den Umweltschutz und den Erhalt des Öko-Systems unter Wasser auf die Fahnen geschrieben.
Es wurden zehn goldene Regeln formuliert, die in der einen oder anderen Variante in allen Lehrbüchern für die Tauchausbildung zu finden sind. Die grundsätzliche Botschaft unterscheidet sich nicht erheblich von den anderen Verbänden.

CMAS hat den Regeln eine knappe und klare Botschaft vorangestellt, die im Kern all das enthält, was wir alle unter Wasser beherzigen sollten:

Dive like your shadow!
Don`t leave any trace!
Be a sensible part of the underwater world – not an alien!

Tauche wie dein Schatten! Hinterlasse keine Spuren! Sei ein Teil der Unterwasserwelt - kein Fremder! (CMAS)

Die 10 goldenen Regeln von CMAS

1. Niemals durch Schilf, über lebende Korallen oder Wasserpflanzen ins Wasser steigen! Verwende geeignete Einstiege, die Laich- und Brutstellen schonen!
2. Sei immer gut tariert und passe dich der Unterwasserwelt an!
3. Halte entsprechenden Abstand von Korallen und Fischen und wirbele kein Sediment auf!
4. Pass auf, wo du ankerst! Ganze Korallenriffe wurden schon durch achtlose Ankermanöver der Tauchboote zerstört.
5. Niemals Meeresbewohner verfolgen, anfassen oder füttern! Für die Fische ist das kein Spiel, sie kämpfen um ihr Überleben.
6. Niemals (zum Spaß) harpunieren und keine Andenken, wie Muscheln und Korallenteile, unter Wasser sammeln! Auch wer solche Souvenirs nur kauft, trägt damit zur Zerstörung des Öko-Systems und der Schönheit der Unterwasserwelt bei!
7. Sei äußerst vorsichtig beim Tauchen in Höhlen und Grotten. Schon Luftblasen und leichte Kontakte können das empfindliche Leben zerstören.
8. Halte den Tauchplatz sauber! Der Müll gehört nicht in oder an das Wasser. Nimm deinen Müll wieder mit nach Hause. Die Natur braucht ihn nicht!
9. Lerne mehr über Fauna und Flora unter Wasser und vermeide Zerstörungen. Taucher sind auch Umweltschützer, denn sie erfahren mehr über das Ökosystem der Seen und Meere. Denk daran: Das Meer braucht uns nicht, aber wir brauchen das Meer!
10. Mahne deinen Buddy und andere auch nach diesen Regeln zu handeln! Sei immer ein Vorbild und schütze die Umwelt!

1.4.3 Zehn Tipps den Luftverbrauch zu reduzieren

Nein – nicht Luft sparen! Ich möchte mich hier nicht über den Unsinn einer flachen Atmung unterhalten, der oftmals praktiziert wird. Für was? Nur damit ich später auf dem Tauchboot mein Finimeter mit der Restluft vorzeigen kann, aber ich von der langen Sauerstoff-Mangelversorgung rasende Kopfschmerzen habe?
Eines vorweg: Der Luftverbrauch eines Tauchers ist kein Wettbewerb. Auch wenn es oftmals den Anschein hat. Lassen Sie sich von dem Trend nicht einnehmen. Genießen Sie den Tauchgang und erzählen Sie danach von Ihren Erlebnissen unter Wasser und nicht vom Luftverbrauch und der Tauchzeit! Machen Sie sich als männlicher Vertreter unter den Tauchern auch davon frei, mit Ihrer Frau oder Freundin in puncto Luftverbrauch konkurrieren zu wollen: Sie haben keine Chance! Ein großer Kerl braucht nun mal mehr Luft, als ein zierliches Mädchen.

Ich möchte Ihnen hier zehn Wege zeigen, um zukünftig weniger Luft zu verbrauchen. Die Frage ist: Wie verbessere ich meine Fähigkeiten? Gibt es Möglichkeiten den Luftverbrauch zu reduzieren? Und das ganz ohne Sparatmung.

Unser Motto lautet:
Nicht Luft sparen – sondern weniger Luft verbrauchen!

Tipp 1: Warm halten
Einer der bedeutendsten Faktoren zum Thema Luftverbrauch ist der Wärmeerhalt. Wenn wir frieren, verbraucht der Körper erheblich mehr Energie um Wärme zu produzieren. Zum »Anfeuern« der internen Produktion wird wiederum Sauerstoff gebraucht – und mehr verbraucht.
Jeder Mensch hat seine persönliche Kältetoleranz-Schwelle. Ein geeigneter Neoprenanzug (auch Halbtrocken- oder Trockentauchanzug für kalte Gewässer) ist Grundvoraussetzung für entspanntes, kräftesparendes Tauchen. Nebenbei reduzieren wir so das Risiko einer Unterkühlung.
Denken Sie auch an den Wärmeerhalt zwischen den Tauchgängen. Schnell ist man an Bord bei einer ständigen Brise in dünner Kleidung seiner letzten Körperwärme beraubt und man hat beim nächsten Tauchgang keine Chance mehr richtig warm zu werden.

Übrigens...
... der Körper verliert über die ungeschützte Kopfhaut am schnellsten Wärme. Nicht umsonst tragen erfahrene Taucher ständig diese lustigen roten »Jaques-Cousteau«-Mützen.

Tipp 2: Geschwindigkeit ist keine Lösung
Take it easy – ein Tauchgang ist kein Wettrennen! Wenn Sie nicht gerade von einem Hai verfolgt werden (und auch dann ist Flucht nicht die richtige Lösung), gibt es selten einen Grund hektisch und schnell zu schwimmen. Damit erhöhen wir, vom Kraftverbrauch ganz abgesehen – unsere Atmung und unseren Stoffwechsel, was zu einem erheblichen Mehrverbrauch von Luft führt. Wir brauchen zum Beispiel an Land in Ruhe etwa 8 – 10 Liter Luft pro Minute. Beim normalen Tauchen erhöht sich der Verbrauch auf 15 – 25 Liter pro Minute. Bei hoher Anstrengung kann sich der Ruhewert leicht verzehnfachen!
Also: Verschwenden Sie keine Luft durch unnötige Hektik und Anstrengung. Bleiben Sie ruhig und entspannt; genießen Sie den »Flug«.

Tipp 3: Vermeide ständiges Auf- und Ab
Ein Jo-Jo-Profil beim Tauchen ist nicht nur ein Risikofaktor für eine Dekompressionskrankheit. In jeder neuen Tiefe müssen wir auch wieder unseren Inflator bedienen. Wir steigen ein paar Meter und lassen Luft aus dem Jacket. Wir tauchen wieder tiefer und lassen wieder ein paar Liter unseres kostbaren Luftvorrats in die Tarierhilfe. Beim nächsten Aufstieg blasen wir die Luft wieder ins Wasser.
Sie können sicher sein, dass sich das

mit der Zeit auf den Luftverbrauch auswirkt und man mit einem solchen Tauchverhalten – neben den gesundheitlichen Problemen – seine Tauchzeit erheblich verkürzt.

Tipp 4: Richtig tarieren

Unkontrollierte oder schlechte Tarierung ist nicht nur gefährlich, sie kann erheblich zum Luftverbrauch beim Tauchen beitragen.

Wenn ich zu viel oder zu wenig tariert bin, muss ich mit ständiger Flossenbewegung nach oben oder unten angestrengt meine Tiefe halten. Anfänger paddeln dazu noch hektisch mit den Armen.

Das ist eine Menge Arbeit, die uns viel Energie und letztendlich Luft kostet!

Achten Sie auf eine gute Tarierung und die korrekte Menge Blei. Denn mit zu viel Bleigewicht können Sie zwar leichter abtauchen, aber mit einem ständig voll aufgeblasenen Jacket in der Tiefe haben Sie mehr Widerstand im Wasser. Und dagegen müssen Sie erstmal wieder mit einem kräftigeren Flossenschlag ankämpfen. Dann heißt es wieder:

Mehr paddeln = mehr Energie verbrauchen = mehr Luft brauchen!

Tipp 5: Der Strömung keine Chance geben

Das Tauchen gegen die Strömung ist ohnehin anstrengend genug. Da ist jeder Quadratzentimeter Angriffsfläche für das Wasser schon zu viel. Versuchen Sie möglichst »stromlinienförmig« zu werden, ähnlich wie ein PKW im Windkanaltest. Sie reduzieren dann Ihren »cw-Wert«, müssen sich weniger anstrengen und vermeiden unnötigen Luftverbrauch. Denn wie gesagt: Bei großer Anstrengung unter Wasser, wie das Anschwimmen gegen die Strömung, kann sich der Luftverbrauch auf bis zu 80 Liter pro Minute steigern.

Vermeiden Sie ein zu großes Aufblasen des Jackets in der Tiefe durch zu viel Blei. Verstauen Sie Oktopus, Instrumente und Konsolen gut am Körper, so dass sie nicht frei in der Strömung flattern können. Im Spezialkurs »Strömungstauchen« lernen Sie mehr über das richtige Verhalten beim Tauchen in der Strömung und können so als Nebeneffekt Ihren Luftverbrauch optimieren.

Tipp 6: Richtig orientieren

Nichts verbraucht mehr Luft, als unter Wasser verloren zu gehen. Wäre es nicht besser, die für Wegsuche zum Anker oder zum Ausstieg verbrauchte Luft sinnvoller zu nutzen?

Lernen Sie richtig zu orientieren und sich anhand natürlicher Gegebenheiten unter Wasser zurechtzufinden und üben Sie den Umgang mit dem Kompass. Ich rate jedem Tauchanfänger möglichst bald das Spezialseminar »Orientieren beim Tauchen«, oder »Underwater Navigator« zu belegen.

Tipp 7: Drifttauchen statt Strömungstauchen

OK – das ist leichter gesagt, als getan. Aber oft kann eine gründliche Vorbereitung und Tauchgangsplanung langes Gegen-die-Strömung-Paddeln ersparen. Ein guter Guide mit passabler Ortskenntnis muss die Tücken seiner Tauchplätze kennen und kann anstrengende Tauchgänge von vorn herein vermeiden. Oft ist die Strömungsrichtung abhängig von Wind und Gezeiten und kann im Laufe des Tages ebenso schnell wechseln.

Tipp 8: Sinnloses Warten vermeiden

Wer viel vom Boot und mit größeren Gruppen taucht, kennt das Problem: Man muss nach dem Sprung ins Wasser noch einige Meter zum Ankerseil paddeln. Dort wird dann auf den Buddy oder den Rest der Gruppe gewartet. Benutzen Sie hierfür an der Oberfläche nur den Schnorchel. Das Atmen aus der Pressluftflasche verbraucht schon vor dem Tauchgang wertvolle Luft, die Ihnen später fehlen wird.

Ebenso kostet es sinnlos Luft, wenn man schon mit einem Teil der Gruppe abtaucht und am Anker auf den Rest warten muss. Zumal, wenn es bei Ihren Mittauchern mal wieder etwas länger dauert.

Tipp 9: Undichte Masken machen keine Freude

Mal ganz abgesehen von der lästigen Tätigkeit, ist das Maske-Ausblasen vor allem für Anfänger ein echter Stressfaktor. Wenn dann eine undichte Maske nicht mehr trocken zu bringen ist, kann für viele der Tauchgang mental schon zu Ende sein. Der Taucher wird hektischer, die Atemtätigkeit erhöht sich und der Luftverbrauch steigt. Und das Ganze wegen eines vielleicht vermeidbaren Problems.

Seien Sie gründlich beim Maskenkauf, lassen Sie sich Zeit bei der Auswahl und testen Sie den Sitz sorgfältig. Ein sachgemäßer Umgang und eine gründliche Pflege der Tauchermaske verhindert ein vorzeitiges Brüchigwerden des Gummis oder Einreißen des Dichtrandes. Das erspart beim Tauchen viel Ärger – und die kostbare Luft wird auch nicht sinnlos zum Maskenleeren verblubbert.

Tipp 10: Immer ruhig bleiben

In der Ruhe liegt die Kraft! Nervosität, Stress oder gar Angst beim Tauchen lassen den Puls und den gesamten Stoffwechsel des Körpers in die Höhe schnellen. Die Atemfrequenz steigt ungewollt und der Luftverbrauch erhöht sich um ein Vielfaches.

Reduzieren Sie die Stressfaktoren und stimmen sich mental auf den Tauchgang ein. Durch eine gute Ausbildung, gründliche Vorbereitung und Planung des Tauchgangs können Sie viel Nervosität und Ängste abbauen. Unternehmen Sie keine Tauchabenteuer, die Sie vielleicht überfordern. Lernen Sie Ihre Grenzen kennen und akzeptieren – und genießen Sie lieber stressfreies »Easy-Diving«.

Übrigens...

... weniger Luft zu verbrauchen, heißt nicht nur längere Zeit die Unterwasserwelt zu genießen.

Es erhöht auch die Sicherheit des Tauchgangs. Mehr Luft in der Flasche bedeutet auch, dass ich in einer Notsituation noch genug Reserve habe, um meinem Partner oder mir zu helfen!

Tauchen vor Saba

2. Die eigene Ausrüstung

Entspannen vor dem nächsten Tauchgang. Die Ausrüstung wartet schon fertig montiertet.

Eine eigene Ausrüstung zu haben ist so eine Sache.
Auf der einen Seite kostet eine komplette Tauchausrüstung nicht gerade wenig, wir müssen sie immer in den Urlaub mitschleppen (20 kg Fluggepäck sind da schnell erreicht) und wir brauchen sie vielleicht gerade mal für zwei Wochen Tauchurlaub im Jahr. Da kann man doch besser vor Ort leihen? Andererseits bedeutet eine eigene Tauchausrüstung auch Sicherheit. Ich muss mich nicht auf die Funktionstüchtigkeit eines Leihautomaten verlassen. Ich kenne meine eigene Ausrüstung und kann auch in Stress-Situationen jederzeit das Jacket sicher bedienen. Außerdem kann ich sicher sein, dass sich in meinen Neoprenanzug noch nie ein Fremder »dehydriert« hat.

Ich möchte in diesem Kapitel nur auf das wirklich Wichtige eingehen: Sicherheit und Zweckmäßigkeit. Ich beschreibe, worauf es bei Ausrüstungsteilen wirklich ankommt und worauf Sie getrost verzichten können. Nehmen Sie diese Empfehlungen für Ihre Kaufentscheidung mit und lassen Sie sich von einem Fachhändler beraten.

Es gibt mittlerweile einen riesigen Markt für Tauchausrüstungen. Es fällt schwer, eine echte Beratung für einen einzigen Artikel zu geben. Die meisten Empfehlungen sind gefärbt von eigenen Erfahrungen und Vorlieben. Nicht zuletzt spielt der persönliche Geschmack eine große Rolle. Warum soll ich nicht einen modischen Neoprenanzug kaufen, der mir gefällt? Letztendlich möchte man sich mit seinem Hobby identifizieren. Spaß am Tauchen heißt auch Freude an der eigenen Ausrüstung haben. Also: Viel Spaß beim Shoppen!

Vorsicht:
Günstige Tauchartikel im Ausland

Oft findet man beim Bummel durch die Tauchgeschäfte im Urlaubsland richtige Schnäppchen: In Florida gibt es superbillige Lungenautomaten, auf den Bahamas sehen Sie ein günstiges Finimeter und auf Curaçao lacht Sie ein preiswerter Tiefenmesser an. Ganz abgesehen davon, dass Sie die Artikel bei der Einfuhr in Deutschland verzollen müssen (was den günstigen Preis wieder relativiert), achten Sie auf die technischen Merkmale! Was nützt ein Atemregler mit INT-Anschluss, wenn Sie hier keine entsprechenden Flaschenventile finden? Das Finimeter zeigt den Flaschendruck in »psi« (pounds per square inches) und der Tiefenmesser »feet«.

Riesen-Auswahl an Tauchzubehör in amerikanischen Outlet-Shops

2.1 Was ist wirklich wichtig?

2.1.1 ABC-Ausrüstung

Achten Sie beim Kauf der Tauchergrundausrüstung darauf, dass die sicherheitstechnischen Anforderungen nach CEN (Komitee für europäische Normung) erfüllt werden. Das wird von allen Produkten gewährleistet, die sich an die dafür geltenden EN- und DIN-Vorschriften für ABC (DIN 7876, DIN 7877, EN 1972) halten. Sie finden eine große Auswahl an guten Masken, Flossen und Schnorcheln in allen modischen Ausführungen beim Fachhändler.

Set Maske, Schnorchel, Flossen »Champ« (Foto: Fa. Seemann Sub)

Tauchermaske
Die Tauchermaske oder -brille erlaubt dem Taucher unter Wasser klar zu sehen. Es gibt Tauchermasken mit einem oder mehreren Gläsern aus unterschiedlichen Materialien, wobei sich die weicheren Silikon-Masken gegenüber den früher üblichen Gummimasken durchgesetzt haben.

Tipps für den Maskenkauf:

- Der Nasenerker muss auch mit dickeren Neoprenhandschuhen für den Druckausgleich gut zu greifen sein.
- Der Rahmen muss stabil sein und darf durch die Einwirkung von Salzwasser nicht korrodieren (Kunststoffrahmen).
- Ein doppelter, weicher Dichtrand erhöht den Tragekomfort und dichtet besser ab. Den Sitz testen Sie ganz leicht: Die Maske ohne Band ans Gesicht halten und durch die Nase ansaugen. Sie muss von alleine ein paar Sekunden haften bleiben. Achten Sie auf Haare zwischen Haut und Dichtlippe!
- Gehärtetes, bruchfestes Sicherheitsglas (»tempered glas«) ist Voraussetzung. Die Scheibe darf nicht in große, scharfkantige Teile zerbrechen!
- Ein geteiltes oder breites Maskenband gibt guten Halt.
- Die Maskenbandbefestigung am Rahmen sollte einen Schnellspannverschluss haben.
- Die Maske sollte zum Reinigen zerlegbar sein, um Schimmelpilzbildung vorzubeugen.
- Die Maske darf ruhig modisch sein und gut aussehen!

Übrigens...
...für Brillenträger gibt es bei einigen Masken die Möglichkeit, das Glas durch in ein mit der jeweiligen Sehstärke geschliffenes optisches Glas zu ersetzen. Ansonsten bieten einige Optiker den Service, optische Brillengläser in die eigene Maske zu kleben.

Was tun?
Meine Maske läuft ständig an...

Der berüchtigte Nebel in der Scheibe kann dem Taucher das schönste Unterwassererlebnis verleiden. Gerade neue Masken neigen stark zum Beschlagen. Oft versagt die Spucke-aufs-Glas-Methode.
Erfahrene Taucher empfehlen ein bewährtes Hausmittel: Man muss die Gläser der neuen Tauchermaske dick mit Zahnpasta einreiben und das Ganze antrocknen lassen. Dann die Pasta mit einem Tuch abreiben und gründlich ausspülen. Bei Bedarf wiederholen. Achtung: Nehmen Sie keine Zahnpasta mit Schleifstoffen – die könnte die Gläser zerkratzen!
Direkt vor dem Tauchgang empfiehlt sich dann das Einreiben mit einem speziellen Antibeschlagmittel (gibt's im Tauchladen) oder Spüli.

Schnorchel
Obwohl er unter Wasser nicht gebraucht wird, sollte ein Schnorchel beim Tauchen immer dabei sein. In Notsituationen auf weiter See muss der Taucher die Möglichkeit haben, auch ohne Luftvorrat an der Oberfläche zum Schiff zurückzukommen. Mittlerweile wird eine Vielzahl verschiedener Schnorcheltypen angeboten, die allen Komfort bieten (automatische Entwässerung, seitliches Ausblasventil...)

Tipps für den Schnorchelkauf:
• Die Länge darf höchstens 35 cm betragen, da es sonst zu einer Pendelatmung kommen kann (Beim Ausatmen wird das verbrauchte Kohlendioxid nicht komplett aus dem Rohr geblasen und mit dem nächsten Atemzug wieder eingeatmet).
• Ebenso darf der Innendurchmesser nicht zu groß sein (Pendelatmung!). Man empfiehlt für Kinder 15 – 18 mm und für Erwachsene 18 – 25 mm.
• Kein zu hartes oder zu weiches Mundstück.
• Niemals eine Maske mit eingebautem Schnorchel verwenden!
• Optimal ist ein Ende in gut sichtbarer Signalfarbe.
• Vermeiden Sie Faltenschläuche, da hier leicht Wasser zurückbleiben und beim nächsten Atmen mit in die Lunge gelangen kann.

Flossen
Für die Fortbewegung unter Wasser ist ein Paar gute Flossen unbedingt notwendig. Je nach Anwendungsgebiet (Schnorcheln, Streckentauchen, Gerätetauchen) gibt es unterschiedliche Ausführungen und Härtegrade. Kaufen Sie die Flossen unbedingt nach Ihrem Konditions- und Trainingsstand. Ein untrainierter Taucher wird mit einem sehr harten Flossenblatt schnell einen Krampf bekommen.

Tipps für den Flossenkauf:
• Verstärkte Seitenkanten für optimale Richtungsstabilität.
• Mit Handschuhen gut bedienbarer Schnellverschluss.
• Ist ein Testen der neuen Flossen im

Schwimmbad möglich? Nur so kann man die richtige Blatthärte finden!

Flossen mit Fersenband (Jetfin) sollten nur in Verbindung mit einem passenden Füßling getragen werden. Lassen Sie sich vom Fachhändler beraten und probieren Sie die Flossen wie beim Schuhkauf vorher an. Die Flossen müssen gut sitzen, dürfen aber nicht zu eng sein!

Flossen mit Fußteil oder Füßling?

Flossen mit Fußteilen sind für das klassische Schnorcheln am besten geeignet. Mit dem meist relativ weichen Flossenblatt kann man aber in voller Ausrüstung nicht genug Kraft erzeugen, um sich effektiv unter Wasser bewegen zu können. Bei Gegenströmung kann das zu einem Problem werden.
Geräteflossen mit Flossenband (»Jetfin«) können nur mit Füßlingen getragen werden, die im Wasser zusätzlich einen Kälteschutz gewährleisten. Nebenbei schützen sie beim Einstieg vor spitzen Steinen, heißem Sand oder sonstigen Verletzungsmöglichkeiten.

Übrigens...
...sollte man bei der Schnorchelflosse eine Zwischengröße brauchen, kann man die etwas zu großen Modelle mit Socken im Wasser tragen!

2.1.2 Atemregler

Bei der Auswahl eines Atemreglers darf man nicht am falschen Ende sparen. An der Funktionstüchtigkeit und Zuverlässigkeit des Lungenautomaten hängt letztendlich das eigene Leben!
Der Atemregler sollte aus der ersten Stufe (Druckminderer) und zweiten Stufe (Mundstück) bestehen. Es empfiehlt sich, gleich einen Oktopus (separate zweite Stufe) als Notfallreserve für den Tauchpartner mitzukaufen. Üblicherweise gehört ein Finimeter (einzeln oder in einer Konsole) zum Komplettsystem.
Ein guter Atemregler sollte robust sein. Es ist immer ein balancierter (oder kompensierter) Druckminderer, für Kaltwasser möglichst vereisungssicher, zu wählen. Lassen Sie sich von einem Fachhändler beraten!

Druckminderer SL 35TX und 2. Stufe SL 600 – die Spitzenmodelle der Firma Seemann Sub (Foto: Fa. Seemann Sub)

Tipps für den Kauf und zur Pflege eines Atemreglers:

- Kaufen Sie nur vom Fachhändler. Hände weg von Billigangeboten!
- Achten Sie auf das CE-Zeichen. Der Atemregler muss die Richtlinien der EN 250 »Autonome Leichttauchgeräte mit Druckluft« erfüllen.
- Für heimische, kältere Gewässer sollte der Automat vereisungssicher oder mit einem Kaltwasser-Kit nachrüstbar sein.
- Achten Sie darauf, dass es für den Atemregler auch in mehreren Jahren noch Ersatzteile und Wartungssets gibt.
- An der ersten Stufe sollten sich genug LP-(Mitteldruck) und HP-(Hochdruck) Ausgänge befinden, um Finimeter, Computer, 2. Stufe, Inflator, Oktopus und u. U. Inflatorschlauch für einen Trockentauchanzug anzubringen.
- Optimal ist eine erste Stufe mit drehbarem Kopf.
- Testen Sie Atemkomfort und Funktion vor dem Kauf. Optimal wäre ein Probetauchgang in einem Schwimmbecken. Es darf prinzipiell keinen Unterschied zwischen Atemwiderstand an Land und in 50 m Tiefe geben.
- Lassen Sie in regelmäßigen Abständen eine Wartung / Revision beim Fachhändler durchführen (gemäß Herstellerangaben).
- Gehen Sie mit dem Automaten jederzeit sorgfältig um (gepolsterte Transporttasche, trocken lagern, Schläuche nicht knicken).
- Testen Sie die Automaten grundsätzlich vor dem Gebrauch: Check der Funktion & Dichtigkeit vor dem Tauchgang.
- Nach Gebrauch sollte der Automat mit Süßwasser abgespült und abgetrocknet werden. Es darf aber kein Wasser in die erste Stufe gelangen!
- Nie in der prallen Sonne liegen lassen. Kunststoffschläuche werden brüchig!

Übrigens...

...am wichtigsten für den Taucher sind die Anschlussmöglichkeiten. An der ersten Stufe des Hauptautomaten sind drei Mitteldruckabgänge für den Regler, den Inflator und einen Oktopus sowie ein Anschluss für das Finimeter (HP) absolutes Minimum. Trockentaucher brauchen sogar noch einen Mitteldruck-Anschluss mehr. Auch Taucher, die mit einem luftintegrierten Computer unterwegs sind, sollten auf einen zweiten Hochdruckausgang achten, sonst sind die Montagemöglichkeiten für den Sender doch recht eingeschränkt.

Hilfe - mein Automat vereist?

Ein Atemregler kann auch bei Plusgraden vereisen. Durch große Strömungsgeschwindigkeiten bei der Druckminderung und kleine Durchlassöffnungen kann sich das Atemgas bis über den Gefrierpunkt hinaus abkühlen. Die Folge kann ein »Festfrieren« des Ventilkolbens sein. Der Automat beginnt in der Tiefe unkontrolliert abzublasen.

Grundsätzlich muss ab einer Wassertemperatur von 10 Grad Celsius mit der Möglichkeit einer Automatenvereisung gerechnet werden.
Sollten Sie Tauchgänge in heimischen, kälteren Seen planen, kaufen Sie einen guten Lungenautomaten, der vereisungssicher konstruiert wurde oder lassen Sie ihre erste Stufe mit speziellen Vereisungs-Kits nachrüsten. Bringen Sie bei kalten Außentemperaturen Ihren Lungenautomaten nicht schon an Land mit Wasser in Kontakt. Bei Minusgraden darf an Land niemals probegeatmet werden, da die feuchte Ausatemluft in der zweiten Stufe gefrieren kann!

2.1.3 Tarierjacket

Nachdem mittlerweile die Taucherwesten (Kragen, die über den Kopf gezogen wurden) fast ausgestorben sind, haben sich die Tarierjackets auf dem Sporttauchermarkt behaupten können. Grundsätzlich muss man drei Bauarten unterscheiden, die jeweils ihre Vor- und Nachteile haben:

Stabilizing Jackets
waren die ersten ihrer Art. Sie erschienen in den USA bereits 1977 auf dem Markt. In der Regel bestehen sie aus einer oder zwei Schalen mit einer oder mehreren Luftkammern. Ihr großer Vorteil ist die gute Verteilung der Luft um den Körper und das relativ große Auftriebsvolumen. Sie sollen eine annähernd ohnmachtsichere Schwimmlage beim Treiben auf der Wasseroberfläche gewährleisten. Sie sind dafür aber relativ schwer, sperrig und durch die Innenbegurtung unbequem beim An- und Ausziehen.

ADV-Jackets
»Adjustable Diving Vests« sind die Weiterentwicklung der Stabilizing Jackets und mittlerweile die am häufigsten verkauften Typen. Sie unterscheiden sich vom Aufbau grundsätzlich nur in einem einzigen Punkt: Der Schulterbereich ist nicht aufblasbar. Dafür befinden sich dort einstellbare Schultergurte, wodurch auf einfache Weise ein guter Sitz erreicht werden kann. ADVs haben eine gute Passform und sind einfach an- und abzulegen. Der Nachteil ist das etwas geringere Auftriebsvolumen und die ungünstigere Luftverteilung.

Wing- Jackets
sind die letzte Entwicklung auf dem Markt. Sie haben im vorderen Bereich keine Luftkammern mehr. Zur Volumenvergrößerung stehen die hinteren Kammern wie Flügel seitlich etwas ab. Man erreicht so eine horizontale Tauchlage unter Wasser. Als Rettungsmittel sind diese Westen aber nicht geeignet, da im Falle einer Bewusstlosigkeit der Betroffene auch Bauch nach unten im Wasser treiben wird. Ansonsten erreicht man mit diesem System sehr große Auftriebsvolumen, was von Tieftauchern der TecDiving-Szene sehr geschätzt wird.

Sonderformen

Neuerdings werben einige Hersteller mit so genannten Hybrid-Jackets, einer Kombination aus ADV und Wing. Sie sollen die Vorteile beider Systeme vereinigen und optimalen Tauchkomfort gewährleisten.

Zusätzlich findet man noch »abgespeckte« Versionen der ADV-Jackets, die reinen Reisejackets. Hier wurde zur Gewichtsersparnis allerhand Zubehör weggelassen und auf das Notwendigste beschränkt.

Optimal: Das Blac Jac V6 vereint Tragekomfort mit Sicherheit (Foto: Fa. Seemann Sub)

Inflatorsystem

Zum Inflatorsystem gibt es eigentlich nur soviel zu sagen: Je einfacher das Inflatormundstück, desto besser!

Der Inflator muss im Notfall vom Taucher und vom Tauchpartner bedient werden können und darf nicht durch eine futuristische, aufwendige Konstruktion Schwierigkeiten bereiten. Zum Glück funktionieren alle nach dem gleichen Prinzip: Ein Knöpfchen zum Lufteinlassen, ein großer Knopf zum Ablassen und manuellem Aufblasen.

Es werden auch Jackets angeboten, die statt dem üblichen Inflatormundstück eine komplette zweite Stufe besitzen. Dies ist als Oktopus für den Notfall gedacht. Das System hat aber einen entscheidenden Nachteil:

Sollte im Notfall mein Tauchpartner das Mundstück benutzen, kann ich nur noch eingeschränkt tarieren.

Neuerdings sieht man sogenannte **Indeflatorsysteme** auf dem Markt. Mit einem Knopfdruck kann man Luft einlassen (Inflator) oder ablassen (Deflator). »Flight Control System« oder »HUB« werden sie von einigen Herstellern genannt. Der Luftablass funktioniert je nach Bauart durch einen Seilzug oder mithilfe von Druckluft. Um eine gesicherte Empfehlung für das sicherlich bequeme aber auch mit Nachteilen behaftete System treffen zu können, sollte man noch eine Zeit lang warten und mehrere Testergebnisse und Berichte studieren (Stand: Dez 2004).

Tipps für den Jacketkauf:

• *Kaufen Sie beim Fachhändler und probieren Sie das Jacket vorher aus. Sitz und Tragekomfort sollten die ausschlaggebenden Faktoren sein. Achtung: Bei vielen Herstellern fallen Jackets sehr groß aus, um ein großes Auftriebsvolumen zu gewährleisten. Oft braucht ein »L«-Mensch nur ein »M«-Jacket! Das Jacket sollte immer mit Neoprenanzug anprobiert werden, am besten im Wasser.*

• Soll es ein reines Urlaubs- und Reisejacket werden? Dann sollten Sie Wert auf das Gesamtgewicht des Jackets legen.

• Das Auftriebsvolumen darf nicht zu gering sein. Gute Jackets haben 15 – 20 Liter Volumen. Das notwendige Auftriebsvolumen hängt natürlich von der Leibesfülle des Trägers ab!

• Ein robustes Material der Außenhaut ist zu bevorzugen. Die Stärke von 450 Denier reicht für normale Sporttauchanwendungen aus. Die Nähte müssen gut verarbeitet sein und dürfen bei Belastung nicht mit der Zeit aufplatzen.

• Im aufgeblasenen Zustand darf das Jacket den Taucher nicht einengen und das Atmen schwerer machen! Achten Sie als Frau darauf, dass das Jacket im Brustbereich nicht zu eng geschnitten ist und Sie nicht beengt oder quetscht.

• Die Schultergurte sollten anatomisch geschnitten und bequem sein.

• Hardpacks (feste Rückentrage) sollten bequem gepolstert sein.

• Auf leicht gängige Schnallen ist zu achten.

• Mindestens zwei Schnellablassvorrichtungen für verschiedene Schwimmlagen sollten vorhanden sein.

• Die Pressluftflasche muss optimal und einfach am Jacket befestigt werden können (zwei Spanngurte beim Softpack, einer beim Hardpack).

• Unbedingt auf einen Auffangriemen für die Pressluftflasche achten.

• Ein zusätzlicher breiter Bauchgurt mit Klettverschluss gewährleistet bequemen Sitz.

• Ein Jacket mit Bleiintegration verhindert Rückenschmerzen und beugt Rückenschädigungen vor. Achten Sie aber auf gute Abwurfmöglichkeit der integrierten Bleitaschen für den Notfall. Gute Jackets haben mehrere Taschen für Trimmgewichte, die das Gesamtgewicht besser verteilen.

• Genügend D-Ringe aus Metall bieten Platz für Zusatzausrüstung (Anm.: Zu viele müssen es auch nicht sein, denn so viel wollen Sie ja denn doch nicht mitschleppen).

• Oktopus und Inflatorschlauch müssen sicher zu fixieren sein.

• Inflator je simpler, desto besser. Er muss einfach bedienbar, gut zu erreichen und robust sein.

• Zusatztaschen mit Reißverschluss bieten Stauraum für Tauchtabelle, Ersatzlampen und Kleinkram.

• Leuchtfarbe oder Abnäher in Signalfarbe erhöhen die Sicherheit auf hoher See oder bei Nachttauchgängen.

Ein gut sitzendes, einfach zu bedienendes und zuverlässiges Jacket bietet die beste Sicherheit beim Tauchen!

Gut gepflegt ist halb gewonnen

Auch ein Jacket braucht Liebe und Pflege, wenn Sie es über viele Jahre benutzen wollen. Halten Sie die individuellen Pflegeanweisungen des Herstellers ein und spülen Sie mindestens einmal im Jahr Ihre Jacketinnenblase mit einer speziellen Desinfektionslösung (gibt's beim Fachhändler), um Pilz- und Schimmelbildung zu vermeiden. Das Jacket sollte immer gut getrocknet (auch innen) und in nicht zu heißer Umgebung aufbewahrt werden. Denken Sie auch an die jährliche technische Wartung des Inflators beim autorisierten Fachhandel!

2.1.4 Uhr, Tiefenmesser und Austauchtabelle

Zur Rubrik »Was ist wirklich wichtig?« zähle ich auf alle Fälle die eigene Taucheruhr, einen Tiefenmesser und eine Austauchtabelle. Nur damit kann ich unabhängig von anderen meinen eigenen Tauchgang sicher planen und durchführen.

Tiefenmesser und Manometer in der 2er-Konsole. Auf der Rückseite ist hier eine Schreibtafel integriert (Foto: Fa. Seemann Sub)

Bei der Auswahl der **Taucheruhr** würde ich (neben dem modischen Design) auf ein paar Kernkriterien achten:

- Druckfestigkeit bis 200 m Tiefe.
- Drehring für das Einstellen der Startzeit (auch mit Handschuhen gut zu bedienen). Dieser hat eine Arretierung und kann nur gegen den Uhrzeigersinn bewegt werden (als Sicherheit gegen versehentliches Verstellen unter Wasser).
- Flaches, kratzfestes Mineralglas.
- Gut ablesbare Leuchtziffern.
- Zuverlässiges Uhrwerk.
- Weit verstellbares Armband, um die Uhr auch über dem Neoprenanzug tragen zu können.

Der **Tiefenmesser** ist dann in Kombination mit der Uhr unverzichtbar. Achten Sie auf:

• Gute Ablesbarkeit der Skala in allen Tiefen.
• Gespreizte Skala im flacheren Tiefenbereich.
• Schleppzeiger, der maximale Tiefe anzeigt.
• Gut ablesbare Leuchtziffern.
• Verstellbarer Nullpunkt, um Luftdruckänderungen korrigieren zu können (z. B. bei Bergseetauchgängen).

Übrigens...
... nehmen Sie nur die Austauchtabelle (oder Recreational Dive Planer), mit der sie auch gelernt haben und die sie kennen. Praktisch ist eine gut lesbare Tabelle aus wasserfestem Plastik, die auch unter Wasser nutzbar ist. Denken Sie daran, diese mit einer Kordel am Jacket zu befestigen, sonst ist sie beim Taschenöffnen leicht vor Ihnen an der Wasseroberfläche!

2.2 Was ist wünschenswert?

2.2.1 Der eigene Tauchanzug

Da die Wärmeleitfähigkeit des Wassers ca. 25-mal größer ist als an Land und man deshalb 3- bis 4-mal schneller auskühlt, wird ein längerer Aufenthalt auch im relativ warmen Wasser als unangenehm empfunden. Bei Temperaturen unter 25°C sollte man immer zu einem Tauchanzug greifen. Gerade in heimischen Seen muss mit sehr geringen Wassertemperaturen gerechnet werden, so dass der richtige Wärmeschutz zur Vorbeugung einer Unterkühlung lebensnotwendig ist!

*In einem modernen Tauchanzug darf man auch gut aussehen...
Hier der 7mm-Halbtrockentauchanzug Seemann »Definition«-Overall ohne Jacke. Ideal im Mittelmeer!*

Nasstauchanzüge
Das mittlerweile gängigste Material ist der Tauchanzug aus Neopren. Das aufgeschäumte Material mit einge-

schlossenen Luftbläschen hat eine sehr gute Isolationswirkung. Das eingedrungene Wasser wird vom Körper erwärmt und die Neoprenschicht verhindert die Wärmeabgabe an die Umgebung. Mit zunehmender Tiefe werden allerdings auch die Luftbläschen komprimiert, so dass die Isolationswirkung sinkt.

Halbtrockentauchanzüge

Bei den Nasstauchanzügen ist eine gute Passform extrem wichtig, da die Zirkulation von Wasser so gering wie möglich gehalten werden sollte. Was nützt die wärmende Wasserschicht auf der Haut, wenn diese bei jeder Bewegung durch kaltes Wasser von außen ersetzt wird? Abhilfe versprechen Halbtrockentauchanzüge, die durch Dichtmanschetten an Händen, Füßen und Hals die unerwünschte Wasserzirkulation auf ein Minimum reduzieren.

Wie pflege ich mein Neopren?

Schon aus hygienischen Gründen sollte man seinen Neoprenanzug nach jedem Tauchgang gründlich mit Süßwasser ausspülen. Man sollte ihn zum Trocknen nicht in die pralle Sonne hängen, da das Material sonst mit der Zeit brüchig wird – ganz abgesehen davon, dass die Farben ausbleichen.

Nach dem Urlaub kann man den Anzug mit einem sanften Waschmittel für eine Weile einweichen. Hierzu gibt es im Tauchsporthandel auch spezielle Neoprenreinigungsmittel. Ich kenne Taucher, die ihren Anzug im Schongang durch die Waschmaschine »jagen«. Sie schwören auf diese Methode, obwohl ich wegen der Belastung der Nähte etwas Bedenken habe.

Zum Einwintern der Neoprensachen gilt: Möglichst trocken, dunkel und nicht zu warm. Dann haben Sie auch nach Jahren noch Freude an Ihrem Anzug!

Trockentauchanzüge

Diese Anzüge schützen Taucher auch bei extremen Temperaturen vor Auskühlung. Sie bestehen meist aus einem Stück (oder sind bei separater Kopfhaube, Handschuhen und Füßlingen mit guten Dichtmanschetten versehen). Trockentauchanzüge lassen, wie der Name schon sagt, kein Wasser in ihr Inneres und der Träger kann so einen zusätzlich wärmenden Unterzieher tragen. Es werden unterschiedliche Materialien angeboten, wie z. B. Neopren, Trilaminat, gummibeschichtetes Nylon o. Ä.

Um das Luftvolumen im Anzug in allen Tiefen immer konstant halten zu können, wird während des Tauchens über einen Inflator Luft eingeblasen oder ausgelassen. Es verlangt eine besondere Fertigkeit und viel Übung, um mit einem Trockenanzug umgehen zu können, will man nicht mit den Füßen zuerst wie ein Korken an der Oberfläche treiben.

Die meisten Sporttauchverbände bieten Spezialkurse »Trockentauchen« an, um die Sicherheit im Umgang mit dem Anzug zu erhöhen. Dieser Kurs empfiehlt sich schon vor dem Kauf eines doch recht teuren Trockentauchanzuges.

Welcher Anzug ist der richtige?

Je nach seinem individuellen Kälteempfinden wird wohl jeder Taucher mit den Jahren seine eigenen Erfahrungen machen. Als Richtwerte vor einem Neukauf sollte man sich gut überlegen, in welchen Gewässern der Anzug zum Einsatz kommt:

- Beim Tauchen in warmen Meeren mit Wassertemperaturen von 20 – 30° C reicht ein Tauchanzug von 1,5 – 5 mm Dicke (auch als Shorty).
- In heimischen Gewässern und im Mittelmeer bei durchschnittlichen Temperaturen von 6 - 20° C empfiehlt sich ein Nass- oder besser Halbtrockentauchanzug bis 7 mm Dicke.
- Tauchen im Winter, in kalten Seen, Eis- oder Quelltopftauchen (Wassertemperaturen bis 0° C) macht einen Trockentauchanzug mit warmem Unterzieher notwendig.

Tipps für den Anzugkauf:

- Achten Sie auf einen guten Sitz. Kaufen Sie keinen Anzug, ohne ihn vorher anprobiert zu haben. Ein zu weiter Neoprenanzug hat keine richtige Isolationswirkung, ein zu enger behindert das Atmen! Für »schwierige« Konfektionsgrößen oder Zwischengrößen bieten die meisten Anzughersteller auch Maßanfertigungen gegen Aufpreis.
- Ein zweiteiliger Overall mit separatem Überzieher bietet guten Kälteschutz. Für wärmere Gewässer kann der Überzieher einfach weggelassen werden.
- Der Reißverschluss darf nicht drükken und sollte gut vernäht sein.
- Ein einfaches An- und Ausziehen ist von Vorteil. Befindet sich der Reißverschluss vorne oder hinten? Kann ich ihn alleine bedienen oder brauche ich immer Hilfe?
- Denken Sie beim Anzugkauf auch an die entsprechenden Füßlinge und Handschuhe.

Übrigens...
... der Anzug darf Ihnen ruhig gefallen. Mittlerweile sind die Modeschöpfer sehr kreativ!

2.2.2 Pressluftflasche

Beim Kauf der eigenen Pressluft- oder Druckluftflasche sollte man sich vorher gut überlegen, für welche Tauchgelegenheiten man sie nutzen möchte. Für reine Urlaubstauchgänge lohnt sich der Kauf nicht, da man die Flasche sowieso nicht im Flugzeug transportieren wird. Gelegenheitstaucher in heimischen Seen sollten vorher kalkulieren, ob Leihgebühren inkl. Luft auf Dauer nicht billiger kommen, als ein Flaschenkauf, regelmäßige TÜV-Gebühren und Füllkosten.

Tipps zum Kauf einer Pressluftflasche:

- Auch hier gilt: Kaufen Sie nur vom Fachhändler. Hände weg von Billigangeboten (zum Teil fehlt den Flaschen eine europäische Bauartzulassung oder die Anschlussgewinde passen nicht!).
- Achten Sie auf das CE-Zeichen. Auch die Flasche muss die gültigen Europa-Normen erfüllen.
- Ab 2006 ist eine neue Kennzeichnung von Gasflaschen (EN 1089-3) verbindlich. Kaufen Sie heute schon nur noch Flaschen mit der neuen Farbkennzeichnung (schwarzer Ring auf weißem Grund oder schwarz-weiße Schulter. In der Übergangszeit ist ein großes »N« für NEU auf der Flaschenschulter aufgemalt).
- Laut europäischer Gefahrengutverordnung Straße (GGVS) muss die Flasche mit einem Gefahrengutaufkleber gekennzeichnet sein.

Tauchflaschen mit Schutznetz auf einem Tauchboot

2.2.3 Tauchermesser

»Tauche nie ohne Tauchermesser« haben mir bei meiner Ausbildung die Pioniere dieser Sportart beigebracht. Deshalb war mein erstes Teil damals auch ein Messer. Richtig groß, schwer und martialisch.

Unbestritten gehört das Messer zu einem wichtigen Ausrüstungsteil, wenn auch nicht zu den wichtigsten. Es hilft in Notsituationen (Verfangen in einer Angelschnur oder Netz), sich selbst befreien zu können und dient als Werkzeug unter Wasser. Ich brauche das Messer aber nicht, um mich gegen große, böse Haie zu verteidigen!

Mittlerweile bin ich zu der Erkenntnis gelangt, dass mir ein kleines Messer, das leicht verstaubar ist und mich nicht behindert, viel zweckmäßiger ist. Es gibt sehr schöne kompakte Tauchermesser, die direkt am Jacket zu befestigen sind und beim Tauchen nicht stören (im Gegensatz zum Messer am Bein).

Das Tauchermesser SK9 mit 13,5 cm Klinge, Leinenschneider und Hammergriff (Foto: Fa. Seemann Sub)

Achten Sie darauf, dass das Messer

- nicht leicht rosten kann (Edelstahl),
- fest in der Scheide sitzt, aber unter Wasser leicht gezogen werden kann,
- zweckmäßig angebracht werden kann und nicht behindert,
- leicht auch dickere Leinen kappen kann.

2.2.4 UW-Lampen

Dem Kaufpreis einer druck- und wasserfesten Unterwasserlampe sind nach oben hin keine Grenzen gesetzt. Es beginnt bei einfachen, farbenfrohen Kunststofflampen mit nicht allzu großer Lichtausbeute und endet bei Spezialanfertigungen namhafter Lampenkonstrukteure für jede nur denkbare Anwendung. Ein Unterwasserfilmer oder Höhlentaucher setzt natürlich ganz andere Erwartungen in die Lampe, als der Sporttaucher, der gelegentlich eine dunkle Ritze ausleuchten möchte. Hierfür wäre ein 100-Watt-Halogen-Strahler übertrieben, der ein Gewässer in der Nacht taghell erleuchten kann.

Für Nachttauchgänge oder tiefere Ausflüge in dunkle, heimische Seen sollte man aber doch den Kauf einer höherwertigen Lampe in Betracht ziehen.

Auf dem Markt ist heute eine große Anzahl Halogenbrenner unterschiedlicher Leistung und Farbtemperatur erhältlich.

Tipps für den Lampenkauf:

- Je größer die Leistungsaufnahme (Watt) des Brenners ist, desto kürzer ist die Brenndauer. Hierbei berät Sie ein Fachhändler sicher gerne.
- Kaufen Sie nur Lampen mit Akkus, die Sie selbst wieder aufladen können. Zweckmäßig sind kompakte Ladegeräte, die auch im Ausland bei 110V/ 60Hz funktionieren.

Tipp: Fragen Sie nach einer UW-Lampe mit nominal 35W, die mit der Lichtausbeute einer 50W-Lampe vergleichbar ist. Hier bieten sich die neuen HID-Lampen an, die einen Xenon-Brenner

Taucherlampen auf Flugreisen

Achtung: Nach den Vorschriften der internationalen Luftfahrtbehörde IATA dürfen batteriebetriebene Geräte (insbesondere Taucherlampen / Videolampen) nur in der Flugzeugkabine transportiert werden, wenn der Akku vom Brenner getrennt wurde. Dann ist eine Mitnahme der Lampe – mit Zustimmung des Luftfahrtunternehmens – im Handgepäck zulässig. (Quelle: Luftfahrt Bundesamt)

Beim Einchecken und Durchleuchten des Handgepäcks im Flughafen wird mittlerweile sehr darauf geachtet, dass man die Lampe zerlegt (Akku herausgenommen) und gesichert hat. Das ist bei manchen Modellen ohne entsprechendes Werkzeug gar nicht so einfach. Dies ist ein Faktor, den man beim Lampenkauf mit berücksichtigen sollte!

Tauchlampen sind bei Nacht und in Grotten unverzichtbar. Hier: Grotta Giusti (Foto: Martin Hablützel)

verwenden. Sie haben eine sehr hohe Lichtausbeute bei sehr geringem Stromverbrauch (z. B. ein nominal 10-W-Xenon-Brenner hat eine Lichtausbeute, wie ein 40-W-Kaltlichtreflektor). Leider sind diese Lampen noch sehr teuer und stoßempfindlich.

Übrigens...
... dürfen die meisten Taucherlampen wegen Überhitzungsgefahr nur im Wasser betrieben werden!

Was ist eigentlich der Memory-Effekt?

Jeder spricht im Zusammenhang mit seiner Tauchlampe darüber und keiner weiß eine echte Erklärung. Ab jetzt wissen wenigstens Sie Bescheid: Memory-Effekt nennt man in der Technik ein Phänomen, das überwiegend bei Ni-Cd-Akkus auftritt: Wird der Akku längere Zeit mit niedrigen Strömen dauergeladen oder vor der vollständigen Entleerung wieder aufgeladen, bilden sich durch die besonderen chemischen Eigenschaften des Cadmium an der negativen Elektrode kleine Kristalle. Auf Dauer gruppieren sich diese Kristalle zu einer Schicht, die die verfügbare Energie mehr und mehr verringert. Am Ende liefert der Akku nur noch wenige Minuten die volle Leistung.

Man kann diesem Effekt leicht entgegenwirken, wenn man die Akkus generell vollständig entleert (Lampe bis zum Ende anlassen) oder ein Ladegerät mit Entladefunktion verwendet.

2.2.5 Unterwasserkompass

Spätestens für Ihren Kurs »Orientieren unter Wasser« oder fortgeschrittene Tauchscheine brauchen Sie einen speziellen Kompass. Damit es unter Wasser keine Enttäuschung gibt, beherzigen Sie ein paar Kaufempfehlungen.

Tipps für den Kompasskauf:

- Achten Sie auf ein robustes Gehäuse.
- Die Magnetscheibe sollte sich schwimmend in einem Ölbad befinden.

Vor dem Abtauchen sollte die Richtung zum Ausstieg bestimmt werden, um unter Wasser den Weg zurück zu finden.

- Die Scheibe muss gegen Verkanten unempfindlich sein (sonst gibt es ständig Probleme beim Orientieren unter Wasser!).
- Der Einstellring hat eine genaue Gradeinteilung und muss auch mit Handschuhen gut bedienbar sein.
- Nordmarke, Nordpfeil, Schwimmlinie oder Richtungspfeil sollten im Dunkeln nachleuchten.
- Ein seitliches Einblickfenster zum Ablesen der Gradzahl ist zweckmäßig für eine Peilung.

Übrigens...
... den Kompass gibt es wahlweise als Armbandmodell oder in der Konsole.

2.2.6 Zubehör

Weiteres Tauchzubehör eignet sich hervorragend zum Schenken-lassen bei Geburtstagen und zu Weihnachten. Es gibt jede Menge sinnvolle, praktische, unsinnige und unzweckmäßige Zubehörteile, die in Tauchläden und Tauchbasen zu finden sind.

O-Ring kaputt? Gut wenn man einen als Ersatz dabei hat!

Mit der Zeit findet jeder selbst heraus, was man brauchen kann und was unnötig ist.

Auf jeden Fall brauchen Sie:
• Bleigürtel (wenn das Jacket nicht bleiintegriert ist)
• Signalboje (als Notfallmittel bei Bootstauchgängen)
• INT/DIN-Adapter (bei eigenem Atemregler, wenn Sie in Amerika, Asien oder Karibik tauchen wollen)
• Ersatzteile und Werkzeugset (auf Ihre Ausrüstung abgestimmt)
• Taucherboje (zur Kennzeichnung der Tauchstelle)

Ersatzteile immer dabei?

Ist Ihnen schon mal das Flossen-Fersenband gerissen, nachdem Sie sich mühsam angezogen haben und 300 m zum Taucheinstieg gelaufen sind? Dann ist man wirklich froh, wenn der Tauchpartner grinsend ein Ersatzteil aus der Tasche zieht, das er selbstverständlich immer dabei hat.
Die Erfahrung zeigt, dass man zumindest in der Tauchtasche im Auto immer ein kleines Ersatzteil-Sortiment mitführen sollte: Flossen-Fersenband, Maskenband, O-Ringe, neue Batterien, Birne für Unterwasserlampe.

2.3 Ein Wort zum Tauchcomputer

Mit der Weiterentwicklung der Messgeräte für Taucher und der fortschreitenden Verkleinerung der Halbleitertechnologie (mit ständiger Erhöhung der Rechenleistung) sind Computer heute auch beim Sporttauchen nicht mehr wegzudenken.
Dabei wurde der erste Tauchcomputer (Deko-Computer) schon 1974 entwickelt. Anfangs gab es noch eigenständige Nullzeitrechner, die für die jeweilige Tauchtiefe nur die verbleibende Nullzeit berechnen konnten. Mittlerweile sind kompakte Armband- oder Konsolenmodelle auf dem Markt, die komfortabel Entsättigungsberechnungen, Luftverbrauch- und Nitroxkalkulationen durchführen.

Wie funktioniert eigentlich ein Tauchcomputer?

Das Prinzip klingt ganz einfach, obwohl doch eine Menge Know-how und Elektronik in so einem kleinen Kerl steckt:

Der Computer hat eine interne Stoppuhr, die zu Beginn des Tauchgangs startet. Zusätzlich misst ein Drucksensor in kurzen Zeitabständen den aktuellen Umgebungsdruck, aus dem die Tiefe errechnet werden kann. Aus der Tiefenänderung innerhalb einer Zeiteinheit kann der Computer die momentane Aufstiegs- und Abstiegsgeschwindigkeit errechnen. Mit Hilfe aufwendiger Tabellen und Formeln wird nun die Aufsättigung und Entsättigung des Gewebes unter Druck berechnet. Diese Informationen werden dann als restliche Nullzeit oder Dekompressionswarnung (mit Austauchzeiten und -stufen) auf dem LCD-Display angezeigt. Je aufwendiger die programmierten Tabellen sind und je mehr Gewebearten bei der Berechnung berücksichtigt werden, desto genauer arbeitet der Computer.

Tauchcomputer, die an den Hochdruckeingang (HP) der 1. Stufe angeschlossen werden (per Schlauch oder drahtlos über Funk), messen zusätzlich ständig den Flaschendruck. Damit sind sie in der Lage, neben der Kalkulation der Resttauchzeit, den Luftverbrauch pro Minute zu errechnen und auf Arbeit oder erhöhte Anstrengung unter Wasser zu reagieren. Das veränderte Sättigungsverhalten des Körpers unter Belastung kann direkt in die Nullzeitberechnung einfließen. Eine zusätzliche Messung und Einbeziehung der Wassertemperatur macht den Computer noch genauer.

Ebenso gehören NITROX-Tauchgänge mehr und mehr zum Alltag des Sporttauchers. Durch Berücksichtigung der Sauerstoff- Auf- und Entsättigung sind viele Tauchcomputer mittlerweile auch »NITROX- tauglich«. Es muss aber vor jedem Tauchgang die Sauerstoff-Stickstoff-Mischung des Atemgases eingestellt werden. Das können Tauchcomputer doch noch nicht selbstständig messen.

Der Tauchcomputer berechnet neben der Anzeige von Tauchzeit, Tiefe und Temperatur auch die Nullzeiten und Dekompressionspausen nach programmierten Rechenmodellen vom menschlichen Sättigungsverhalten. Neuere Modelle messen zusätzlich den Flaschendruck, Sauerstoffaufsättigung für NITROX-Tauchgänge und beziehen den Luftverbrauch in die Berechnungen mit ein.

Tauchcomputer erleichtern das Leben!

Der eigene Computer
Wer mit dem Gedanken spielt, sich einen eigenen Tauchcomputer anzuschaffen, sollte sich von einem Fachhändler gut beraten lassen und seine Bedürfnisse mit dem Geldbeutel abstimmen.

Tipps für den Kauf eines Tauchcomputers:

• Je mehr Gewebearten der Computer in seine Berechnungen mit einbezieht, desto sicherer ist das Modell.

• Ein Tauchcomputer, dessen lange Nullzeiten angepriesen werden, ist nicht der sicherste!

• Denken Sie auch an die Möglichkeit der integrierten Sauerstoffberechnung für NITROX-Tauchgänge. Früher oder später werden sie es vermissen.
• Achten Sie auf gute Ablesbarkeit der Ziffern und Anzeigen. Ein multifunktionales Display mit hunderten Informationen, die gleichzeitig angezeigt werden, ist beim Tauchen eher unübersichtlich. Die Anzeige weniger, wichtiger Informationen ermöglicht entspanntes Tauchen.
• Einige Modelle bieten die Möglichkeit, die Logbuchdaten mit einem PC selbst auszulesen. Das ist einerseits für das eigene Auswerten des Tauchgangs ganz praktisch und kann andererseits im Notfall dem Druckkammerarzt wertvolle Hinweise für die Behandlung geben.
• Das Display sollte im Dunkeln per Knopfdruck beleuchtet werden können. Denn auch in der Nacht oder in größeren Tiefen können Sie auf diese Informationen nicht verzichten.
• Tauchcomputer mit integrierter Uhr und Speicher für mehrere Logbucheinträge erleichtern das Nachvollziehen des Tauchgangs.

Ist ein Tauchcomputer wirklich sicher?

Leider kann uns das bis heute immer noch kein Hersteller garantieren. Es gibt im menschlichen Körper doch noch zu viele Vorgänge und zwischen den Menschen zu viele Unterschiede, als dass sich alles berechnen ließe. Auch mit den kompliziertesten Rechenmodellen, die das Stickstoff-Sättigungsverhalten in verschiedenen Geweben, externe Besonderheiten (wie Kälte, Jo-Jo-Tauchgänge) und starke Arbeit anhand erhöhter Atemfrequenz berechnen können – es bleibt doch immer eine Restunsicherheit! Die Auf- und Entsättigung des menschlichen Gewebes mit Stikkstoff ist von vielen, nicht berechenbaren Faktoren abhängig: Fettgehalt, Temperatur, Alkoholkonsum, starkes Schwitzen vor dem Tauchgang, etc.

Computer können eben nur mit Durchschnitts-Rechenmodellen arbeiten, die für den Durchschnitts-Menschen gedacht sind. Also: Lieber auf Nummer Sicher gehen und die Erschwernisfaktoren des geplanten Tauchganges abschätzen. Das eigene Tauchverhalten anpassen. Niemals an das Limit des Rechners gehen!
(Aus: »Handbuch Tauchsicherheit«, Thilo Künneth, Verlag Müller Rüschlikon, 2002)

Übrigens...
...der Computer ist als persönlicher Begleiter gedacht. Unter Wasser, in den Tauchpausen und bei Wiederholungstauchgängen. Nur so kann er zuverlässig die individuelle Entsättigung meines Körpers berechnen. Ein zwischenzeitliches Verleihen des Tauchcomputers macht die Berechnung für den ganzen Tauchurlaub hinfällig!

Fit fürs Ausland Teil 1 – Wie mache ich mich verständlich?

Für den nächsten Tauchurlaub im englischsprachigen Ausland brauchen Sie ein paar Taucher-Fachbegriffe, die leider in den meisten Reise-Sprachführern unerwähnt bleiben:

Anschluss	connection
Bleigürtel (Gewichtsgürtel)	weight belt
Druckluft	compressed air
Fett (Silikonfett)	grease (silicone grease)
Finimeter (oder Manometer)	(pressure) gauge
Flasche (PTG)	tank (scuba tank)
Flossen	flippers (auch: fins)
Fülldruck	tank pressure
Füßling (Schuh)	foot (boot)
Grundzeit	bottom time
Handschuhe	gloves
Kompass	compass
Luftfüllung	air fill
Luftvorrat	air supply
Lungenautomat	regulator
Mundstück	mouth piece
Nasstauchanzug	wet suit
Nullzeit	no decompression limits – NDL (auch: no stops time)
Oberflächenzeit	surface time
Rest-Tauchzeit	remaining bottom time (RBT)
Rettungsweste	life jacket
Sauerstoff	oxygen
Schnalle	buckle
Schnorchel	snorkel
Silicon	silicone
Tarierweste (Jacket)	buoyancy compensator (BC)
Tauchausrüstung	diver´s gear (diving equipment)
Taucherbrille (-maske)	diver´s goggles (diver´s mask)
Tauchschein	dive cerification (auch: brevet oder C-card)
Taucher-Logbuch	diver´s log
Tauchgerät	scuba gear
Tauchlehrer	dive instructor
Tauchpartner	buddy
Tiefenmesser	depth gauge (auch: depthmeter)
Ventil	valve
Werkzeug	utensil (auch: tool)
Wiederholungstauchgang	repetitive dive

3. Wo soll`s denn hingehen?

Maledivenen: Eines der besten Tauch-Reiseziele weltweit

Die besten Tauch-Reiseziele weltweit

Um die Planung für den nächsten Urlaub zu erleichtern, möchte ich hier die weltweit besten Tauchziele vorstellen. Sicherlich kann so eine Aufstellung nie ganz vollständig sein und ist immer von persönlichen Erfahrungen und Erlebnissen geprägt. Deshalb soll hier nur eine grobe Beschreibung der wichtigsten Tauchregionen gegeben werden, die einen ersten Eindruck von Ihrem zukünftigen Reiseziel vermitteln sollen. Detaillierte Auskünfte bekommen Sie dann aus speziellen Büchern über die jeweilige Region, aus dem Internet oder im nächsten Reisebüro.

Übrigens...

... die in Tauchreiseführern oft angegebenen Sichtweiten unter Wasser hängen sehr stark von der Reisezeit, dem momentanen Wetter und der Strömung ab, so dass man deshalb nie eine hundertprozentige Aussage treffen kann.

Ausführliche Reise- und Sicherheitsinformationen gibt das Auswärtige Amt im Internet unter: www.auswaertiges-amt.de.
Gesundheits- und Impfinformationen kann man unter www.travelmed.de abfragen und bekommt diese beim Arzt oder Apotheker.

Die bekannten und noch weniger bekannten Tauchgebiete der Erde beschränken sich auf einen Klimazonengürtel. Nur hier können durch die wärmeren Wassertemperaturen Korallenriffe entstehen, an denen sich eine Artenvielfalt unter Wasser entwickeln kann.
Natürlich kann man auch an der kalten Atlantikküste tauchen, Wracks finden und gute Sichtweiten genießen. Vor der kanadischen Ostküste z. B. gibt es traumhafte Kaltwasser-Spots. Aber dies sind im Allgemeinen keine Ziele für den »normalen« Urlaubstaucher. Ich möchte mich auf die echten »Traumziele« der Welt konzentrieren. Also: Viel Spaß beim Planen und Träumen.

Das lebende Riff – Eine Einführung von Diplom-Biologe Uli Erfurth

Unter Landratten und vor allem Seebären ist es üblich, jede Struktur als »Riff« zu bezeichnen, die vom Meeresboden bis zur Wasseroberfläche reicht, egal ob sie nun eine natürliche Felsformation darstellt oder eine Sandbank, die bei Strömungswechsel abgetragen wird.
Für Biologen stellt jedoch ein aus Korallen aufgebautes Riff einen Sonderfall dar: Es besitzt ausgezeichnete Reparaturmechanismen und ist Riffdach-Wanderern, Ankermanövern und den Gesetzen natürlicher Erosion nicht auf Gedeih und Verderb ausgeliefert. Ein Korallenriff lebt und kämpft aktiv gegen zerstörerische Kräfte. Ist das Ökosystem intakt, wächst es sogar noch so weit an, dass auf Dauer neues Land im Meer entsteht.

Korallenriffe sind die artenreichsten maritimen Lebensräume auf unserem Planeten, und in den vergangenen 400 Millionen Jahren haben sie sich (trotz einiger Rückschläge) gehörig ausgebreitet: Im Moment erfolgt auf 120 Millionen km², fast einem Viertel der Weltoberfläche, der Übergang vom Meer zum Land normalerweise über ein Korallenriff!

Die heutigen Hauptbaumeister dieses faszinierend vielfältigen Ökosystems sind Steinkorallen. Diese erstaunlichen Tiere kommen nur in Meeresgebieten beiderseits des Äquators bis etwa 25° nördlicher und südlicher Breite vor. Gerade im Winter legen sie Wert auf temperiertes Badewasser: Es darf im Mittel nicht unter 20 °C sinken, sonst bleibt ihr Wachstum aus. Ohne warme Meeresströmung sind die Steinkorallen aufgeschmissen. Nicht nur im Indischen Ozean oder Pazifik, auch auf der anderen Seite des amerikanischen Kontinents, im Atlantik, treffen im Äquatorbereich Warmwasser-Strömungen auf die Ostseite der Landmassen auf und werden weit nach Norden bzw. Süden abgelenkt. Auch hier ist ein reiches Riffwachstum die Folge, wenngleich mit deutlich weniger Steinkorallenarten.
Zwischen der Karibik und der brasilianischen Riffprovinz klafft dabei aber eine 3 000 km breite, rifffreie Lücke. Die Ursache hierfür sind riesige Sedimentmassen, aber auch die gewaltigen Süßwassermengen, die vom Amazonas vor die Küste gespült werden und jegliches Korallenwachstum verhindern. Flüsse, die in ein Korallenmeer münden, führen aus diesem Grund immer zu einem stark eingeschränkten Riffwachstum.

Tipp: Auch über Sandflächen in der Nähe von Korallen sollten Sie immer behutsam schweben! Der feine Sandbelag, den ein einzelner unbedachter Schnorchler durch Flossenschlag in der Lagune eines Korallenriffs oder ein einzelner gründelnder Taucher auf der Oberfläche einer Steinkoralle produziert, kann zuvor in stundenlanger Arbeit auf mikroskopisch kleinen Wimpernbahnen noch abtransportiert werden. Aber eine Dauerberieselung mit anorganischem Material stellt für alle festsitzenden Meeresbewohner ein großes Problem dar. Steinkorallen werden durch ständig auf sie herabregnende Sandmassen – gleich welcher Ursache – in ihrer riffbildenden Tätigkeit behindert oder – wie vor Brasilien - regelrecht erstickt.

Korallenriffe gibt es nur in oberflächennahen Bereichen zwischen 0 und 70 m Wassertiefe. In den lichtdurchfluteten ersten 20 Metern der klaren tropischen Meere präsentieren sich Steinkorallen in ausladenden und massiven Formen, sie können sogar meterweite Überhänge bilden. Dagegen fallen die Kolonien in 30 bis 40 m Tiefe bei sonst fast gleichen Lebensbedingungen schon deutlich kleiner aus. Ab 70 m kämpfen nur noch vereinzelt auftretende Steinkorallenarten als Licht-Spezialisten (und bisweilen auch Taucher) um ihr Überleben. Das Riff hat hier unten aufgehört, aktiv zu wachsen. Eine ausreichende Menge Licht ist also, neben einer geeigneten Wassertemperatur und fehlender Sedimentbelastung, die dritte Grundbedingung für das Wachstum von riffbildenden Steinkorallen.

Der Grund für den ungewöhnlichen Licht-Bedarf sind Millionen von einzelligen Algen im Gewebe der Steinkorallen. Diese elementaren Symbiosepartner ernähren ihre Wirte nicht nur, sondern haben auch entscheidende Funktion beim Aufbau der Kalkskeletts und damit der eigentlichen Riffsubstanz. Ohne Symbiosealgen verhungern die Steinkorallen und die Riffe sind schutzlos der Erosion ausgeliefert. Diese Krankheit, von der durch die globale weltweite Erwärmung immer mehr Riffe betroffen sind, nennt man »Korallenbleichen«.

Mehr über dieses Thema erfahren Sie in einem der meeres- und süßwasserbiologischen Kursen von Uli Erfurth (www.bionaut-seminare.de)

Farbenprächtiges Korallenriff (Foto: Gaby Nenadal)

3.1 Mittelmeerraum

Allgemein ist das Wasser des Mittelmeeres im Sommer meist warm, die Sichtweiten schwanken von mittel bis gut. Die Tauchgebiete zeichnen sich durch felsige Riffe mit vielen Höhlen und Durchbrüchen aus, während Fauna und Flora im Vergleich zu anderen Zielen eher »farblos« wirken. Die Faszination eines Mittelmeertauchgangs liegt oft im Detail und im schwerelosen Dahingleiten in toller Unterwasserlandschaft. Im Folgenden eine kleine Auswahl der schönsten Tauchreviere im Mittelmeer.

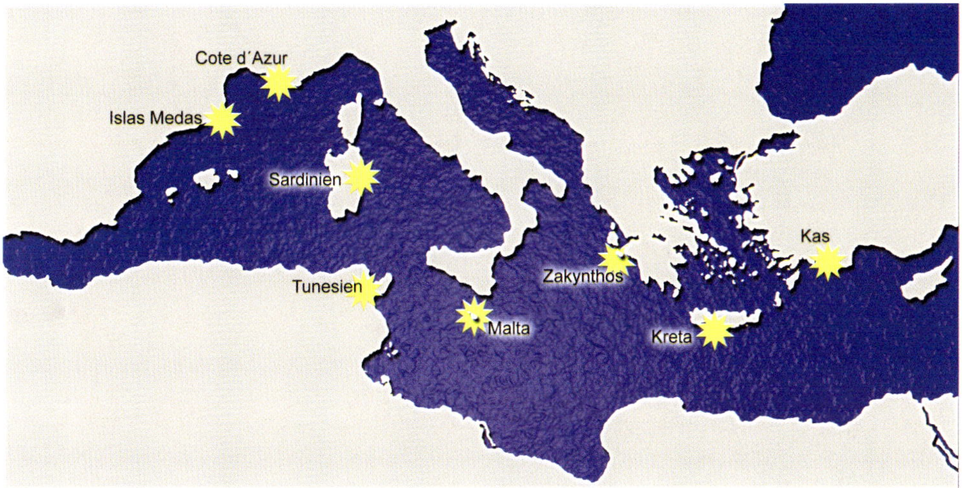

Die besten Tauchgebiete im Mittelmeer-Raum

Spanien: Islas Medas – »Im sonnenverwöhnten Südeuropa«

In Spanien taucht man am besten in der Nähe der »Islas Medas« an der Costa Brava und auf den Balearen. Diese Inselgruppe vor der nordspanischen Costa Brava zählt zu den beliebten Reisezielen bei Tauchern in Europa. Hier im verwöhnten Klima Südeuropas findet der Sporttaucher alles, was des Urlaubers Herz begehrt: Meerestauchgänge mit schöner Fauna und Flora, Höhlen und Grotten und Mittelmeer- »Feeling« pur.

Isla Medas besteht aus mehreren Inseln, die rundherum mit schönen Tauch-Spots aufwarten können. Die größte Insel des Archipels heißt »Meda Cran«, einst Zufluchtsort für Piraten, die im Mittelalter von hier zu ihren Raubzügen ausschwärmten.

Klima

In der Küstenzone herrscht typisches Mittelmeerklima mit trockenen Sommern und milden, regnerischen Wintern. Südlich der Costa Brava beginnt die Costa del Sol, die trockenste und heißeste Region Europas (>40°C).

Beste Reisezeit

Frühling und Herbst

Highlight

Wer die Zeit für einen Ausflug nach Andalusien findet, sollte nicht die Alhambra in Grenada verpassen. Die prachtvolle Festung besitzt märchenhafte Gärten und stilvolle Kunstwerke aus maurischer Zeit.

Tauchen

Nicht weit von L'Estartit entfernt, kann man das artenreiche Unterwassergebiet der Medas-Inseln betauchen.

Schon 1983 wurde rund um die sieben felsigen Inseln eine Fischfangzone errichtet; seit 1990 sind die Islas Medas zum Schutz der Flora und Fauna Naturschutzgebiet. Als Taucher kann man sich deshalb umso mehr an der Artenvielfalt unter Wasser erfreuen. Bei der Tauchbasis UNISUB von Toni Murray in L'Estartit ist man gut aufgehoben (Info: www.unisub.es).

Frankreich: Cote d'Azur - »Tauchen wie Gott in ...«

Die traumhaften Küstenabschnitte am Mittelmeer kombiniert mit dem typisch französischen Flair machen Südfrankreich zu einem favorisierten Urlaubsziel für Wassersportler. Auch wenn die Küste der Cote d'Azur im Sommer wahnsinnig überlaufen ist, gibt es außerhalb der Touristenstädte jede Menge reizender Dörfer, die noch ihren ursprünglichen Charme bewart haben. Auf alle Fälle sollte man sich neben dem Tauchen die Zeit nehmen, ins Inland zu fahren und das »echte« Frankreich – bei einem guten Glas Wein und Käse – zu erkunden.

Klima

Durch den Einfluss des Azorenhochs herrscht hier im Sommer überwiegend andauernd schönes Wetter vor. Im Winter dagegen kann es viel Regen geben.

Beste Reisezeit

April bis Oktober. Die Hauptreisezeit der Franzosen im Hochsommer sollte allerdings vermieden werden!

Highlights

Neben der traumhaft schönen Küste der Cote d'Azur empfiehlt sich ein Besuch in der Provence mit seinen malerischen kleinen Städtchen. Vor allem im Herbst, wenn der Lavendel blüht und Weinfest auf Weinfest folgt, kann man hier leicht ein paar Tage auch ohne Tauchen verbringen.

Tauchen

In Frankreich gibt es mittlerweile eine nationale Vorschrift, dass das Tauchtauglichkeitsattest nicht älter als 1 Jahr sein darf. Ebenso sind je nach Ausbildungsstufe verbindliche maximale Tauchtiefen vorgeschrieben worden, die für Tauchbasen einen gesetzlichen Charakter haben.

An der Südküste Frankreichs, der Cote d'Azur und in Korsika finden Meerestaucher jede Menge Tauchbasen in allen größeren Städten. Hier ist vor allem St. Tropez mit seinen vielen Schiffswracks hervorzuheben.

Tauchhighlights vor St. Tropez sind z. B. das hervorragend erhaltene U-Boot »Le Rubis« aus dem 2. Weltkrieg in 34 bis 42 m Tiefe und der Frachter »Donator« – allerdings in 40 bis 50 m. In diesem Tauchgebiet mit vielen Felsen, Steilwänden, Grotten und Schluchten kann man mit Sichtweiten von 30 bis 60 Meter rechnen. Mit etwas Glück trifft man im Naturschutzgebiet »Port-Cros« sogar auf einen Mondfisch.

Tauchen vor St. Tropez

Direkt am Strand des Feriendorfes Le Kon Tiki liegt die Tauchbasis European Diving School der beiden Deutschen Stefan Urbain und Alexander Vogl. Im Jahr 2003 wurden sie mit dem 1. Platz als beste Tauchbasis im Mittelmeer mit dem AWARD Taucherpreis ausgezeichnet. St. Tropez gilt als Inbegriff für Jet Set und Hafen für Luxus-Yachten, aber bei vielen Tauchern auch als der Geheimtipp in Europa.
Mit geringen Anfahrtszeiten von nur fünf bis 25 Minuten erreicht man hier schnell mit dem Schlauchboot großartige Tauchplätze mit gesunkenen Schiffen und herrlichen Felslandschaften. Kontakt und Informationen:
www.Europeandiving.com

Sardinien – »Das andere Italien«

Die besten und abwechslungsreichsten Tauchmöglichkeiten in Italien findet man neben Elba auf Sardinen. Die Insel Sardinien liegt südlich von Korsika im Tyrrhenischen Meer und zählt zu den schönsten Inseln im Mittelmeer. Ob als Badeziel für die ganze Familie, Genuss für den Erholungssuchenden oder Highlight für den Kulturinteressierten – Sardinien hat für jeden etwas zu bieten. Hier findet man typisch italienische Lebensfreude, hervorragendes Essen und gute Weine, die so manchen Tauchgang vergessen lassen. Rund um die Insel liegen reizvolle Tauchspots. Tauchbasen und -geschäfte gibt es reichlich.

Klima

In Sardinen herrscht klassisches Mittelmeerklima vor: Es gibt trockene Sommer und milde, regnerische Winter. Im Sommer steigen Temperaturen oft über 35°C.

Beste Reisezeit

Frühjahr und Herbst. Achtung: In den Sommermonaten ist Hauptsaison in den Badeorten.

Highlight

Klarer Favorit der Sardinien-Fans ist die Felsenküste Costa Smeralda im Norden der Insel. Hier haben der Wind und das Meer aus Granitfelsen wunderschöne, bizarre Felsenfiguren geformt, die alle einen Namen haben. Nicht nur der Wassersportler wird hier an der Küste ins Schwärmen geraten.

Tauchen

Rund um das beliebte Capo Caccia gibt es nur noch eine deutschspre-

So rau und ungezähmt wie das ganze Land - die Felsküste Sardiniens

chende Tauchmöglichkeit. Die seit 20 Jahren bestehende Tauchbasis Anna-Maria im Hafen von Fertilia bei Alghero im Nordwesten Sardiniens wird von dem Deutschen Detlef Krauss geführt. Die kleine familiäre Tauchbasis im Nordwesten Sardiniens führt die Besucher in eines der schönsten Höhlen- und Grottenreviere Europas. Aber auch über Wasser gibt's viel zu entdecken, z. B. bei einem Ausflug mit dem Landrover. In der Tauchbasis können auch Fahrräder, Mountainbikes, Roller, Enduros, Motorräder, Autos und Wohnmobile gemietet werden. Und selbstverständlich werden Unterkünfte aller Art vermittelt und im Rahmen von sardischen Fischessen für das leibliche und gesellige Wohl gesorgt. Dank Ryanair lohnt sich der Besuch jetzt auch nur fürs Wochenende.
(Info: Tauchbasis Anna Maria, Fertilia Porto – www.hoehlentauchen-sardinien.de)

Tauchplatz Schweizer Käse

Direkt am Capo Caccia besteht der Fels wie ein Schweizer Käse nur aus Löchern, die zum Ein- und Durchtauchen geradezu einladen. Durch die vielen Durchbrüche und die klare Sicht zaubert die Sonne unzählige Muster auf den mit allerlei Getier bewachsenen Stein. Hier findet der Taucher fast alles, was das Bestimmungsbuch hergibt. Besonders Bärenkrebse und Langusten sind häufig gesehene Bewohner der bizarren Felsformation.

Griechenland: Kreta – »Auf den Spuren des Minotaurus«

In Griechenland ist das Tauchen vielerorts zum Schutz ungeborgener archäologischer Schätze sehr eingeschränkt, so dass sich genaue Erkundigungen vor der Reise empfehlen. Einige schöne Tauchgründe findet man auf Kreta, obwohl doch mehr Reisende hierher kommen, um Urlaub zu machen und nebenbei zu tauchen, als umgekehrt. Kreta ist nach Sizilien, Sardinien und Zypern die viertgrößte Insel im Mittelmeer und das südlichste Gebiet Europas. Hier blühte im 2. Jahrtausend vor Christus die minoische Kultur.
Durch die zunehmende Überfischung der letzten Jahrzehnte sind größere Fischschwärme an den Riffen zu einer Seltenheit geworden. Dennoch ist Kreta eine Reise wert. Allein die sagenhafte bergige Landschaft über Wasser, die Kultur und Lebensart machen es zu einem lohnenswerten Ziel. Und bei einigen Tauchgängen nebenbei kann man vielleicht noch die Reste der einen oder anderen antiken Amphore sehen.

Klima

In Kreta herrscht subtropisches Klima, das im Sommer vom Nordostpassat beeinflusst (kräftige Winde von Meerseite) wird. Durch den Gebirgszug der Helleniden entsteht eine Teilung in feuchtere Westseite und trockenere Ostseite. Von Ende April bis Oktober darf man in Kreta mit wolkenlosem Himmel rechnen. Mit rund 300 Sonnentagen im Jahr kann man Kreta zu den sonnenreichsten Inseln des Mittelmeeres rechnen.

Beste Reisezeit

Die besten Reisemonate für Kreta sind Mai/ Juni und September/ Oktober. Da ist es klimatisch angenehmer!

Highlight

Der Palast von Knossos. Die teilweise rekonstruierte antike Tempelanlage macht die Geschichte der Minoer wieder lebendig!

Tauchen

Rund um die Insel an staatlich freigegeben Tauchstellen. Neben vielen Tauchbasen in den Haupturlaubsorten bietet das deutschsprachige »Diving Center Blue Dolphin« im Grecotel Elounda Village (Info: www.dive-blue-dolphin.com) im Ostteil der Insel einen guten Service an. Hier wird viel Wert auf Sicherheit beim Tauchen gelegt!

Tipp: Tauchen vor Zakynthos

Als Geheimtipp unter Griechenlandfans und in Taucherkreisen gilt die Insel Zakynthos, westlich der Peloponnes im Ionische Meer. Über 20 Tauchplätze bis 40m Tiefe locken bei bester Sicht den Taucher, der auf der kleinen Insel am Abend auch noch das ursprüngliche Griechenland entdecken kann. Allein der Anblick der schneeweißen Felsen in azurblauem Wasser lässt dem Erholungssuchenden das Herz höher schlagen.

Türkei: Kas – »Wo sich Berge und Meer umarmen«

...heißt es im Reiseprospekt. Kas liegt malerisch versteckt in einer stillen Bucht der Lykischen Küste. Die Küsten und Buchten rund um Kas gehören zu den schönsten Tauchgebieten der Türkei. Neben Schiffs-Wracks und alten Amphoren liegt hier sogar eine JU 52. Vor Kas wurden schon viele wichtige archäologische Funde gemacht. Fischreichtum und Artenvielfalt kennzeichnen das Gebiet. Lange Zeit als Geheimtipp gehandelt, ist Kas mittlerweile ein gut besuchtes Ziel bei Mittelmeerfans.

Klima

An der türkischen Riviera herrscht ein subtropisches, mediterranes Klima vor. Es ist vor allem in den Sommermonaten überwiegend trocken.

Beste Reisezeit

Von Mitte Mai bis Ende Oktober ist Trockenzeit und es regnet so gut wie nie. Aber die Temperaturen im Sommer mit über 40 Grad sind nicht jedermanns Sache.

Highlight

Beeindruckend sind vor allem die mit zahlreichen Inschriften und reichem Reliefschmuck verzierten Felsengräber von Myra, wohin ein Ausflug unbedingt lohnt.

Tauchen

Um Kas gibt es etwa 40 lohnenswerte Tauchspots. Neben einem Flugzeugwrack und mehreren Schiffswracks sind auch noch reichlich Fische zu sehen, denn in Kas ist an Tauchplätzen das Fischen verboten. Die besten Tauchplätze sind »Flying Fish«, ein steiles, sehr fischreiches Riff und »Canyon-Wrack«, wo man entlang einer Wand und einem kaminähnlichen Canyon in 30 m Tiefe taucht und einen gesunkenen Baumwollfrachter finden kann.

Das Nautilus Diving Center in Kas bildet nach PADI und CMAS in deutscher Sprache aus und bietet Tauchausflüge in die türkische Riviera an.
(Info: www.kas-tuerkei.de)

Malta und Gozo – »Heimat der Kreuzritter«

Südlich von Sizilien im Mittelmeer liegt der kleine Staat Malta mit seinen drei Inseln Malta, Gozo und Comino. Wer nach Malta reist und sich auf ein romantisches, verträumtes und ruhiges Eiland freut, wird wohl enttäuscht werden. Durch seine hohe Bevölkerungsdichte von fast 1200 Einwohnern pro Quadratkilometer ist die kleine Insel, die im Mittelalter Hauptsitz des heimatlosen Ordens der Johanniterritter wurde, sehr stark besiedelt. Grüne Pflanzen sieht man nur im Frühjahr – der Rest ist blanker Kalkstein. Nichtsdestotrotz findet man hier italienische Lebensfreude, vermischt mit arabischen Einschlägen und englischer Kultur.

Ganz anders wirkt die Insel Gozo. Auf der überwiegend landwirtschaftlich orientierten Insel geht es sehr viel ruhiger und beschaulicher zu. Hier gibt es nur wenige kleine Ortschaften, dazwischen ist viel Natur. Natürlich ist auch hier die Pflanzenwelt nicht sonderlich gut ausgeprägt. Die meisten Touristen besuchen Gozo nur für Tagestrips von Malta aus mit der Fähre. Dabei lohnt es sich gerade für Taucher, die spätnachmittags fast menschenleeren Felsküsten zu genießen. Denn die Qualität der Tauchspots vor Gozo ist noch besser als die der Hauptinsel.

Gozo's Azur Window

Über Wasser sehenswert, unter Wasser atemberaubend. Über das Blue Hole geht es durch einen Durchbruch ins offene Meer, wo entweder der Sockel des mächtigen Säulenbogens umtaucht werden kann oder man links in einen Canyon abbiegt. Die ohnehin sagenhafte Rifflandschaft bietet in ca. 25 m Tiefe die große Coral Cave – eine der schönsten Meereshöhlen Gozos. Schwämme, Neptunschleier und Weichkorallen aller Art bedecken die Höhlenwände und leuchten bunt im Schein der Tauchlampen. In einigen Spalten und Löchern sind oft Seepferdchen zu sehen. Achtung: Am Ende der Höhle befindet sich sehr viel Sediment, so dass sehr umsichtig getaucht werden muss!

Klima
In Malta und Gozo herrscht ein typisches Mittelmeerklima: Es gibt milde, regnerische Winter und heiße, trockene Sommer.

Beste Reisezeit
Für Badegäste bietet sich der Sommer und Herbst an, da sich das Meer im Frühjahr erst erwärmen muss. Für Taucher werden das Frühjahr, also April, Mai oder der Oktober / November wärmstens empfohlen. Dies sind die Monate, an denen das Wasser zwar nicht so warm ist, jedoch Sichtweiten bis 50 Meter durch das klare Wasser zu erwarten sind.

Highlight
Unbedingt sollte man die prähistorischen Kultstätten aus der Bronze- und Jungsteinzeit besuchen. Die beeindruckendste Anlage »Hagar Qim« findet man an der Südküste Maltas. Hier bekommt man einen guten Eindruck von der mächtigen Bauweise der Megalithkultur. Der Tempel von Ggantija auf Gozo lohnt schon wegen der schönen Lage über dem Dorf Xaghra.

Tauchen
Die Inseln Malta, mit Gozo und Comino, gelten als die besten Tauchgebiete im Mittelmeer. Steilhänge, Drop-Offs, viele Meereshöhlen und oft gigantische Sichtweiten zeichnen die Gebiete aus. Meist kann man mit dem Mietwagen bis dicht an den Einstieg heranfahren und das Tauchen ohne viel Ausrüstungschleppen genießen. Die einhellige Meinung vieler Taucher ist, dass Gozo zu den besten Tauchgebie-

Azur Window: Nicht nur das Wahrzeichen Gozos, sondern auch ein hervorragender Tauchplatz

ten im Mittelmeer gehört.
Sowohl auf Malta, als auch auf Gozo findet man eine Reihe Tauchbasen, die Tauchgänge rund um die Insel anbieten. Einen guten Service bieten die Deutschen Heike & Thomas mit dem »Nautic Team« (Info: www.nauticteam.de)

Nautic Team

Die Tauchschule Nautic Team Gozo von Heike Merz und Thomas Zurawski existiert seit nun fast 10 Jahren in Marsalforn/ Gozo. Täglich finden mindestens zwei Ausfahrten mit eigenen Booten oder Bussen statt. Ganztagesbootsausflüge, Nitroxtauchen und vieles mehr werden angeboten. Ausgebildet werden Spezielbrevets nach CMAS und PADI sowie CMAS TL-Assistent und PADI Divemaster. Appartements, Hotels und Unterkünfte in Farmhäusern, Autoverleih und Flughafentransfers Malta – Gozo können von Heike und Thomas auf Anfrage vermittelt werden.

Gozo: Hier kann man ideal von Land aus tauchen.

Tunesien – »Wüste, Sand und Meer«

Wer meint, dass man in Tunesien nur Sand und Wüste findet, wird hier eines Besseren belehrt. Das Tauchen ist zwar nicht so gut vermarktet wie anderswo auf der Welt, aber man findet doch viele schöne Ecken. Unbestritten liegt die Faszination von Tunesien im Landesinneren, bei mystischen alten Städten und sagenhafter Wüstenlandschaft. Aber auch als Wassersportler wird man nicht enttäuscht. An der Küste findet man große Hotelressorts, wie auch kleine verschlafene Fischerstädtchen. Die mehr als 1 000 Kilometer langen feinsandigen Strände gehören zu den schönsten des Mittelmeeres.

Klima

Im mediterranen Norden ist es von Mai bis September trocken und heiß, im Winter mild und regnerisch. Dagegen dominiert im Süden durch den Einfluss der Sahara ein extrem trockenes Wüstenklima.

Beste Reisezeit

Von Mai bis Juni ist das Klima an der Küste am angenehmsten. Baden ist aber bis weit in den Oktober hinein möglich. Mit 25 Grad Celsius ist das Meer im Sommer angenehm warm.

Highlight

Die antiken Ausgrabungen in Karthago – ein Muss für jeden Kulturinteressierten. Hier hat Hannibal gekämpft und gegen Rom verloren.

Tauchen
Ausgehend vom kleinen Urlaubsort Monastir findet man an der tunesischen Ostküste viele schöne Tauchplätze, die von großen Zackenbarschen und allerlei anderem Getier bewohnt werden. In der Nähe der Kuriaten, einer vorgelagerten Inselgruppe, gibt es vier schöne Wracks in unterschiedlichen Tiefen.

Die englischsprachige Tauchbasis Diving&Loisiers liegt direkt im Hafen von Monastir. Der Besitzer ist Vizepräsident des tunesischen Tauchverbandes (CMAS) und kann auf eine lange Taucherfahrung zurückblicken.
(Kontakt:
jamelsubaquaservice@bluewin.ch)

3.2 Ost-Afrika und Naher Osten

Unumstrittener Höhepunkt dieser Region ist das Rote Meer mit seinen herrlichen Tauchplätzen. Der begeisterte Taucher findet hier ganzjährig warmes Wasser mit guter Sichtweite, viele Wracks, farbenprächtige Fische und Korallenriffe. Die populärsten Ziele sind in Ägypten Hurghada und Sharm-el-Shaikh (was in der Hochsaison oft zu überfüllten Tauchplätzen führen kann) und Eilat in Israel. Hier findet man auch Angebote für mehrtägige Tauchkreuzfahrten, die einsamere Riffe im Roten Meer ansteuern.

Weiter östlich schließt dann der Indische Ozean an, der mit warmem Wasser und tropischem Klima lockt. Hier gibt es viele, auch kleinere Riffe, die es zu betauchen lohnt. Herausragend sollte man die Seychellen erwähnen, wo neben dem Tauchen traumhafte Strände mit bizarren Felsen warten.

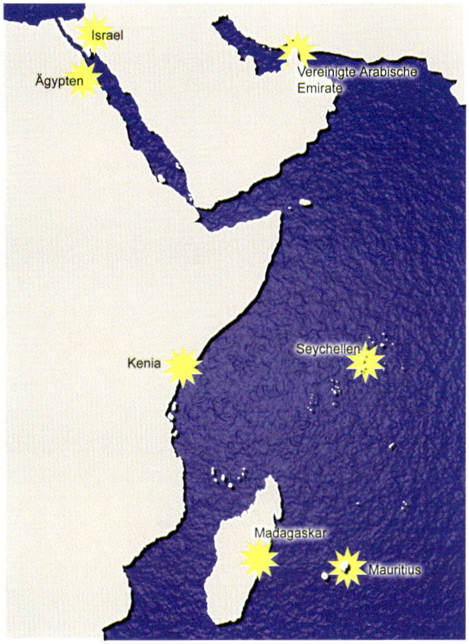

Die besten Tauchgebiete in Ostafrika und dem Nahen Osten

Ägypten – »Tauchen bei den Pharaonen«
Kein Taucher kommt mehr an Ägypten vorbei, wenn er sagenhafte Tauchgänge in farbenfrohen Korallenriffen mit einer unzählbaren Artenvielfalt genießen will – und das nur drei bis vier Flugstunden von Deutschland entfernt. Den »Klassikern« Hurghada und Sharm-el-Sheikh stehen die Orte Dahab, Safaga und Marsa Alam in nichts mehr nach. Das Rote Meer erstreckt sich vom Suezkanal im Norden über 2000 km lang bis nach Yemen. Es

beherbergt ein prächtiges Saumriff fast über die gesamte Küstenlänge, an dem es mehr als 1000 verschiedene Fischarten geben soll.

Klima

Am Roten Meer herrscht feucht-heißes Klima. Der Sommer ist heiß; der Winter tagsüber warm mit kalten Nächten. Im April bläst meist ein kühler staubiger Wüstenwind. Vorsicht: Im Winter kann das Rote Meer etwas stürmisch sein!

Beste Reisezeit

Frühjahr bis Herbst, wobei die angenehmste Zeit für Taucher im September bis Oktober ist – da ist das Wasser noch warm und die Touristenmassen schon weg.

Highlights

Wo soll man da anfangen? Die Pyramiden in Kairo, die Tempelanlage von Luxor, die Königsgräber von Abu Simbel? Am besten Sie beginnen den Urlaub mit einer Nilkreuzfahrt, die an den wichtigsten Sehenswürdigkeiten der alten Pharaonen vorbeiführt.

Tauchen

An der Südspitze der Sinai-Halbinsel gibt es eine Vielzahl ausgezeichneter Tauchplätze, die aus Sharm-el-Sheikh angefahren werden. Hierzu zählen legendäre Drop-Offs, großartige Wracks und bekannte Hai-Spots.

Noch fernab vom Massentourismus liegt die kleine Wüstenoase Dahab 90 km nördlich von Sharm. An der Küste des Golfs von Aqaba zieht sich hier ein Saumriff entlang. Die Tauchstellen erreicht man alle von Land aus per Jeep, Kleinbus oder Kamel. Das gigantische Blue Hole zählt zu den bekanntesten Tauchspots der Region.

Der älteste und bekannteste Ferienort an der Ostküste Ägyptens ist Hurghada. Dementsprechend überlaufen können die Hotels und Tauchplätze hier zur Hauptsaison sein. Viele Taucher favorisieren deshalb mittlerweile die weiter südlich gelegenen Orte Safaga, mit dem bekannten Tauchplatz am Wrack der Salem Express, und Marsa Alam, das noch nahezu unberührt vom Massentourismus ist.

Eine Tauchkreuzfahrt zu den »Brother Islands« gehört für Ägypten-Fans zum Pflichtprogramm. Durch die häufig

Ägypten: Farbenprächtig und artenreich (Foto: Kay Graf)

anzutreffende starke Strömung und die größeren Tiefen sind die Brothers aber kaum für Anfänger geeignet!
Das Barakuda Diving Center Lotus Bay von Mahmoud Abd El Hady liegt direkt am Sandstrand im Hotel Lotus Bay Resort & Garden in Safaga. Die Basis verfügt über acht Tauchboote unterschiedlicher Größe, Schulungsraum, Trockenraum und eine gemütliche Taucher-Bar. Eine neue Dekokammer befindet sich in Safaga, nur wenige Minuten von der Basis entfernt.
(Info: www.barakuda-diving.com)

Israel: Eilat – »Spielplatz am Roten Meer«

Mit dem eigentlichen Staat Israel hat Eilat wenig zu tun. Weitab vom politischen Schmelztiegel, wird Eilat als Israels Touristenhochburg und Spielplatz am Roten Meer gesehen. Umgeben von Ägypten und Jordanien ist es eine Welt für sich. Hier findet man jede Menge Wassersportmöglichkeiten, Wüstenabenteuer und pures Strandleben.

Klima

Ähnlich wie in Ägypten findet man hier feucht-heißes Meeresklima, das je nach Windrichtung von sehr heißem Wüstenklima dominiert wird.

Beste Reisezeit

Februar bis April. Badesaison ist ganzjährig.

Highlight

Tauchen mit Delfinen im Dolphin Reef.

Tauchen

Man ist hier etwas eingeschränkt und taucht von hier aus nur am oberen Teil des Golfs von Aqaba im Roten Meer.
Das »Dolphin Reef« ist eine abgetrennte Bucht, in der Touristen mit Delfinen schwimmen und tauchen dürfen. Das Ganze ist natürlich streng reglementiert und kostet extra. Es ist leicht zwischen Eilat City und Coral Beach zu finden.
(Info: www.dolphinreef.co.il)

Auf Tuchfühlung mit Flipper im Dolphin Reef

Die Meinungen über die kleine, vom offenen Meer abgetrennte Bucht gehen in Taucherkreisen weit auseinander. Die einen halten jegliche Haltung von Delfinen für Tierquälerei, andere loben den Artenschutz und die gute Pflege der Tiere in dieser Anlage. Auch muss es hier nicht immer zum erhofften Delfin-Kontakt kommen. Den Tauchern bleiben 30 Minuten »Besuchszeit« in dem maximal 12 m tiefen Areal. Außer den Delfinen ist hier nichts zu sehen – wenn sie kommen. Viele Besucher mussten enttäuscht das Wasser verlassen, wenn die Tiere nicht in der richtigen »Stimmung« waren. Andererseits war das Grinsen im Gesicht derjenigen, die ausgiebig mit den Delfinen planschen und spielen konnten, auch nach Stunden noch zu sehen.

Kenia – »Magisches Land«

Mit Kenia kann man als Taucher normalerweise wenig anfangen. Ja – unendliche Dschungel, Savannen, Giraffen und Elefanten – so stellt man sich das Land in Ostafrika vor. Über all dem thront der höchste Berg Afrikas, der Kilimandscharo, am Horizont. Aber Tauchen? Kenias Küste hat ebenso faszinierende Sandstrände am Indischen Ozean und bietet dem Wassersportler eine Menge Möglichkeiten.

Klima

Im westlichen Indischen Ozean dominiert tropisches Monsunklima mit Trockenzeiten. Die mittleren Temperaturen in Jahr bleiben ziemlich gleich und fallen selten unter 20°C. Die Regenzeiten sind März bis Juni und Oktober bis Dezember

Beste Reisezeit

Mitte Dezember bis Anfang März und Juli bis September.

Highlight

Eine Fotosafari in einem der ca. 50 Nationalparks und Reservate.

Tauchen

Man taucht in Kenia an einem Saumriff, welches sich entlang der gesamten Küste, von Malindi im Norden bis nach Shimoni im Süden, erstreckt. Im geschützten KENYA MARINE PARK liegen die Tauchspots an markierten Bojenplätzen. Die Wassertemperatur ist fast ganzjährig ca. 26 Grad Celsius.
Der Park bietet (u. a. durch ein Schildkrötenschutzprogramm) die Möglichkeit, die gesamte Artenvielfalt von Korallen und Fischen des Indischen Ozeans aus nächster Nähe zu erleben. Die Meeresbewohner haben sich an Taucher gewöhnt und es kommt immer wieder zu unvergesslichen Begegnungen.
Walhaie sind bei ihrer Reise zu den Paarungsgebieten Südafrikas oft an der kenianischen Küste anzutreffen. Die Walhai-Saison beginnt im September und dauert bis April.
Informationen zu Tauchen in Kenia gibt die Tauchbasis »Peponi Divers« unter Schweizer Leitung
(Info: www.peponidivers.ch) oder beim Baracuda Diving Team
(Info: www.baracudadiving.com).

Madagaskar – »Das Land, wo der Pfeffer wächst«

Madagaskar ist bisher noch nicht in großem Rahmen touristisch erschlossen worden. Somit ist die mit 1600 Kilometer Länge und 500 Kilometer Breite viertgrößte Insel der Erde noch ein Reiseziel für Individualisten. Madagaskar ist auch »Wildlife pur«. Zum Beispiel trifft man nur hier die weltbekannten Lemuren, die verspielten Halbaffen in freier Natur.
Andererseits beginnen gerade mehr und mehr Tauchbegeisterte die fantastische Unterwasserwelt der Insel und seinen vorgelagerten Korallenriffen zu entdecken.

Klima

Hier ist es tropisch-schwül bis trocken.

Auf der Ostseite der Insel gibt es durch den Südost-Passat mehr Regenfälle als im Westen. Es ist häufig mit Wirbelstürmen und Springfluten zu rechnen.

Beste Reisezeit

Aufgrund seiner Topografie lässt sich die beste Reisezeit für Madagaskar nicht pauschal festlegen. Es gibt hier vier eigenständige Klimazonen. Während für das Hochland das Frühjahr und der Herbst als beste Zeit empfohlen wird, ist das für die Ostküste von Juli bis November und an der Westküste nur von Juli bis September der Fall. Die bekannte Insel Nosy-Bé besucht man am besten zwischen Juni und Oktober.

Highlight

Eine Wanderung im Naturschutzgebiet Tsingy de Bemaraha, eine von Höhlen durchlöcherte Karstlandschaft, das von der Unesco zum Weltnaturerbe ernannt wurde. Hier ist auch der Lebensraum der Lemuren, den bekannten Halbaffen Madagaskars.

Tauchen

Obgleich Madagaskar tauchtouristisch noch wenig erschlossen ist, wartet hier ein 800 km langes Korallenriff. Hier kommt man noch an Tauchstellen, bei denen man den Eindruck hat, der Erste zu sein. »Hier taucht man wie zu Zeiten der Pioniere«, hat ein begeisterter Madagaskar-Fan einmal gesagt. Ebenso sind hier Mantas und Walhaie keine Seltenheit.

Walhaie

Dieser größte Fisch der Erde kommt in allen tropischen und subtropischen Regionen der Welt vor. Er ist überwiegend in den planktonreicheren Regionen der Hochsee anzutreffen und seltener in Küstennähe, was ihn zu einem der bis heute am schwersten zu beobachtenden Tiere macht. Selbst Jacques-Yves Cousteau soll in den ersten 20 Jahren seiner Tauchreisen nur zweimal das Glück einer Walhaibegegnung gehabt haben. Das größte Exemplar seiner Art wurde bisher mit einer Länge von über 12 m dokumentiert. Sie gehören zwar zur Gattung der Haie, sind aber im Gegensatz zu vielen ihrer Verwandten gutmütige Zeitgenossen. Durch das ständig offene Maul sehen sie bedrohlich aus; sie ernähren sich aber nur von Plankton und kleineren Fischen. Ein Taucher oder Schnorchler kann sich den Riesen also gefahrlos nähren. Nur sollten Sie Abstand von der Schwanzflosse halten, die bei ungewollten Schlägen zu Verletzungen führen kann.
So kann ein Strömungswechsel und die Sichtverschlechterung durch planktonreiches Wasser durchaus ein Glücksfall für Taucher werden, wenn auf dem Tauchschiff plötzlich der Schrei erschallt: »Walhai Voraus!«

Republik Mauritius – »Mehr als nur eine Briefmarke«

Die gastfreundlichen Bewohner sagen von ihrer Insel, dass der Himmel erst nach Mauritius erschaffen wurde und zwar nach deren Vorbild! Mauritius-Reisende loben die Farbenpracht dieser knapp 200 km langen Insel im Indischen Ozean. Türkis-blaues Meer und traumhafte Sandstrände, wohin man blickt. Dazu schöne Tauchreviere, die noch nicht zu sehr überlaufen sind. Die meisten verbinden mit dem Namen Mauritius allenfalls die berühmte blaue Briefmarke und nicht ein lohnenswertes Tauchreiseziel. Im Gegenteil – die Unterwasserwelt ist hier noch intakt, da die Regierung von Mauritius Ende der 80er-Jahre ein Meeresschutzprogramm begann und strenge Gesetze zum Schutz der Korallengärten und Rifflandschaften erlassen hat.

Klima

Auf Mauritius findet man wechselfeuchtes, tropisches Klima. Im Oktober bis Mai ist es am wärmsten, danach folgen einige heftigere Niederschläge durch den Südost-Passat. Im April bis September gibt es tägliche Regenschauer. Zwischen Dezember und April besteht Gefahr durch tropische Wirbelstürme (Mauritius-Orkane). Die Wassertemperaturen können im mauritischen Sommer (Januar bis April) 29 Grad Celsius erreichen.

Beste Reisezeit

Mauritius ist ein Ganzjahresziel und hat eigentlich keine richtige Regenzeit. Als beste Zeit werden April bis Juni, sowie November bis Dezember empfohlen.

Highlights

Die Naturparks und Plantagen im Süden der Insel.

Tauchen

Es gibt auf Mauritius fast in jedem größeren Hotelkomplex eine eigene Tauchbasis, so dass auch ohne Vorausbuchung immer irgendwo getaucht werden kann. Allerdings sollte man etwas auf die Ausstattung der Tauchbasen achten, da es doch erhebliche Unterschiede gibt.
Die wohl interessantesten Plätze sind im Nordwesten der Insel von Trou aux Biches bis zum Cap Malheureux und das Riff um Coin de Mire mit über 20 Tauchplätzen. Allgemein gilt der »Whale Rock« als einer der sehenswertesten Tauchspots. Weitere Infos finden Sie auf der offiziellen Seite: www.Mauritius.net

Seychellen – »Traumstrände aus dem Werbeprospekt«

Diese Inselgruppe mit 117 der schönsten Inseln der Welt liegen mitten im Indischen Ozean ca. 1000 km östlich der Küste Kenias. Obwohl man die gesamte Landfläche der Inseln in die Fläche der Hansestadt Bremen quetschen könnte, verteilen sich die Inseln doch auf eine Seefläche von über 400 000 km^2. Die weltweit prämierten Strände aus dem wohl häufigsten Fotokalendermotiv haben wirklich puderfeinen, weißen Sand, Palmen und glasklares Wasser. Mahé ist die Hauptinsel der Seychellen und zugleich eine der schönsten. Hier zeigen die unglaublichen Granitformationen einen dramatischen Kontrast zu dem schneeweißen Korallensand.

Klima
Hier herrscht tropisch-maritimes Klima. Durch den Nordwestmonsun gibt es eine Regenzeit von Dezember bis März. Im Mai bis Oktober ist es durch den Südostpassat trocken. Trotzdem sind die Seychellen als absolutes Ganzjahresziel zu bezeichnen. Die Tagestemperaturen sinken nur selten unter 26°C. Die Wassertemperatur liegt bei ungefähr 27°C und heizt sich ab September weiter auf. Die höchsten Temperaturen gibt es April / Mai.

Beste Reisezeit
Die beste Reisezeit liegt zwischen Mitte September und Mitte Januar, Mitte März und Ende Mai. Zwischen Januar und März sind die Sichtweiten mit 15 bis 40 m überwiegend gut – aber es kann hier einzelne Tage mit viel Wind geben, wodurch das Tauchen im Norden wegen zu hoher Wellen eingeschränkt sein kann.

Highlight
Unbestritten die bizarren Granitfelsen an den Traumstränden der Insel Mahé. Wie aus den Werbespots einer bekannten Rum-Marke.

Tauchen
Nach Aussage eines begeisterten Seychellen- Urlaubers ist das Tauchen hier ein absolutes Highlight: »Vom Tigerhai bis hin zu Walhaien findest du hier alles!« Die berühmten Granitfelsen der Seychellen bieten auch unter Wasser eine sagenhafte Landschaft. Viele dieser Felsen sind reich besiedelt mit Muscheln, Weichkorallen und Steinkorallen. Tropische Fische sowie auch Adlerrochen und riesige Stachelrochen finden hier ein Zuhause zwischen den Felsen. Die besten Tauchspots sind: Shark Bank, L'ilot, Dragon's Teeth und Brissare Rocks. Infos gibt das deutschsprachige Big Blue Dive Center (Info: www.bigbluedivers.net).

Big Blue Divers

Big Blue Divers ist ein PADI-Tauchzentrum mit drei Tauchlehrern auf Mahé, Seychellen. Hier warten auf den Urlauber zwei Tauchboote, die innerhalb von fünf bis 45 Minuten die schönsten Tauchplätze erreichen können. Die Besitzer Gilly und Elizabeth bieten einen individuellen Service für ihre Gäste. Getaucht wird grundsätzlich nur in kleinen Gruppen. Nach über 10 Jahren Erfahrung auf den Seychellen, kennen sie die besten Tauchplätze und geben Tipps zu den schönsten Stränden. Hier kann man nach dem Tauchen prima entspannen, während sie ihre Spezialität – ein Creolisches Barbecue – für die Gäste am Strand zubereiten!

Das Big Blue Diving Center auf Mahé (Foto: Big Blue Divers)

Wrack der Ennerdale

Ein Höhepunkt in der Nähe von Mahé ist das berühmte Wrack der Ennerdale. In den Siebzigerjahren ist dieser große englische Tanker mit einer Ladung Ölfässer für die Seychellen auf unmarkierte Felsen gelaufen. Das Wrack ist jetzt der Wohnsitz für riesige Muränen, Skorpionsfische, Adlerrochen, Fledermausfische, Schwärme von Füsilierfischen, Makrelen, verschiedene Haie und prächtige Zackenbarsche.

Vereinigte Arabische Emirate – »Arabische Gastfreundschaft«

Die Vereinigten Arabischen Emirate bestehen aus einem Zusammenschluss von sieben Scheichtümern. Abu Dhabi ist das größte Emirat, dann folgen Dubai, Sharjah, Ajman, Fujairah, Umm al-Qaiwain und Ras al-Khaimah. Das Land, das teils am Persischen Golf und teils am Indischen Ozean liegt, ist bergig und besteht überwiegend aus Wüste. Der Küstenstreifen im Osten bietet dabei einen Kontrast zum sonstigen Wüstenstaat. Sandbuchten, Felsen, alte Festungen und Palmengärten ziehen sich am Ufer des Indischen Ozeans entlang. Wassersport, Tauchen und Schnorcheln sind hier sehr beliebt. Fauna und Flora unter Wasser sind reichhaltig. Alle großen Hotels und Ressorts bieten mittlerweile auch Tauchen und Kurse an.

Klima

Hier herrscht richtiges Wüstenklima. Von Mai bis Oktober ist es besonders heiß und trocken – dann muss man mit über 40°C und Trockenheit rechnen. Zwischen November und April sind geringe Mengen Niederschläge möglich.

Beste Reisezeit

September bis November und Mitte März bis Mitte Mai.

Highlight

Das moderne Dubai mit dem einzigen 7-Sterne Hotel der Welt, dem »Burj al Arab«. Wenn auch nicht zum Übernachten, sollte man es einmal von innen gesehen haben.
(Homepage: www.burj-al-arab.com)

Tauchen

Tauchen ist hier das ganze Jahr möglich. An die Sichtweiten im Roten Meer oder der Malediven kommt dieses Tauchgebiet am Golf von Oman mit 15 - 20 m aber nicht heran. Auch bieten die meisten Tauchplätze eher wenig für Tieftauchfans. Nach 15

Meter ist meist Schluss! Dafür gibt es aber noch eine intakte Unterwasserwelt, jede Menge Fische und ein Gebiet, das touristisch noch in den Kinderschuhen steckt.
Tauchen kann man hier mit Margrit & Kurt in dem kleinen Schweizer Tauchcenter Maku-Divecenter an der Ostküste der Vereinigte Arabische Emirate, südlich des Ortes Dibba im Holiday Beach Motel (Info: www.makudive.com).

Das »Hausriff« Dibba Rock ist für Anfänger gut geeignet, da die tiefste Stelle nur bei 16 m liegt. Es bietet sich auch für Taucher an, die ihre ersten Tauchgänge ohne einen Guide machen möchten. Hier können sie gefahrlos ihre Erfahrungen sammeln und alleine nur mit dem Buddy losziehen.

Der »Hotspot« ist das so genannte »Plateau« des Dibba Rocks. Ein Gebiet bestehend aus Hartkorallen, Tiefe zwischen 2-6 m, wo sich viele Schildkröten, Barrakudaschulen, Schnapper- und Füsilierschwärme sowie Schwarzspitzenriffhaie aufhalten.

3.3 Südost- Asien

Im Indischen Ozean liegen neben dem wohl bekanntesten Tauchziel, den Malediven, die Inselreiche der Philippinen, Malaysias und Indonesiens. Tausende Inseln mit zahlreichen unberührten Riffen, die zum Teil noch nicht erschlossen worden sind, warten auf den abenteuerlustigen Taucher. Hier kann noch echtes »Neuland« unter Wasser entdeckt werden. Die Philippinen bestehen alleine aus über 7000

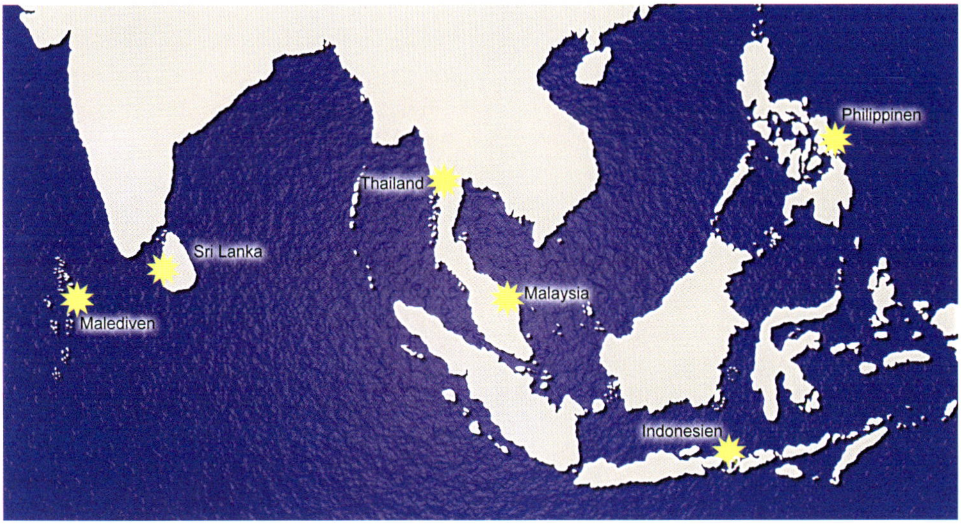

Die besten Tauchgebiete in Südost- Asien

kleineren und größeren Inseln, vor der Küste Indonesiens erstrecken sich mehr als 13 000 kleine Inseln. In diesen Meeren warten 15% aller Korallenriffe der Welt darauf von Tauchern entdeckt zu werden.

Sri Lanka – »Die kulturreiche Gewürzinsel«

Die ehemalige Insel Ceylon liegt vor der Küste Indiens nur wenige Flugstunden von den Malediven entfernt. Die Landschaft ist vielfältig, mit sumpfigen Küstenebenen, Regenwäldern, Tee- und Gewürzplantagen, Hügelland und steilen Bergen. Die freundliche Bevölkerung und der Kulturreichtum machen Sri Lanka zu einem traumhaften Reiseland. Leider schwelt immer noch ein seit 1983 andauernder bewaffneter Konflikt zwischen Regierungstruppen und Separatisten, so dass es für Touristen unsichere Regionen gibt. Allerdings gelten Hotelanlagen und Rundreisen im Südostteil als ungefährlich.

Klima

Hier findet der Reisende tropisches Klima. Der Wechsel der Hauptwindrichtung bestimmt das Klima. Mitte Mai bis September ist Regenzeit durch den Südwestmonsun. Dezember bis Februar kommen trockene Winde aus Nordost. Es gibt nur geringe Jahresschwankungen der Temperaturen, die in der Küstenregion im Durchschnitt 29°C und im Bergland ca. 20°C betragen.

Beste Reisezeit

Oktober bis April.

Highlight

Die fantastische Felsklippe »World´s End« mitten im Regenwald. Wenn hier am frühen Morgen das Tal mit Nebelwolken gefüllt ist, meint man wirklich an der Kante der Welt zu stehen. Die Bergfestung Sigiriya mit den berühmten Felszeichnungen, den »Wolkenmädchen« ist nicht nur für Kulturinteressierte ein Muss!

Tauchen

Sri Lanka gilt nicht als das bekannteste Tauchziel Asiens. Wer den Flug bis hierhin auf sich nimmt, fliegt meistens weiter auf die Malediven. Allerdings lässt sich ein Sri Lanka- Urlaub sehr gut mit anschließendem Tauchen an der Küste verbinden. Mit ca. 1600 km palmengesäumten Stränden und farbenfrohen Korallenriffen ist hier allemal ein schöner Urlaub verbracht. Denn Sehenswertes gibt es hier, vor allem über Wasser, reichlich!

Sri Lanka - mehr als ein Tauchgebiet

Malediven – »Perlen im Indischen Ozean«

Von allen Tauchgebieten der Welt, sind wohl die Malediven am bekanntesten und beliebtesten. In den Hauptatollen Nord-Male, Süd-Male und Ari findet man traumhafte Ressorts auf kleinen Trauminseln. Die Tauchbasen ermöglichen das Tauchen am Hausriff Tag und Nacht, Ausflüge zu beliebten Tauchspots werden täglich unternommen. Dazu gibt es warmes Wasser, flache Lagunen, Riffe mit Steilabhängen, Großfische aller Art und Schwärme von bunten Meeresbewohnern. Muss ich mehr sagen?

Klima

Das tropische Monsunklima führt zu nur geringen jährlichen Temperaturschwankungen (ca. 28 - 31°C). Durch den Südwestmonsun gibt es eine Regenzeit von Juni bis November. Der trockenste Monat ist, wegen Nordostmonsun, der März.

Beste Reisezeit

Die Malediven sind ein Ganzjahresziel. Empfehlenswert sind die Monate Januar bis April.

Highlight

Tauchen, was sonst?

Tauchen

Getaucht wird hier überall zwischen den Inselatollen, wobei jede Insel mindestens eine Tauchbasis hat. Die Sichtweiten liegen allgemein um 25 bis 40 Meter. Sehr oft hat man Begegnungen mit Großfischen, wie Mantas, Walhaie, Graue Riffhaie und vieles mehr.
Die Tauchgänge können schon von zu Hause aus im Paket mit dem Hotel oder vor Ort gebucht werden. Als Alternative bietet sich eine Kreuzfahrt mit einem der unzählichen Tauchreiseveranstalter zwischen den Atollen an. Da hat man fernab des Touristenrummels nur Wasser um sich und kann tauchen, tauchen, tauchen...

Eine gute Adresse zum Tauchen sind die Basen von Werner Lau (auf Eriyadu, Vilamendhoo, Filitheyo und Medhufushi). Hier gibt es ab Januar 2005 auf allen Basen »Nitrox for free« (Informationen unter: www.wernerlau.com).

Traumstrände im Nord-Male Atoll

Thailand – »Land des Lächelns«

Das ehemalige Königreich Siam bietet sich an, wenn neben dem Tauchen die Kultur nicht zu kurz kommen soll. In den letzten Jahren hat es einen enormen Aufschwung der Tourismusbranche gegeben, so dass es in Thailand an nichts mehr fehlt. Neben tropischen Dschungellandschaften und exotischen Küsten sind Jahrhunderte alte Tempelanlagen und geschäftige Metropolen zu besuchen. Ein großes Plus spricht immer noch für einen Thailandurlaub: Das Land ist für ein Fernreiseziel verhältnismäßig günstig! Luxuriöse Ressorts an traumhaften Stränden locken mit sensationellen Angeboten. Die Touristenhochburgen sind die Halbinsel Phuket, Patong und die Insel Ko Samui. Als Ausgangspunkt für die weltberühmten Tauchspots bei den Similan Inseln bietet sich das noch weniger bekannte Khao Lak an, dass leider Ende 2004 verheerend vom einer Tsunami-Flutwelle getroffen wurde.

Tempelwächter in Bangkok

Klima

Durch den Südwestmonsun gibt es an der Küste eine Regenzeit von Mai bis Oktober. Der September und Oktober sind dabei die regenreichsten Monate. Die Trockenzeit zwischen November und Februar (Nordostmonsun) bringt relativ kühle und trockene Luft. Im Norden gibt es allgemein größere Unterschiede zwischen Trocken – und Regenzeit, während in südlichen Landeshälfte ganzjährig mit Schauern – wenn auch nur kurz und heftig – zu rechnen ist.

Beste Reisezeit

Die beste Reisezeit ist November bis Mitte April. Ab März wird es sehr schwül-warm und ab Mai fängt die Monsunzeit an. Mitte Dezember bis etwa Mitte April besteht die größte Chance auf eine Walhai-Begegnung.

Highlight

Die traumhafte Felseninsel Ko-Phi-Phi (bekannt aus »The Beach« mit Leonardo diCaprio) – inzwischen leider etwas überlaufen!

Tauchen

Die wohl berühmtesten Tauchgebiete sind in der Andamanensee an den Similan Inseln zu finden, die zu den 10 besten Tauchgebieten der Welt zählen. Hier begeistern die Ko Surin Inseln, Richelieu Rock und Burma Banks selbst den verwöhntesten Taucher. Am exponierten Richelieu Rock kommt es oft zu Walhai-Begegnungen.

Ko Bon (20 km nördlich der Similan Islands) gehört zu den weltweit bekanntesten Mantaspots. Mit einer Wahrscheinlichkeit von über 80% kann man hier mit Mantas rechnen! Einen ausgezeichneten Service bieten die deutschen »Khao Lak Fun Divers« unter der Leitung von Thomas und Sandra.
(Info: www.khao-lak-fun-divers.com)

Khao Lak Fun Divers

Neben den täglichen Ausfahrten und den Safaris zu den Similan Islands/Ko Bon und Richellieu Rock bietet die kleine familiäre deutschsprachige Tauchschule «Khao Lak Fun Divers« unter der Leitung von Thomas und Sandra mittlerweile auch als einziger Anbieter sehr interessante Touren zum 240 km^2 großen See im Khao Sok Nationalpark an. Dieser Ausflug ist mit einer Übernachtung auf den schwimmenden Bambushütten und 2 Tauchgängen verbunden. Man kann unter Wasser Mekong Welse (einen der größten Süßwasserfische) und über Wasser Nashornvögel (der älteste Vogel der Welt) in freier Natur erleben. Immerhin ist die Wassertemperatur hier immer noch 26 Grad Celsius in einer Tiefe von 30 m... Ein Highlight sind die 4-tägigen Tauch-Safaris zu den Similan und Surin Islands & Richelieu Rock. Es stehen dem Tauchfan zwei Boote diverser Preisklassen zur Verfügung. (Info: www.khao-lak-fun-divers.com)

Am Strand von Khao Lak (Foto: Kay Graf)

Malaysia: Sipadan – »Das gastfreundliche Paradies«

Malaysia teilt sich in West-Malaysia auf der malaiischen Halbinsel zwischen dem Südchinesischen Meer und der Andamansee und Ost-Malaysia (Sabah und Sarawak) im Norden der Insel Borneo. Die Landschaft lässt sich nicht leicht beschreiben: Mit bewaldeten Bergketten, tiefliegenden Küstenebenen, Sumpfland und palmengesäumten Stränden ist das Land abwechslungsreich und vielfältig.
Etwa 35 km vor der Ostküste Borneos erhebt sich die nur 12 Hektar große dschungelbewachsene Insel Sipadan mit schneeweißem Strand. In Form einer schlanken Felsnadel ragt die Insel mit ihrem vorgelagerten Korallenriff aus über 600 m Tiefe empor. Da die Insel kürzlich für Übernachtungen geschlossen wurde, sind die Nachbarinseln Mabul und Kapalai geeignete Ausgangspunkte für traumhafte Tauchgänge.

Klima

Das Klima im Osten Malaysias ist tropisch-maritim. Durch die starke Sonneneinstrahlung liegen die Temperaturen das ganze Jahr über zwischen gleichmäßigen 22°C (Nacht) und 32°C (am Tag). Lediglich im Bergland wird es merklich kühler. Die Luftfeuchtigkeit ist ganzjährig relativ hoch (85-95%). In der Monsunzeit von November bis Februar muss mit Regenfällen gerechnet werden.

Beste Reisezeit

April bis Juni. Da sind die Sichtweiten meist über 30 m!

Highlight

Das multikulturelle Kuala Lumpur, die Hauptstadt von Malaysia. Hier erlebt der Reisende eine weltstädtische Mischung malaysischer, chinesischer, indischer und europäischer Kulturen.

Tauchen

Bekannt ist die Insel für die herausragende Sipadan-Höhle. Sie ist auch unter der Bezeichnung »Turtle Cavern« bekannt geworden. Immer wieder verirren sich in diesem Labyrinth Schildkröten, finden nicht mehr rechtzeitig hinaus und ersticken. Man darf hier aber nur mit ortskundigen Tauchführern, entsprechender Ausrüstung und Ausbildung tauchen. Sie sind allerdings nicht für Anfänger geeignet!

Auf Mabul und Kapalai findet man einige Ressorts, die Tauchgänge vor den Inseln anbieten.

Indonesien: Bali – »Insel der Götter«

Indonesien besteht aus den sechs Hauptinseln Sumatra, Sulawesi, Java, Bali, Kalimantan und West Papua. Dazu gehören über 13 000 Inseln, die sich auf über 5000 km erstrecken. So unterschiedlich wie die Inseln, so unterschiedlich ist das Urlaubsland. Die Landschaft wechselt von erloschenen Vulkanen, Bergland und Hochebenen zu flachen Küsten und Urwald.

Als Haupturlaubsinsel gilt zweifellos Bali, die sich selbst »Insel der Götter« nennt. Neben vulkanischen, dicht bewachsenen Bergen, Seen und Flüssen findet der Naturliebhaber riesige Obst- und Palmenplantagen. An den Küsten sieht man immer wieder versteckte Buchten und exotische Strände. Die bekanntesten Urlaubsgebiete um Kuta, Sanur, Benoa und Nusa Dua liegen im Süden Balis. Der weniger frequentierte Norden empfiehlt sich für Erholungssuchende fernab der Touristenmassen.

Klima

Indonesien ist eine immerfeuchte bis wechselndfeuchte tropische Zone. Im Gebirge gibt es ganzjährig starken Niederschlag. Im Osten ist durch Winde aus dem Indischen Ozean im Sommer Trockenzeit und Januar/ Februar Regenzeit. Die Temperaturen im Jahresmittel bleiben gleichmäßig hoch (ca. 27°C).

Beste Reisezeit
Juni bis September. Da ist die Luftfeuchtigkeit angenehm niedrig und die Abende in den Küstenbereichen kühl.

Highlight
Ein Besuch des Hindutempel »Tanah Lot« auf einer Felseninsel vor Bali ist nicht nur für Fotografen ein Erlebnis.

Tauchen
Man kann fast vor jeder touristisch erschlossenen Insel tauchen und findet zumindest in der Nähe jedes größeren Hotels auch Tauchbasen. Im Naturschutzgebiet im Nordwesten Balis liegt die kleine Insel Nusa Menjangan. Die Riffe hier wurden von der indonesischen Regierung zum Unterwasserschutzpark erklärt und die Anzahl der Taucher pro Tag ist begrenzt. Der Taucher kann hier oft mit traumhaften Sichtweiten von 20 bis 40 Metern rechnen. Ein Feuerwerk an Farben, verschiedenste Arten von Schwämmen und Korallen brachten bisher jeden Unterwasserfotografen zum schwärmen. Da es hier wenig bis gar keine Strömung gibt eignet sich das Gebiet auch gut für Tauchanfänger.
Der bekannteste Tauchplatz bei Bali ist das leicht zu betauchende Wrack der U.S. Liberty, die komplett mit Korallen bewachsen ist.
Einige Tauchbasen unternehmen von Bali aus auch mehrtägige Tauchsafaris nach Komodo, Heimat der weltberühmten Komodowarane und ein hervorragendes Tauchgebiet. So auch das Tauch Terminal Resort Tulamben (Info: www.tauch-terminal.com)

Philippinen: Gato – »Land der unzähligen Inseln«
Die Philippinen liegen zwischen Taiwan und Borneo im Pazifik. Sie bestehen aus über 7000 Inseln und Inselchen, von denen erst 2773 benannt sind. Rund um die Inseln der Philippinen liegen zahlreiche unberührte Riffe, die zum Teil noch nicht erschlossen worden sind. Der abenteuerlustige Taucher kann hier noch echtes Neuland unter Wasser entdecken. Hier findet man auch eine der tiefsten Stellen der Erde, den Philippinengraben mit 10 500 m.

Klima
Die Philippinen haben tropisch-maritimes Klima mit relativ konstanter mittlerer Jahrestemperatur (27°C). Durch den Südwestmonsun gibt es eine heftige Regenzeit im Sommer. Im Osten herrscht ganzjährig feuchtes Klima. Die Trockenzeit ist von Dezember bis März.

Beste Reisezeit
Dezember bis März.

Highlight
Fotogene Reis-Terrassen in tiefstehendem Sonnenlicht – ein Genuss für Fotofans!

Tauchen
Die unzähligen Inseln bieten noch so viele unentdeckte Tauchspots, dass

eine echte Empfehlung für die Philippinen schwer fällt. Als Highlight in Taucherkreisen wird die Insel Gato gehandelt. Die Unterwasserwelt ist nahezu unberührt. Gato ist bekannt für seine schönen Meereshöhlen und Überhänge, in denen immer Weisspitzen- Riffhaie zu finden sind. Seit Ende 2002 ist Gato als Marine-Park komplett unter Schutz gestellt worden, was nicht zuletzt dem persönlichen Engagement des Schweizers Chris Heim zu verdanken ist. Mit seiner Tauchbasis »Sea Explorers Philippines« (Chris Heim / Martin Nussbaumer) auf der Insel Malapascua bietet er auch Trips nach Gato Island an.
(Info: www.sea-explorers.com)

3.4 Ozeanien

Schwerpunkt dieser Region ist das »Great Barrier Reef« an der Nordostküste von Australien, dem mit 2000 km Länge größten Barriereriff der Welt. Hier trifft man neben üppiger Unterwasserfauna und -flora auch sehr viele Großfische an.
Neben den Fidschi-Inseln mit ihren traumhaften Sandstränden, ist noch Mikronesien hervorzuheben. Bei »Truk-Lagoon« liegt seit dem zweiten Weltkrieg ein riesiger Schiffsfriedhof, der in angenehmen Tiefen bei guter Sicht hervorragend betauchbar ist.

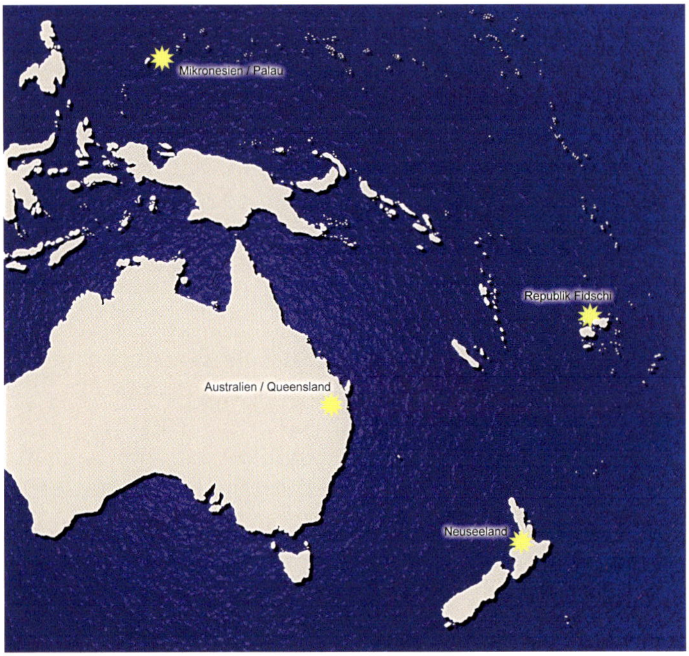

Die besten Tauchgebiete im pazifischen Raum

Australien: Queensland – »Tauchen Down Under«

Auch Down Under braucht sich mit Weltklasse-Tauchspots nicht zu verstecken. Allein der Name »Great Barrier Reef« suggeriert Abenteuer, klares Wasser und Haibegegnungen. Das Riff erstreckt sich entlang der Küste des »Sunshine State« Queensland, der etwa fünfmal so groß wie Deutschland ist.

Als Urlauber findet man hier neben weiten Ebenen, Buschland, Nationalparks, Regenwäldern und bewaldeten Bergen kilometerlange Sandstrände und traumhafte Schnorchel- und Tauchgebiete.

Klima

Hier herrscht ganzjährig warmes, subtropisches Klima. An der Ostküste sind zu allen Jahreszeiten Niederschläge möglich. Im Landesinneren kommt fast kein Regen vor, dafür gibt es dort hohe Temperaturschwankungen von bis zu 40°C am Tag.

Beste Reisezeit

Juli bis August. Da ist die Luftfeuchtigkeit zwar sehr hoch, doch der stetige Wind an der Küste sorgt für ideales Urlaubswetter.

Highlight

Unbedingt lohnt sich ein Inlandsflug zum »Ayers Rock«. Der rote Felsen inmitten weiter Wüstenlandschaft wird von den Einheimischen als Heiligtum verehrt. Für Besucher wird er im Morgengrauen bei aufgehender glutroter Sonne zum unvergesslichen Erlebnis.

Tauchen

Überall am Great Barrier Reef, eines der eindrucksvollsten Naturwunder der Welt. In den warmen, klaren Gewässern kann man mit Sichtweiten bis zu 60 m rechnen. Zwischen dem Riff und dem Festland liegen 25 Ferieninseln. Als Taucher-»Dorado« mit der besten Infrastruktur gelten Heron, Brampton und Lady Elliot in den Coral Cays.

Den besonderen »Thrill« bieten Tauchgänge, die ins Revier des großen weißen Hais führen. Nicht ganz unumstritten sind das Anfüttern und Anlocken der Haie, was immer wieder zu Attacken vor Australiens Küste führt.

Auf der Ressortinsel Heron Island befinden sich alleine etwa 20 Tauchspots direkt am Hausriff. Sie sind in fünf bis 15 Minuten leicht zu erreichen und ersparen langwierige Ausfahrten. Auf Heron gibt es eine PADI Tauchbasis.
Infos: www.heronisland.com

Heron Bommie

Eines der bekanntesten Fotomotive am Great Barrier Reef ist der Tauchspot »Heron Bommie«. Die fantastische Artenvielfalt mit großen Schulen von Schwarmfischen, Barrakudas, Muränen, Adlerrochen und Mantas, lassen das farbenprächtige Riff auf 5 bis 20 m zu jeder Tageszeit zu einem Erlebnis werden.

Barrakuda- Schwarm
(Foto: Michael Christ)

Neuseeland – »Am Ende der Welt«

Das Land am anderen Ende der Welt besteht aus zwei Hauptinseln: North Island und South Island, wobei die Südinsel wegen der dichteren Lage zum Südpol die kältere ist. Zwei Drittel des Landes sind mit Bergen überdeckt. In Neuseeland gibt es sechs der sieben verschiedenen Klimazonen der Erde, sodass sich hier eine einzigartige Landschaft auf engstem Raum entwickeln konnte. Vulkanische Landschaften und schneebedeckte Gletscher auf hohen Bergen wechseln nahtlos zu dichten Regenwäldern und einzigartigen Sandstränden.

Neuseeland soll übrigens eines der sichersten Reiseziele der Welt sein. Es gibt hier keinerlei giftige Tiere und die Kriminalitätsrate ist extrem niedrig. Als ein Paradies für Natur- und Wanderfreunde bietet der Norden aber ebenso gute Tauchmöglichkeiten.

Klima
Maritim und ausgeglichen, ohne große Schwankungen im Jahresverlauf. Die Westwinde bringen vor allem der westlichen Südinsel sehr große Regenmengen. Auf der Ostseite ist es dagegen eher trocken-kontinental. Durch die Lage auf der Südhalbkugel ist es im Süden generell kälter, als im Norden.

Beste Reisezeit
Durch das milde Klima zu jeder Jahreszeit. Die Hochsaison von Mitte Dezember bis Ende Januar sollte man meiden!

Highlights
Das Funsport-Dorado »Queenstown« bietet alles für Adrenalin-Junkies: Bungee-Jumping, Fallschirmspringen, Wildwasser-Rafting, Jetboot... nichts ist unmöglich!

Tauchen
Das bekannteste Tauchgebiet der Nordinsel sind die 144 Inseln der »Bay of Islands«. Hier findet man die Inselgruppe »Poor Knights Island«, die von Jacques Cousteau als einer der 10 weltbesten Tauchplätze bezeichnet wurde. Mittlerweile sind sie ein geschütztes Marine Reservat und locken mit traumhaften Tauchgängen.
Infos gibt's bei der Tauchbasis «Dive Tutukaka« (www.diving.co.nz).

Mikronesien: Palau – »Paradis am Ende des Regenbogens«

Mikronesien besteht aus vier Inselgruppen: Den Föderierten Staaten von Mikronesien, der Republik Marshall-Inseln, den Nördlichen Marianen und der Republik Palau. Jede Inselgruppe besteht aus Hunderten kleinerer Inseln.

»Palau ist die härteste aller Taucherdrogen...«, schwärmt der bekannte Unterwasserfotograf Paul Munzinger von seiner letzten Reise. Palau ist als Teil der mikronesischen Inselkette eine kleine Inselgruppe östlich der Philippinen im pazifischen Ozean. Palau erstreckt sich auf 650 km und besteht aus über 200 Inseln, von denen nur acht bewohnt sind. Die dicht bewachsenen Inselchen ragen wie Pilzköpfe aus dem tiefblauen Wasser. Neben traumhaften Tauchstellen mit Drop-Offs und Hai-Garantie kommen hier auch Wrackfans voll auf ihre Kosten.

Klima

In Palau herrscht tropisch-feuchtes Klima mit hohen, fast konstanten Temperaturen im Jahresmittel (ca. 27°). Die Regenzeit ist zwischen Juli und Oktober, obwohl ganzjährig mit Niederschlägen zu rechnen ist.

Beste Reisezeit

November bis Juni.

Highlight

Ein weiterer Höhepunkt eines jeden Taucherlebens wartet in Mikronesien. Die Lagune »Truk-Lagoon«. Wie in einem riesigen Unterwassermuseum wartet die vierte japanische Flotte, die 1944 von einem amerikanischen Luftangriff vernichtet wurde, für immer auf dem Meeresgrund. Über 66 Schiffe und unzählige Flugzeuge können bei zum Teil sehr guten Sichtweiten einfach betaucht werden.

Tauchen

Viele der über 60 Tauchplätze Palaus liegen am Außenriff – fast ausschließlich Drop Offs. Es gibt Steilwände, die senkrecht mehrere hundert Meter abfallen, wie die berühmte Ngemelis Wall. Diese Wand, bekannt als der »Big Drop Off«, reicht bis in eine Tiefe von über 300 m und ist farbenprächtig bewachsen. Großfischbegegnungen sind hier die Regel. Aber auch Makrofotografen kommen auf ihre Kosten: Die Artenvielfalt der kleineren Fische, Schnecken, Korallen ist hier ebenso reichhaltig.

Für Europäer empfehlen sich zwei Tauchbasen auf Palau: Die auch deutschsprachige Basis unter der Leitung von Tova und Navot Bornowski »Fish ´n´ Fins« (Info: www.fishnfins.com) oder die Basis »Sam´s Tours« (Info: www.samstour.com).

Die Trauminseln von Palau (Foto: Fremdenverkehrsamt Palau)

Republik Fidschi – »Perlen der Südsee«

Wer verbindet nicht die Fidschi Inseln mit Südsee, Traumziel und Luxus? Die kleinen Fidschis bestehen aus 332 Inseln, von denen aber nur ein Drittel bewohnt sind. Die zwei erloschenen Vulkane Viti Levu und Vanua Levu bilden die beiden größten Inseln. Allein durch die Entfernung und die luxuriösen Ressorts sind die Inseln kein Massenziel.

Klima

Das milde tropische Klima ist stark vom Südostpassat geprägt. Deshalb gibt es vor allem im Südosten hohe Niederschlagsmengen. Von November bis April muss man auch mit Wirbelstürmen rechnen.

Beste Reisezeit

Mai bis November.

Highlight

Einen Aufstieg auf den meist wolkenverhangenen Gipfel des Mount Victoria.

Tauchen

Jedes Ressort hat seine eigene Tauchbasis und jeder Fidschi-Urlauber wird, wenn auch nur schnorchelnd, die Korallenriffe rund um die Inseln genießen.

Eines der bekanntesten Tauchgebiete ist die Astrolabe Lagoon in der Nähe der Insel Kadavu.

Die PADI-Basis »Castaway Diving« im gleichnamigen Ressort bietet einen umfangreichen Tauchservice (Infos: www.castawayisland.com).

3.5 Karibik

Der warme Golfstrom sorgt auf den Bahamas und vor der Küste Floridas für ganzjährig warmes Wasser. Die Karibik zeichnet sich allgemein durch farbenfrohe Korallengärten, viele bunte Fische und großen Hai-Reichtum aus. Die Infrastruktur ist in der Regel auf Taucher eingestellt, deren Mehrzahl amerikanische Touristen bilden. Deshalb wird hier auch überwiegend »amerikanisch« getaucht, d. h. mehrere kurze, flache Tauchgänge schnell hintereinander.

Berühmt sind die zu Großbritannien gehörenden Cayman Inseln für das große Manta-Aufkommen und das klare Wasser.

Weiter südlich findet man auf den Antillen überall beste Bedingungen für traumhafte Tauchgänge, wobei die Riffe um Aruba, Bonaire und Curaçao besonders erwähnenswert sind.

Ein Highlight der Karibikregion ist die Halbinsel Yucatan, Mexico, die neben dem zweitgrößten Barriereriff der Welt (Palancar Reef) im Landesinneren mit zahlreichen Wasserlöchern, so genannten »Cenoten«, aufwartet. Hier kann man im glasklaren Süßwasser unvergessliche Höhlen- und Grottentauchgänge unternehmen.

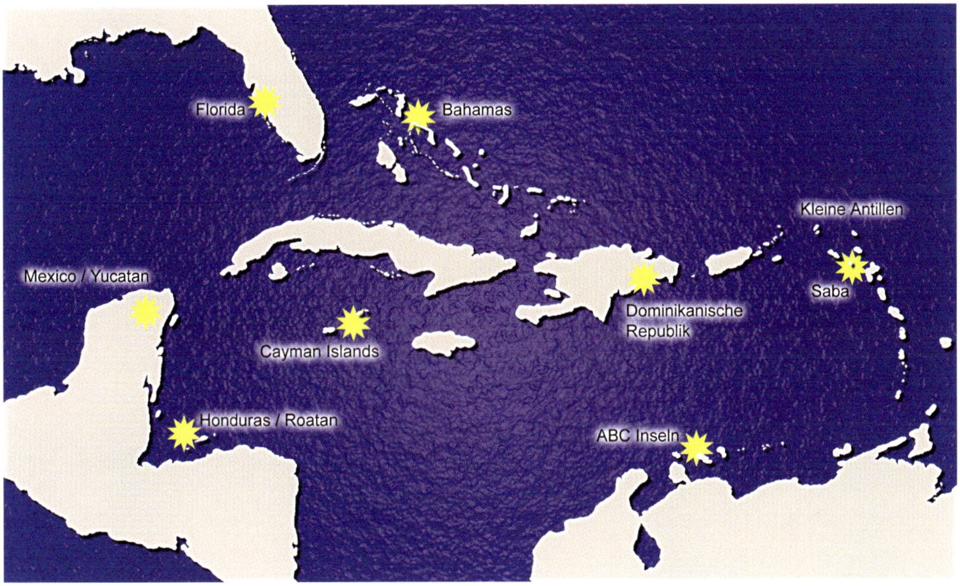

Die besten Tauchgebiete der Karibik

USA: Florida - »Der Sunshine State«

Als der südlichste der 52 Bundesstaaten der USA genießt Florida den Ruf des »Sunshine State«. Das auch im Winter milde Klima macht den Staat mit seinen berühmten Keys, der Inselkette im Süden, zu einem beliebten Urlaubsziel für Amerikaner – obwohl seit den heftigen Hurrikans im Spätsommer der letzten Jahre viele eines Besseren belehrt wurden. Nichtsdestotrotz bietet Florida jede Menge Attraktionen über und unter Wasser.

Neben dem Meerestauchen gilt Florida als Geburtsstätte touristischer Höhlentauchgänge. Das Inland ist von Quelltöpfen und Süßwasserhöhlensystemen durchzogen. Dementsprechend groß ist auch die Anzahl der Tauchschulen vor Ort. Leider gab es auch nirgendwo auf der Welt so viele tödliche Tauchunfälle, wie in den Höhlen Floridas. Deswegen darf dort nur noch mit einer fundierten Höhlenausbildung getaucht werden!

Eine einzigartige Attraktion für Taucher hat Florida noch zu bieten – und das Ganze nahezu risikolos: Tauchen oder Schnorcheln mit Manatees, den gutmütigen Seekühen in den Flüssen Floridas.

Klima

In Florida herrscht typisch tropisches Klima. Der Sommer ist sehr heiß und schwül. Dann ist jeden Tag mit einem kurzen und heftigen Regenschauer um die Mittagsstunden zu rechnen. Ab Ende August bis Oktober besteht in ganz Florida (vor allem an den Keys) Sturm- und Hurrikan- Gefahr.

Tauchen mit Manatees

Im Februar / März sollte man nach Crystal River reisen, um diese gemütlichen und harmlosen Giganten zu treffen. Crystal River muss man sich wie einen großen See vorstellen, der durch mehrere Quellen gespeist wird und dann in den Golf von Mexiko abfließt. Von dort kommen dann die Manatees, um im warmen Wasser der Quellen zu überwintern.

Eine Begegnung mit einer Seekuh ist ein einmaliges Erlebnis, das man sicherlich nie mehr vergisst. Es wurden mittlerweile Schutzzonen eingerichtet, wo sich die Tiere zurückziehen können. Ranger beaufsichtigen die Einhaltung der Zonen und drohen mit hohen Strafen bei Überschreiten der Markierungen.

»Look – don´t touch« – ist oberste Devise! Anfassen nicht erlaubt, obwohl bei richtigem Verhalten die Tiere zum Menschen kommen und sogar, sichtbar genüsslich, gekrault werden wollen. Wer Manatees in Ruhe beobachten möchte, zieht am besten schon frühmorgens um sechs Uhr los.

Beste Reisezeit

April bis Juni (zum Tauchen). Wer Manatees erleben möchte, sollte im Februar / März nach Crystal River.

Highlights

Lieben Sie Vergnügungsparks? Dann sind Sie in Disney World bei Orlando genau richtig. Man kann auf dem riesigen Gelände mit mehreren Themenparks leicht einige Tage verbringen.

Naturliebhaber sollten weiter nach Süden reisen, um die faszinierende Sumpflandschaft der Everglades zu besuchen. Ein Aufenthalt auf den Keys mit dem unvergleichlichen Sonnenuntergang auf Key West ist obligatorisch. Ich empfehle dazu einen »Tequila Sunrise« in einem der unzähligen Bars am Pier.

Der berühmte Sonnenuntergang vor Key West

Tauchen

Abgesehen von den Höhlengebieten (nur für erfahrene Taucher!) im Inland, ist der Sporttaucher am besten auf den Keys aufgehoben. Das betauchbare Korallenriff zieht sich etwa ab der Höhe von Miami die Ostküste südwärts an den Keys entlang. Bekannt ist der schon in den 60er-Jahren errichtete »John Pennecamp Underwater Nationalpark«, der von Key Lago aus betaucht werden kann. Hier gibt es u. a. einige Wracks und die bekannte Jesus-Statue in relativ klarem Wasser.
Umfassende Infos und einen Überblick über die Tauchspots gibt www.FLKeysDiving.com.

Amerikanisch Tauchen

Etwas nerven kann das »typisch amerikanische« Tauchen den verwöhnten Europäer schon. Man bucht in der Regel eine Ausfahrt mit zwei »dives« und bekommt pro Taucher dazu zwei 11 Liter-Flaschen (80 cubicfeet tanks), mit denen man locker jeweils 45 bis 60 Minuten tauchen könnte.
Der Guide bleibt dann oft auf dem Boot, teilt nur die Gruppe ein und beschreibt das Tauchgebiet. Die Buddies tauchen dann für sich – aber maximal 30 min relativ flach. Am Boot angekommen wird direkt die Flasche gewechselt und am nächsten Tauchspot geankert. Nach einer kurzen Pause ist man sofort wieder im Wasser - wieder höchstens 30 min, max 30 ft (10 m). Dann wird schon der heimatliche Hafen angesteuert. Und das Ganze für nicht wenig Dollars.

Bahamas – »Hai-Life im Süden der USA«

Eigentlich gehören die Bahamas – genau wie Florida – noch nicht direkt zur Karibik. Das eigentliche karibische Meer beginnt erst südlich von Kuba. Aber von Atlantik-Tauchen kann man hier auch nicht reden, weil der Golfstrom dicht an den nördlichen Inseln vorbeiführt.

Zwischen Florida und Kuba liegen sie, die über 700 Inseln der Bahamas. Gerade mal 30 Inseln sind bewohnt und etwa 15 für den Tourismus richtig erschlossen. Nach wie vor sind die Bahamas ein Traumziel für Sonnenhungrige, Strandfans und Wassersportler, die hier beste Bedingungen vorfinden. Das Spektrum der Unterkünfte reicht hier von kleinen Pensionen bis hin zu Luxusressorts mit Privatstränden. Also etwas für jeden Geldbeutel!

Die Lebensweise auf den Bahamas wurde bestimmt von europäischen Entdeckern, Piraten, Puritanern, Glücksjägern und Sklaven. Alle hinterließen ihre Spuren und machen die heutigen Bahamas zu dem, was sie sind.

Klima

Die Bahamas sind subtropisch – ozeanisch geprägt. Es herrscht mildes Tropenklima, wobei im Sommer bei Südost-Passat die Temperaturen um 28 bis 30°C liegen. Im Winter fallen sie wegen des Golfstroms aber auch nicht unter 22°C. Den Spätsommer und Herbst sollte man wegen akuter Hurrikangefahr meiden.

Beste Reisezeit

Mitte Dezember bis Ende April (Hauptsaison!).

Highlight

»Shark Diving« (Haitauchen und Haifütterung) mit Stuart Cove ist der Thrill für den Tauchtouristen vor der Insel New Providence – in Taucherkreisen aber etwas umstritten!

Tauchen

Hier gibt es vor allen Inseln klares Wasser und ausgedehnte Korallenriffe. Vom Hausriff an der unberührten Trauminsel mit »Bacardi-Feeling«, über riesige Fischschwärme an bunt bewachsenen Korallenblöcken bis hin zu Begegnung mit Großfischen: Das alles verbindet man mit dem Tauchen auf den Bahamas.

Auf Cat Island findet der verwöhnte Taucher einige der spektakulärsten Steilwände und schönsten Riffe der Bahamas. Cats südliche Wand beginnt ca.15 m unter dem Meeresspiegel und fällt vertikal in Tiefen von bis zu 3000 m ab. Das Cat Island Dive Center bietet PADI-Kurse auch in Deutsch (Info: www.greenwoodbeachresort.com) oder für das Hai-Adventure mit Stuart Coves »Dive Bahmas« (www.dive-bahamas.com)

Haifütterung – der Thrill für Taucher (Foto: Gaby Nenadal)

Cayman Islands – »Tanz mit den Rochen«

Die Britische Kronkolonie der Cayman Islands besteht aus der Hauptinsel Grand Cayman und den kleineren Little Cayman und Cayman Brac. Columbus hat die Inseln nach der ersten Entdeckung Las Tortugas genannt, da sich in den flachen klaren Gewässern jede Menge Schildkröten tummelten. Später waren die Höhlen und Grotten der unbewohnten Caymans geeignete Verstecke berüchtigter Piraten wie Blackbeard oder Sir Henry Morgan. Heute verstecken andere Leute ihr Geld in einer der über 550 Banken auf den Caymans.

Nicht zuletzt wegen der sensationellen Sichtweiten sind die Inseln ein Tauchdorado für Karibikfans. Die Caymans wurden deshalb und durch die Nähe zu den USA ein beliebtes Ziel für Geschäftsleute, Taucher und Honeymooners (Flitterwöchler). Leider ist das Leben hier auch recht teuer.

Klima

Auf den Caymans herrscht tropisches, wechselfeuchtes Klima vor. Die Jahrestemperaturen schwanken nur wenig. Regen fällt hauptsächlich im Juni bis Oktober. Im Winter ist es relativ trocken. Im Spätsommer bis Herbst treten häufig Hurrikans auf.

Beste Reisezeit

November bis April. Die Hurrikanzeit August bis Ende Oktober sollte man tunlichst vermeiden!

Highlight

Das nur vier Meter tiefe »Stingray City«. Hier tummeln sich ständig dutzende Stechrochen und suchen dichten Kontakt zum Menschen, was vor allem Schnorchler in dem klaren Wasser begeistert.

Tauchen

Cayman-Fans raten meist von der belebten, quirligen Hauptinsel Grand Cayman ab und empfehlen stattdessen Cayman Brac oder Little Cayman als Aufenthaltsort. Hier findet man rund um die Inseln jede Menge Tauchspots, die eine Reise allemal wert sind. Führende internationale Tauchzeitschriften zählen Cayman Brac zu den besten Tauchgebieten weltweit. Die Insel ist für die Unberührtheit und Schönheit der Unterwasserwelt bekannt. Die Riffe sind hier durch einen Marine Park geschützt worden und ermöglichen Tauchgänge in klarem Wasser bei großer Artenvielfalt. Neben Bootsausflügen kann man hier ebenso leicht Tauchgänge vom Strand aus direkt am Hausriff unternehmen.

Das Brac Reef Beach Resort bietet Tauchmöglichkeiten mit der eigenen PADI / NAUI und SSI- Basis (Infos: http://www.bracreef.com).

Mexiko: Yucatan – »Im Reich der Mayas«

Die mexikanische Region Yucatan ragt wie eine Landzunge in den Golf von Mexiko und bietet somit dem Wassersportler beste Bedingungen und karibisches Flair. Yucatan ist überwiegend

von dichter Dschungellandschaft überzogen, in der noch viele unentdeckte Mayaruinen warten. Kulturliebhaber werden sich an den berühmten Ausgrabungen nicht satt sehen können.
An der Küste warten palmengesäumte Stände und das zweitgrößte Barrier-Reef der Welt – das Palancar Reef, das sich von hier südlich bis nach Belize und Honduras zieht.
Sehr viele Taucher zieht es aber nach Yucatan, um in den warmen Cenoten, Wasserlöchern mitten im Urwald, zu tauchen. Sie waren früher Wasserspeicher und Kultstätte der Mayas. Mittlerweile weiß man, dass ein großer Teil der mexikanischen Halbinsel – vor allem in der Gegend um Tulum – von dem wassergefüllten Höhlenlabyrinth durchsetzt ist. Wie viele es von den Löchern gibt, weiß allerdings niemand, denn die mexikanische Dschungellandschaft ist sehr dicht. Die Wasserlöcher sind berühmt für relativ geringe Wassertiefen, glasklares Wasser und angenehme Temperaturen. Viele der Grotten und Höhlen sind mit wunderschönen Tropfsteinen durchsetzt und bieten für Unterwasserfotografen traumhafte Motive. Aber auch Sporttaucher können hier in den Cenoten schnorcheln oder im Eingangsbereich traumhafte Tauchgänge in glasklarem, warmem Wasser unternehmen. Für reine Anfänger ist dieses Abenteuer aber noch nicht zu empfehlen!

Reisebericht:
Cenotentauchen bei Tulum

Mexiko/Yucatan: Wir werden mit einem Pick-Up auf einer Nebenstraße irgendwo in den Urwald gebracht und müssen in voller Tauchausrüstung einige Minuten durch den Dschungel wandern, um das Wasserloch zu erreichen. Dieses wurde von den Mayas »Totenkopf-Cenote« genannt, weil es durch die drei Öffnungen im Boden wie ein Totenschädel aussieht. Eine selbstgebaute Leiter führt dann durch den »Mund« zu der 3m tiefer gelegenen Wasseroberfläche. An der Decke der bizarren Grotte hängen, dicht über dem Wasser, Fledermäuse. Die Sonne sendet einen unwirklichen Strahl durch die Augenöffnung ins Wasser. Die Stimmung könnte nicht besser sein! Wir tauchen ein in warmes, glasklares Süßwasser. Selbst unsere kleinen Taucherlampen leuchten von einem Ende zum anderen. In 13 m Tiefe beginnt eine trübe Wasserschicht, der Übergang von Süß- zu Salzwasser.
Auch unter der Schlierenschicht hat man keine nennenswerten Sichteinbußen. Nach oben geblickt, spiegelt man sich an der Grenzschicht zwischen Süß- und Salzwasser, wie an der Wasseroberfläche. Ein Traum...
Aus der Grotte zweigen unter Wasser in alle Richtungen Höhlen ab, die wir aber nicht betauchen wollen. Es ist aber schon ein Genuss kurz in die Höhlen zu blicken, bizarre Felsen,

Stalagmiten und Stalaktiten zu betrachten.
Es ist auch nicht sehr schwierig dort zu tauchen. Gerade in und in der Gegend von Tulum tummeln sich viele Tauchbasen, die sich auf Cenotentauchen spezialisiert haben. Das Erlebnis kann ich nur jedem Taucher empfehlen...

Cenotentauchen – Abenteuer und echter Genuss!

Klima
In Yucatan herrscht tropisches Klima mit sommerlichen Niederschlägen. Dann ist es oft sehr heiß und schwül. Die Temperaturen im Winter sinken meist nicht unter 25°C. Es besteht wie überall in der Karibik Hurrikangefahr im Spätsommer bis Herbst.

Beste Reisezeit
November bis Februar / März und Juli / August

Highlights
Neben dem Tauchen sollte man sich die Zeit nehmen, die beeindruckenden Maya-Kultstätten im Urwald aufzusuchen. Neben Uxmal lohnt sich der Besuch des Tempels in Tulum direkt am Meer. Das schönste Foto gibt´s am frühen Morgen, wenn die Schokoladenseite des Tempels angeleuchtet wird. Verpassen Sie auch auf keinen Fall die größte Maya-Anlage »Chichen-Itza«!

Tauchen
An der »Riviera Maya« findet man jede Menge Hotels und Ressorts mit eigenen Tauchbasen, die Ausfahrten ans Palancar Reef anbieten.
Mittlerweile gibt es viele lokale Tauchschulen, die auch Cenotentauchen im Programm haben. Eine Empfehlung ist die deutschsprachige Tauchschule »ProDive Mex«, die im traumhaften All-inclusive SUNSCAPE RESORT Puerto Aventuras untergebracht ist (Info: www.prodivemex.com).

ProDive Mexico

Das 5-Sterne-PADI-Tauchcenter »Pro Dive Mexico« unter deutscher Leitung ist in Puerto Aventuras (knapp eine Stunde südlich von Cancun) im Sunscape Resort direkt am Strand untergebracht. Es werden Tauchkurse, Bootsausflüge und Cenoten-Exkursionen angeboten.
Das Tauchcenter wurde erst 2004 in dem nagelneuen Resort eröffnet. Die Ausbilder, Guides und Crew sind äußerst freundlich und hilfsbereit. Man merkt geradezu, mit wieviel Spaß sie selbst bei der Sache sind. Ob nun zum Tauchen in den warmen Gewässern der Karibik, Schnorcheln mit

Walhaien oder Exkursionen zu den Cenoten mitten im Dschungel – hier fühlt man sich gut aufgehoben.
Mehr zu den Tauchmöglichkeiten finden Sie auf:
Info: www.prodivemex.com.

Als hervorragende Kombination zu den erlebnisreichen Tauchausflügen bietet sich das neue Sunscape Resort an. Gerade mal zehn Minuten vom lebhaften Playa del Carmen und nur wenige Minuten von den Maya-Ruinen Xcaret und Tulum entfernt, wird man hier »all-inclusive« verwöhnt und kann nach dem Tauchen so richtig entspannen.
(Infos: www.sunscaperesorts.com/puerto_aventuras)

In der mystischen Bat Cave von Dos Ojos

Tauchen in der glasklaren Cenote Chak Mol

Cenote Dos Oje
(Foto: Gunnar Wagner)

Gunnar Wager und der Urzeit-Elefant

Zusammen mit seiner mexikanischen Frau Lina betreibt der Würzburger Gunnar Wagner das Aktun Dive Center. Nach der Tauchausbildung vom Open Water Diver bis zum Dive Master machte er 1992 die Instruktor-Ausbildung in Frankreich und entdeckte den Reiz des Höhlentauchens. Mittlerweile ist Gunnar Wagner Technical Cave Instructor Trainer beim IANTD und Full Cave Instructor bei NACD. 1998 eröffnete er das Aktun Dive Center in Tulum.
1997 machte ihn sein Freund Don Cuperdino auf seine Ranch aufmerksam und zeigte ihm drei neue Cenoten, die noch nie betaucht wurden. Leider war anfangs keine Höhle unter der Wasseroberfläche zu entdecken. Zwei Jahre später versuchte es Gunnar wieder und fand den wirklichen Einstieg in ein einzigartiges Höhlensystem. Bei weiteren Expeditionstauchgängen machte er einen Sensationsfund, der weltweit für Aufsehen sorgte: Die Knochenreste eines etwa 14 000 Jahre alten Mastondon – eines amerikanischen Urzeit-Elefanten. Dieser Fund ist nach Prof. Le Tonserer von der Uni Basel als bisher regional einmalig einzustufen, zumal sich die Knochen und bis zu 17 cm langen Backenzähne in hervorragendem Zustand befinden.
Neben dem begeisterten Bericht im National Geographic 2001 wurden die Expeditionen 2002 mit zwei verschiedenen Filmteams nachgestellt. Gunnar plant schon weitere Expeditionen, die eine Verbindung des Höhlensystems »downsteam« ins Meer nachweisen sollen. Bis dahin werden allerdings noch einige Jahre vergehen.

Dominikanische Republik – »Karibik für wenig Geld«

Die Dominikanische Republik teilt sich mit Haiti die Insel Hispaniola, wobei sie den größeren Teil im Osten belegt. Gerade von Europa aus ist die Dominikanische Republik ein stark frequentiertes Urlaubsziel geworden, was zum einen die Flug- und Hotelpreise gesenkt hat, aber auch zu Massentourismus führt. Obwohl der amerikanische Einfluss im Land groß ist – Baseball ist auch hier ein Nationalsport –, bleiben die Einwohner doch lateinamerikanisch: cool, zurückhaltend, aber auch hitzig und chaotisch.
Ähnlich wie auf Yucatan findet man in der Dominikanischen Republik einige sehr interessante Süßwasserhöhlen

(genannt: Cuevas oder Pozos). Meist sind es Verbindungstunnels von einem See in den nächsten, die aber nur für ausgebildete Höhlentaucher in Frage kommen.

Klima
In der Dominikanischen Republik herrscht wechselnd-feuchtes tropisches Klima. Es gibt starke Temperaturunterschiede zwischen Hoch- und Tiefland. In der Küstenregion schwanken die Temperaturen nur sehr wenig (24°C - 27°C). Niederschläge kommen überwiegend im Mai bis November vor. Der Spätsommer und Herbst ist Hurrikanzeit.

Beste Reisezeit
Dezember bis April

Highlight
Sonnenbad an einem der Traumstrände der Halbinsel »Cayo Levantado«.

Tauchgebiete
Die schönsten Tauchspots findet man an der nördlichen Küste der Dominikanischen Republik. Alleine vor dem Urlaubsort Sosua an der Playa Dorada gibt es Dutzende Tauchspots für alle Erfahrungsstufen. Bekannte Spots sind die Three Rocks (bis 50 m), Airport Wall (30 m) oder Pyramids (15 m). Alleine in Sosua gibt es mehr als zehn Tauchbasen, die in Ressorts oder Hotels ansässig sind.
Einen hervorragenden Ruf genießt die seit 1994 in Sosua ansässige deutsche PADI Tauchbasis Merlin von Jürgen Rumpenhorst und Waldemar Janesch. Die Basis ist das ganze Jahr über geöffnet und unternimmt vorrangig Bootstauchgänge zu den Tauchgebieten vor der Küste Sosuas.
(Info: www.tauchschule-merlin.com)

Kleine Antillen: Saba – »Unspoiled Queen«

Die Inselliste der kleinen Antillen liest sich wie das »Who-is-who« der weltbesten Trauminseln. Namen wie St. Lucia, Virgin Islands, Guadeloupe, Martinique, Grenadines, Domenica und Antigua gehören zu den bekannteren. Wie ordentlich aufgereiht gruppieren sich die Inseln um das Karibische Meer und gehören teilweise zu den Niederlanden, zu den USA oder sind unabhängig. Es ist schwer eine echte Empfehlung zu treffen, da jede Insel ihren eigenen Charme hat. Mal überwiegt europäischer Einfluss, mal trifft man auf die ursprüngliche Karibik. Inseln mit nahezu unberührter Natur findet man ebenso wie Inseln mit guter Infrastruktur und entsprechendes Nachtleben. Ich beschränke mich daher (repräsentativ) auf das Inselparadies Saba:

Das winzige Saba, das zu den niederländischen Antillen gehört, besticht durch eine dramatische Landschaft. Ein dicht bewachsener Vulkankegel ragt direkt aus dem Meer. Es gibt steile Felsklippen, Passstraßen, aber kaum einen echten Strand. Auf dem Eiland leben gerade mal 1600 Einwohner – jeder kennt jeden. Schlüssel an den

Haustüren braucht man nicht; es gibt ja keine Kriminalität. Die großartige, unberührte Natur setzt sich auch unter Wasser fort. Kein Wunder, dass die Bewohner ihre Insel als die »unspoiled queen« (unberührte Königin) der Karibik bezeichnen.

Trauminsel Saba

Klima

Für die ganzen Antillen gilt wechselnd-feuchtes, tropisches Klima. Im Jahresmittel liegen die Temperaturen allgemein zwischen 25°C und 30°C mit geringen Schwankungen. Vor allem im Spätsommer ist durch die Nordost-Winde überall mit starken Niederschlägen zu rechnen. Von Mitte August bis Ende Oktober ist Hurrikan-Saison.

Beste Reisezeit

Dezember bis April

Highlight

Schwer zu nennen, da jede auch noch so kleine Insel ihr Highlight hat. Genießen Sie einfach »Natur pur« in traumhafter Umgebung.

Tauchen

Für Taucher hat Saba eine Menge zu bieten. Der 1987 eingerichtete Saba National Marine Park hat viel dazu beigetragen, dass der Sporttaucher auch heute noch eine intakte Unterwasserlandschaft vorfindet. Mit ganzjährigen Wassertemperaturen von über 27 Grad Celsius, mit Sichtweiten von bis zu 40 m, farbenprächtigen Korallen und einem reichen Angebot an Unterwasserbewohnern schlägt hier des Tauchers Herz höher. Und das Beste ist: Alle Spots sind in fünf bis 20 min mit dem Boot schnell erreichbar!

Sehenswert sind die einzigartigen Pinnacles – erloschene Lavastelen, die aus 80 m Tiefe bis in eine betauchbare Tiefe von 30 m ragen und reich mit Korallen bewachsen sind.

Empfehlen kann ich das Tauchen mit den deutschen Saba-Divers die von Barbara und Wolfgang Tooten geleitet werden (Info: www.sabadivers.com). Hier gibt es für brevetierte Taucher mittlerweile »Nitrox for free«. Sie betreiben auch die kleine Pension Scout's Place in Windwardside.

Reisebericht: Urlaub im El Momo

Wenn man mit dem kleinen Flugzeug aus St. Maarten kommt, sieht man Saba wie eine begrünte Bergspitze aus dem Wasser ragen. Mit nur 400 m Länge hält der »Juancho E. Yrausquin Airport« den Rekord der kürzesten, kommerziell genutzten Landebahn. Die Piloten der Winair sind speziell für Start und Landung hier trainiert. Aber keine Angst: Es gab bisher noch nie einen Unfall.

Der gerade mal 13 Quadratkilometer große erloschene Vulkan ist mit dem 877 m hohen Mount Scenery der höchste Berg der Niederlande. Er fällt mit steilen Klippen ins Meer ab und setzt sich unter Wasser fort. Sandstrände und Promenaden sucht man hier vergeblich. Auf Saba wohnen gerade mal 1600 Einwohner verteilt auf die Ortschaften Windwardside, The Bottom, St. John`s und Hell`s Gate. Aber immerhin gibt es eine eigene Universität, eine Schule, einen Kindergarten und eine Klinik. Der Saba Marine Park betreibt sogar seit 1980 eine eigene 4-Personen-Drukkkammer. Gut für die tauchenden Gäste!

Es gibt nur eine Straße, die sich vom Flughafen quer über die Insel zieht. Steil windet sich der Weg den Berg hinauf, um auf der anderen Seite wieder in engen Serpentinen zum kleinen Pier auf der anderen Seite zu gelangen.

Was den Charme Sabas ausmacht, ist ihre Bevölkerung: Hier leben ausnahmslos nette, herzliche Menschen. Jeder kennt jeden. Nicht selten hält ein Auto bei einem Fußgänger auf der Straße und bietet eine Mitfahrgelegenheit. »Wanna ride?«, fragt der nette Pickup-Fahrer und nimmt ihm unbekannte deutsche Touristen ein Stück bergauf mit. Ebenso ist Kriminalität auf der Insel unbekannt. Deshalb wird man an den Türen seiner Unterkunft keine Schlüssel finden. Wie gesagt: Jeder kennt jeden!

Die Hotels und Unterkünfte auf Saba kann man an zehn Fingern abzählen. Man findet aber vom feinen Luxushotel bis zu gemütlichen Cottages alles, was man für seinen Urlaub sucht.

Empfehlenswert sind die liebenswerten »El Momo Cottages«, die von Angelika und Olli Harleib geführt werden. Die beiden haben sich während ihrer Zeit als Tauchlehrer auf Saba in die Insel verliebt und sind dort hängen geblieben. Sie sind seit 1997 stolze Besitzer der Anlage mit den sieben kleinen weiß-roten Holzhäuschen inmitten eines blühenden tropischen Gartens. Eine kleine Brücke führt über den Pool im Eingangsbereich und man hat einen atemberaubenden Blick auf das Meer und die Landschaft. Inmitten dieser friedlichen Oase wird man nur von abends pfeifenden Baumfröschen, schwirrenden Kolibris oder Lupo, dem freundlichen Hund der Besitzer, »gestört«. Nicht nur die Hausgäste schwärmen von den Kochkünsten der gebürtigen Italienerin Angelika, die mit der gleichen Begeisterung ein tolles Frühstück aus tropischen Früchten, Eiern und Jogurt zaubert (Informationen: www.elmomo.com).

Blühende Gärten der El Momo Cottages auf Saba

Die ABC-Inseln »Divers Paradise«

Die so genannten ABC-Inseln Aruba, Bonaire und Curaçao sind die südlichsten der niederländischen Antillen und liegen direkt vor der Küste Venezuelas.

Die drei Inseln wurden schon 1634 von den Holländern erobert und gehören seit dem politisch zum Königreich der Niederlande. Die Inselsprache ist hier »Papiamento« – eine Mischung aus Spanisch, Englisch, Afrikanisch und natürlich Holländisch. Die außergewöhnliche Landschaft wechselt von bewaldetem Bergland, steinigen Wüsten über Kakteen-Dschungel zu weißen karibischen Sandküsten. Durch eine gute touristische Infrastruktur inklusive Flughafen auf jeder Insel sind Aruba, Bonaire und Curaçao zu einem »erreichbaren« Urlaubsziel für Europäer geworden.

Klima

Bei einer jährlichen Durchschnittstemperatur von 28°C sorgt der Passatwind für wechselnd-feuchtes tropisches Klima. Die Hauptregenzeit ist von Oktober bis Dezember. Alle drei Inseln liegen außerhalb der typischen Hurrikan-Zone.

Beste Reisezeit

Dezember bis Mai (ab April sinken die Preise)

Highlight

Auf Aruba sollte man die eindrucksvolle Natural Bridge nicht verpassen, die von Brandung, Wind und Wetter aus dem Korallenriff herausgewaschen wurde. Als größte natürliche Brücke der Karibik ist sie ein bekanntes Naturwunder.

Tauchen

Auf den Nummernschildern Bonaires steht »Divers Paradise« und alleine der Name lässt immer noch Scharen von Tauchern wie in das gelobte Land pilgern. Seit 1979 ist das Gewässer rund um Bonaire zum Marine Park geworden, um Fauna und Flora vor dem steigenden Tourismus zu bewahren. Es gibt strenge Regeln beim Tauchen, so dass Harpunierer und Korallensammler mit drastischen Strafen rechnen müssen. Gut so!

Allein der »Guide to the Bonaire Marine Park« listet 86 Tauchspots, die in einem einzigen Urlaub gar nicht geschafft werden können. Die populärsten Namen sind Angel City, Bari Reef

und Calabas Reef. Neben Bootstauchgängen und Schnorchelausflügen bieten die Bonaire Dive&Adventure auch Inselausflüge und Kajaktouren in den Mangroven Wäldern an
(Info: www.discoverbonaire.com).

Übrigens...
... die Tauchgebiete um Aruba und Curaçao stehen Bonaire in nichts nach. Durch die umgebenden Saumriffe ist hier vor allem Shore-Diving angesagt. Die vielen reizvollen Tauchspots können ohne langwierige Bootsfahrt direkt vom Strand aus erreicht werden.

Honduras: Roatan – »Geheimtipp der Karibik«

Honduras verbindet man im Allgemeinen nicht gerade mit Tauchen. Das mittelamerikanische Land zwischen Nicaragua und Guatemala ist eigentlich mehr für die riesigen Bananenplantagen und den dichten Dschungel bekannt. In der Karibik in den Bay Islands von Honduras wartet aber ein Geheimtipp auf den abenteuerlustigen Taucher. Bisher kaum in Europa bekannt, offenbart die Insel Roatan eine Tauchdestination, die zu den besten der Welt gehört. Roatan liegt am zweitgrößten Barriereriff der Welt, dem Palancar Reef, und besticht durch Artenvielfalt und sehr gute Sichtweiten. In der Cornerstone Medical Clinic beim Anthony's Key Resort in Sandy Bay gibt es sogar eine Druckkammer für Taucher – für den Fall der Fälle.

Klima

Es dominiert ganzjährig warmes, tropisches Klima in der Karibikregion Honduras. Der Nordostpassat bringt eine Regenzeit von Mai bis November und eine Trockenzeit von Dezember bis April. Auch hier besteht Hurrikangefahr im Spätsommer bis Herbst.

Beste Reisezeit

Die niederschlagsärmeren Monate Dezember bis März / April.

Highlight

Die Copan Ruinen, eine der besterhaltensten und bedeutendsten Maya-Städte Mittelamerikas. Mitten im Dschungel von Honduras erheben sich Tempelanlagen, Ritualplätze und Paläste der geheimnisvollen Indianer der Antike, die ihresgleichen suchen.

Tauchen

Die sagenhaften Korallenriffe und atemberaubenden Drop-Offs machen Roatan zu einer »Suchtgefahr« für Taucher. Allein 35 Tauchspots sind in fünf bis 30 min erreichbar. Dicke Korallenstöcke beginnen schon bei drei Meter im kristallklaren Wasser und verlieren sich in der Tiefe. Schwärme von Adlerrochen, Schulen farbenfroher, tropischer Fische und die regelmäßigen Begegnungen mit Haien machen das Tauchen hier zu einem echten Erlebnis.
Das Beste ist aber die Möglichkeit, hier hautnah mit Delfinen tauchen zu können. Beim Anthony's Key Resort liegt das »Roatan Institute for Marine Scien-

ces«, das sich seit vielen Jahren der Erforschung von Fauna und Flora des Meeres, insbesondere der Delfine, verschrieben hat. Das Institut bietet – neben den üblichen Kontakt-mit-Delfinen-Programmen die Möglichkeit mit den Tieren in einer geschützten, aber offenen Bucht zu tauchen. In dieser natürlichen Umgebung kann man die Delfine beobachten und mit ihnen spielen – aber die Tiere machen es freiwillig!

Die beste Möglichkeit dies alles zu erleben, bietet das »Anthony's Key Resort«, in dem alles – auch das Tauchen – inklusive ist.

(Informationen: www.anthonyskey.com)

Tipp: Anthony's Key Resort

Vor drei Jahrzehnten haben die Gründer des Ressorts eine kleine, tropische Zuflucht für abenteuerlustige Traveller geschaffen, die fernab der Zivilisation die Schönheit Roatans und der Karibik erleben wollten. Auch heute noch kann der Urlauber hier in den liebvoll eingerichteten Cabanas direkt am palmenbewachsenen Strand den Charme des Landes spüren. Mittlerweile bietet das komfortable Anthony`s Key einen All-Inclusive-Service, der auch das Tauchen (dreimal täglich Bootsausfahrten und unbegrenzte Strandtauchgänge) und andere Aktivitäten, wie Ausritte am Strand, beinhaltet. Direkt ans Ressort angeschlossen findet man das Roatan Institute for Marine Sciences mit seinen täglichen Delfinprogrammen. Gäste des Ressorts haben natürlich bevorzugt die Möglichkeit mit Delfinen zu schnorcheln oder tauchen.

Das traumhafte Anthony's Key Resort

Hier lässt es sich als Taucher prima leben...

4. Tauchen auf Reisen

Ein Traum für Urlaubstaucher: Französisch Polynesien - Lagune von Rangiroa
(Foto: Martin Hablützel)

4.1 Tauchen und Fliegen

Gerade als Taucher sind wir sehr von dem Transportmittel »Flugzeug« abhängig, wenn wir die attraktiveren Tauchplätze dieser Erde besuchen wollen. So sollte man sich vor dem Urlaub auch einige Gedanken über die richtige Vorbereitung und das »Meistern« auch längerer Flüge machen.

4.1.1 Die richtige Flugvorbereitung

Richtig buchen

Hier fängt eine gute Flugvorbereitung schon an. Überlassen Sie nichts dem Zufall! Die meisten Fluggesellschaften bieten einen umfangreichen Sonder-Service – wenn er mitgebucht wird.

Oftmals können die Sitzplätze im Reisebüro direkt mit reserviert werden. Das erspart später eine Menge Stress beim Einchecken.

Wer lange Beine hat, kann auch beim Check-In versuchen, einen Platz am Notausgang zu bekommen – dort hat man meist mehr Bewegungsfreiheit. Ansonsten bieten sich die Plätze am Gang an, um sich ein wenig strecken zu können. Beim Einchecken im Ausland sollte man ruhig nach einem »seat for long legs« fragen.

Übrigens...
... bei LTU z. B. kann man einen LTU XL Seat am Ausgang gegen Aufpreis bei der Buchung direkt bestellen.

Urlaubsstart ohne Stress!

Eine rechtzeitige Vorbereitung der Tauchreise erspart viel Stress und Ärger. Freuen Sie sich auf den nächsten Urlaub und denken Sie frühzeitig an ein paar Punkte:

- Im Reisebüro oder der Vertretung des Urlaubslandes nach den aktuellen Einreisebestimmungen erkundigen!
- Ist der Reisepass noch gültig?
- Rechtzeitig nach notwendigen Impfungen erkundigen!
- Checkliste für Reisegepäck vorbereiten.
- Reisekasse überprüfen: Braucht man ausländisches Geld?
- Kreditkarte prüfen: Wird sie im Zielland akzeptiert?
- Mit Sitten und Gebräuchen des Urlaubslands vertraut machen: Wo darf ich fotografieren? Gibt es Kleidervorschriften? Ein Sprachführer für die wichtigsten Begriffe ist hilfreich.

Einige Fluggesellschaften bieten für Taucher den Service, das Tauchgepäck zusätzlich zum Freigepäck kostenlos zu befördern. Bei LTU z. B. gilt hierbei: Tauchausrüstung bis maximal 30 kg, Gürtel ohne Blei und Pressluftflaschen (entlüftet, Ventil gesichert) werden ohne Aufpreis transportiert. Das Sportgepäck muss dabei separat vom Normalgepäck verpackt sein. Eine Anmeldung über das Reisebüro oder direkt bei der Fluggesellschaft ist notwendig. Für Gruppen ab zehn Personen sollte man rechtzeitig bei LTU anfragen (service@ltu.de), da es nur bei entsprechender Platzverfügbarkeit transportiert werden kann.

Auch Vegetarier können ein entsprechendes Gericht an Bord bekommen. Die Fluggesellschaften haben ein umfangreiches Sortiment an Sonderessen (»special meals«) auf dem Programm. Ohne Aufpreis kann man vegetarisches, protein-, natrium- oder purinarmes, diabetisches, koscheres, gluten- und lactosefreies Essen sowie Rohkost-, Hindu-, Moslem- und Veganeressen bekommen. Die Bestellungen werden in der Regel zwei bis drei Tage vor dem Abflug entgegengenommen. Am besten gleich mitbuchen und Sonderwünsche angeben.

Start in den Urlaub: Das spannende Warten auf den Abflug.

Der Check-In

Einige Fluggesellschaften bieten an bestimmten Flughäfen einen Late-Night-Check-In ohne Aufpreis an. Dort können Fluggäste ihr Gepäck bereits am Vorabend (LTU: zwischen 18:00 und 21:00 Uhr) aufgeben und ihre Bordkarte abholen. Das spart am Abflugtag langes Schlange-Stehen, Zeit und Nerven. Das gilt in der Regel für alle Flüge des kommenden Tages. Erkundigen lohnt sich!

Mittlerweile gibt es viele Hotels in Flughafennähe, die sich auf Flugreisende spezialisiert haben. Sie bieten im Übernachtungspreis eine kostenlose Parkmöglichkeit für das Auto (während des gesamten Urlaubes) und einen Shuttle-Service zum/vom Flughafen. Das Reisebüro kennt die besten Adressen für alle Flughäfen.

Auf alle Fälle gilt: Rechtzeitig einchecken, sonst gibt es nur Stress und evtl. Ärger. Denn Linienflüge werden von vielen Fluggesellschaften mittlerweile absichtlich überbucht. Die Erfahrung hat gezeigt, dass nie alle angemeldeten Passagiere den Flug nutzen. Deshalb werden immer mehr Plätze als vorhanden beim Buchen vergeben. Sollten jetzt doch einmal mehr Fluggäste als gewöhnlich mit einer Maschine fliegen wollen, kann es zu Unannehmlichkeiten kommen. Die Gäste, die zuerst am Check-In waren, werden mitgenommen, diejenigen, die zu knapp vor dem Flug erscheinen, müssen einen Ersatzflug akzeptieren.
Hier sind die Fluggesellschaften aber auch sehr kulant und bieten als Entschädigung Geldbeträge, Freiflüge, Essen und Hotelübernachtungen.
Wer früh genug am Flughafen ist, kann sich diesen Ärger ersparen. In

der Regel genügt es, zwei Stunden vor Abflug am Schalter zu sein.

Übrigens...
...USA-Reisende sollten wegen der Verschärfung der Sicherheitsmaßnahmen bei der Einreise in die USA mittlerweile bereits drei Stunden vor Abflug am Check-In sein!

Wie schütze ich mich vor Taschendieben am Flughafen?

Eine der wichtigsten Regeln auf Flughäfen ist: Wertsachen und Geld niemals im Reisegepäck verstauen. Koffer nie unbeaufsichtigt lassen. Am besten ist es, Geld, Pässe, Tickets immer am Körper zu tragen. Im Handel gibt es viele nützliche Utensilien als Schutz gegen Diebstahl, wie z. B. Geldgürtel, Brusttaschen, Gürteltaschen.

Richtig packen

Erkundigen Sie sich vorher, wie viel Freigepäck man auf die Reise mitnehmen darf. Normalerweise gilt:
Jeder Fluggast darf 20 kg Freigepäck (bei Reisen über 28 Tage oder erste Klasse: 30 kg) und ein Handgepäckstück (max. 55 cm x 40 cm x 20 cm) bis 8 kg mitnehmen.
Zusätzlich dürfen Gegenstände zum persönlichen Gebrauch (z. B. Mantel, Regenschirm, kleine Fototasche, Kindernahrung, Zeitschriften o.Ä...) ohne Aufpreis mitgeführt werden. Erkundigen Sie sich: Auch Kinder unter zwei Jahren haben bei einigen Fluggesellschaften Freigepäck!
Bei Linienflügen in die USA, Karibik und Mexiko gilt das amerikanische »Two-Piece-Konzept«. Hier kann man zwei Gepäckstücke bis je maximal 32 kg mitnehmen, die aber eine Gesamtabmessung von 158 cm (Länge + Breite + Höhe) nicht überschreiten dürfen (z. B. Koffer: 80 cm lang, 25 cm tief und 50 cm hoch = 155 cm).

Übergepäck

Ob Koffer oder Kleidersack – mit dem Kauf eines Flugscheins ist auch die Beförderung einer bestimmten Menge an Reisegepäck verbunden. Generell können Passagiere in der Economy Class 20 Kilo kostenlos mitnehmen, in der Business Class 30 Kilo und in der First Class 40 Kilo. Für schwerere Gepäckstücke fallen zusätzliche Kosten an. Berechnet wird dies in der Regel nach dem Gewichtskonzept. Für ein Kilo Übergepäck wird bis zu 1,5 Prozent des Economy-Class-Tarifes berechnet. (Quelle: Deutsche Lufthansa AG)
Bei anderen Fluggesellschaften gelten unter Umständen andere Gewichtsgrenzen. Zum Beispiel lassen einige Billig-Airlines wie RyanAir nur 15 kg oder weniger zu. Ein Preisvergleich lohnt sich!

TIPP: Gewichtsprobleme?

Wer bei jedem Urlaub immer am Gewichtslimit seine Koffer packt, sollte Folgendes versuchen:

- *Schwere Gepäckstücke ins Handgepäck (es wird meist nicht mitgewogen).*
- *Jacken, Mäntel und Pullover beim Einchecken anziehen (»Zwiebel-Prinzip«) und im Flugzeug wieder ausziehen.*
- *Gewicht sparen durch: Kosmetik in kleine Döschen abfüllen oder Probepackungen mitnehmen.*
- *Weniger Kleidung mitnehmen. Notfalls unterwegs waschen!*

Das gehört ins Handgepäck

- Buch / Zeitschrift für langen Flug
- Warme Socken (gegen kalte Füße bei Nachtflügen)
- Tabletten gegen Reisekrankheit
- Zahnbürste / Mini-Kosmetik (für Nachtflüge)
- Ohrenstöpsel (wer ungestört schlafen möchte)
- Walkman-Kopfhörer (manche Fluggesellschaften verkaufen mittlerweile die Bordkopfhörer)
- Tauchcomputer und empfindliche Instrumente
- Alles, was am Urlaubsort unverzichtbar ist (Medikamente, Pille, usw.)

Transport von Tauchausrüstung

Batteriebetriebene Taucherlampen produzieren eine so große Hitze, dass sie leicht einen Brand verursachen könnten – deshalb dürfen sie nur im Handgepäck mitgeführt werden. Sie müssen ausgeschaltet sein, und die Energiequelle muss entfernt sein, um ein unbeabsichtigtes Einschalten zu vermeiden. (Quelle: Deutsche Lufthansa AG)

Gemäß den IATA-Richtlinien akzeptiert auch die LTU nur demontierte Lampen, die im Handgepäck befördert werden. Seit dem 1. Februar 2004 dürfen auf der Grundlage einer neuen EU-Verordnung auf Flügen, die von Europa ausgehen, für den Flugverkehr gefährliche Gegenstände – z. B. die Nagelschere gehört auch dazu! – nicht mehr in die Flugzeugkabine mitgenommen werden. Demnach sind Messer jeglicher Art gut verstaut mit dem übrigen Reisegepäck aufzugeben. Sie müssen vorher aber nicht angemeldet werden.

Übrigens...

...Taucherinstrumente (Computer, Finimeter) würde ich persönlich nicht ins Hauptgepäck packen. Erstens geht man beim Be- und Entladen der Flugzeuge nicht gerade zimperlich mit dem Gepäck um – die teuren Geräte können beschädigt werden. Zweitens herrscht im Laderaum immer ein Unterdruck, der die Instrumente beschädigen oder dejustieren könnte. Eingeschaltete Tauchcomputer rechnen den Unterdruck dann als Normaldruck und beginnen den nächsten Tauchgang schon bei 1 bar am Boden!

Tipps zur Reisegepäckbeförderung

• Größere Mengen an Übergepäck können auch vorab zu günstigeren Tarifen als unbegleitetes Reisegepäck oder Frachtgut aufgegeben werden. Der Preis hierfür richtet sich nach der Luftfrachtrate der einzelnen Strecken.
• Koffer innen und außen mit Name und Anschrift versehen.
• Koffer nicht überpacken, um Beschädigungen vorzubeugen.
• Keine Wertsachen, Geld, Schmuck, Dokumente, Pässe und andere Ausweispapiere, Geschäftspapiere, Computer, elektronische Geräte (z. B. Laptops oder PCs) und empfindliche Geräte, Muster, zerbrechliche und verderbliche Ware in den aufgegebenen Koffer packen.
• Entflammbare, explosive oder giftige Artikel zu befördern, ist verboten!
• Eine zusätzliche Gepäckversicherung ist empfehlenswert.
(Quelle: Deutsche Lufthansa AG)

4.1.2 Langstreckenflüge gut gemeistert

Vor allem das lange Sitzen im Flugzeug bereitet vielen Fernreisenden große Probleme. Dazu kommt das Risiko eines Blutstaus in den Beinvenen mit Trombosegefahr (Verstopfung eines Blutgefäßes). Das ist nicht nur

Zum Tauchen ist allerhand Ausrüstung erforderlich

sehr schmerzhaft, sondern auch wegen dem Risiko einer Lungenembolie durch losgelöste Blutgerinnsel äußerst gefährlich. Abhilfe schaffen regelmäßige Spaziergänge im Gang, Dehn- und Streck-Übungen vor allem der Waden beim Sitzen und die Zufuhr größerer Mengen Flüssigkeit (kein Alkohol!).

»Durch die trockene Luft an Bord braucht ein Fluggast zweimal mehr Flüssigkeit an Bord als am Boden«, erklärt Dr. Lutz Bergau, leitender Arzt des Medizinischen Dienstes der Lufthansa. «Gerade Kinder müssen viel trinken. Im Verhältnis zu ihrem Gewicht haben sie eine größere Körperoberfläche als Erwachsene. Somit ist auch die Verdunstung über die Haut wesentlich höher als bei Erwachsenen.« Am bekömmlichsten sind kohlensäurearmes Mineralwasser, Fruchtsaft oder Tee. Erwachsene sollten Alkohol und Kaffee nur in Maßen genießen, da diese dem Körper zusätzlich Feuchtigkeit entziehen. Die trockene Luft an Bord kann auch die Bindehaut reizen. Für Kontaktlinsenträger empfiehlt es sich daher, während des Fluges eine Brille zu tragen. Gegen trockene Augen gibt es in der Apotheke spezielle Augentropfen.

Bei Start und Landung spüren viele Fluggäste einen erhöhten Druck auf den Ohren. Bei Erwachsenen ist Kauen hier ein simples und erfolgreiches Gegenmittel. Sollten Kaugummi oder Bonbons etwa wegen einer stärkeren Erkältung keinen Druckausgleich bewirken, kann etwa 30 Minuten vor Start oder Landung Nasenspray benutzt werden. Fragen Sie an Bord danach! Die Bordapotheke ist meist gut ausgestattet. Weitere Infos finden Sie unter www.lufthansa.com in der Rubrik »Wohlfühlen an Bord«.

Manchen Passagieren macht der niedrigere Luftdruck in der Kabine (ca. 800 mbar) zu schaffen, weil dadurch das Blut weniger mit Sauerstoff gesättigt wird. Wer damit Probleme hat, sollte dann beim Flug nicht mehr rauchen, keinen Alkohol trinken und nur leichte Kost zu sich nehmen!

Übrigens...

...Gegen Schlafprobleme und Aufregung helfen Beruhigungsmittel (z. B. Baldriantropfen).

...Weite und bequeme Kleidung an Bord tragen. Den Pullover und warme Socken nicht vergessen. Es kann bei Nachtflügen an Bord recht kühl werden!

...Blähende Speisen oder stark kohlensäurehaltige Getränke sollten vor dem Flug vermieden werden!

...Vor und während des Fluges nicht zu viel Alkohol zu sich nehmen. Dadurch wird dem Körper zusätzlich Flüssigkeit entzogen, was die Thrombosegefahr verstärkt. Andererseits sollte man sich für die Einreise am Zoll immer einen klaren Kopf bewahren!

Jetlag

Bei Langstreckenflügen, wenn größere Zeitverschiebungen auftreten, wird die innere Uhr des Menschen verwirrt. Der komplette biologische Rhythmus des Körpers wird durcheinander gebracht, die Schlaf- und Wachperiode verschiebt sich. Es kommt zum so genannten »Jetlag«. Die Symptome sind u. a. Erschöpfung, Müdigkeit, Minderung der Reaktions- und Konzentrationsfähigkeit und ein Hungergefühl zu ungewohnten Zeiten.

Was kann man am besten dagegen tun?

Hat man sein Ziel am frühen Morgen erreicht, kann man sich ruhig am Mittag für ein paar Stündchen hinlegen. Erreicht man sein Ziel jedoch erst am Mittag oder noch später am Tag, empfiehlt es sich, erst am Abend schlafen zu gehen. Zur Verringerung von Jetlag hilft das Schlafen während des Fluges. Außerdem sollte der Passagier seine Armbanduhr bei Flugbeginn schon auf die aktuelle Zeit im Zielland stel-

len, damit er sich zumindest mental auf die neue Zeit einstellen kann.
Nach 2-3 Tagen hat man sich in aller Regel an die Zeitumstellung gewöhnt (Quelle: LTU International Airways).
Oft verkraftet der menschliche Körper die Reise in Richtung Westen leichter als gen Osten.

Übrigens...
...durch verschiedene Speisen kann man auch dem Wach- und Schlafrhythmus nachhelfen: Leicht verdauliche, kohlenhydratreiche Nahrungsmittel fördern den Schlaf, eiweißreiche Speisen halten eher wach.

Medikament gegen Jetlag

In Amerika werden zur Überwindung des Jetlags so genannte Melatonin- Tabletten angepriesen. Sie bestehen aus einem körpereigenen Hormon und haben Einfluss auf den Schlaf-Wach-Rhythmus des Körpers. Allerdings sind Nebenwirkungen noch nicht vollständig ausgetestet worden, so dass sie in Europa noch nicht auf dem Markt sind und vor einer unkontrollierten Einnahme des Medikamentes abgeraten wird.

4.2 Gesund auf Reisen

Natürlich ist die Gesundheit und Gesunderhaltung auf Reisen ein Thema – vor allem bei Tauchern. Schnell ist im fernen Urlaubsland ein Cocktail getrunken, dessen Eiswürfel mit Wasser zweifelhafter Herkunft gemacht wurden. Dann lacht »Montezumas Rache« und wir verbringen die nächsten Tage auf der Toilette anstatt am Tauchriff.

Impfungen und Prophylaxe

Da sich die Verbreitung von Krankheiten und auch die Resistenzsituation laufend ändern, ist es vor einer Fernreise unbedingt erforderlich, sich beim Arzt, in einer Apotheke oder bei einem Tropeninstitut nach den aktuellen Impfvorschriften zu erkundigen –am besten einige Monate vor Reiseantritt. Das ist auch eine gute Gelegenheit, wichtige Impfungen, wie Tetanus und Diphtherie, wieder auffrischen zu lassen.

Ausflugsboot im Hafen von Rovinij, Kroatien

4.2.1 Bleiben Sie gesund!

Beherzigen Sie zehn goldene Regeln für die Gesundheit auf Fernreisen und Sie werden Ihren nächsten Urlaub ohne größere Probleme überstehen:

1. Montezumas Rache

Zur Vermeidung von Durchfall sollte man den Kontakt mit der landestypischen Bakterienflora, die unseren Darm durcheinander bringt, meiden. Deshalb ist beim Essen darauf zu achten, nur geschälte oder gekochte sowie industriell fertig abgepackte Lebensmittel zu sich zu nehmen. Niemals rohes Fleisch oder rohen Fisch essen! Nehmen Sie sich den Ratschlag »boil it, peel it or forget it!« (koche es, schäle es oder lass es!) zu Herzen. Deshalb sollte man in den Tropen auch einen großen Bogen um Eiswürfel machen und (auch zum Zähneputzen) nur originalverschlossene Getränke konsumieren. Zur Vorbeugung gibt es Kapseln mit Hefepilzen, die unsere Darmflora stabilisieren (z. B. Perenterol®)

Wie helfe ich mir bei Reiseübelkeit?

Sie tritt oft zusammen mit Durchfall als Folge der ungewohnten Ernährung und fremden Bakterienflora im Reiseland auf. Hilfe verschafft das verschreibungs¬pflichtige MCP®, Paspertin®, pflanzliche Präparate aus der Ingwerwurzel z.B. Zintona® oder Reisetabletten wie Reisegold® oder Vomex®. Letztere helfen auch, wenn man Schiffsreisen oder Autofahren nicht verträgt.
Vom Tauchen ist bei zu starker Dehydratation abzuraten - abgesehen davon, dass man sich bei einer richtigen Reisekrankheit wohl kaum fit genug dazu fühlt. Es ist bei der Einnahme von Medikamenten immer Vorsicht geboten!

»Boil it, peel it or forget it!« – Essen von einem Markt in Thailand

2. Mückenplage
Vor Mückenstichen, die in den Tropen gefährliche Krankheiten wie Malaria und Dengue-Fieber übertragen können, schützt man sich durch Insektenabwehrmittel, lange, weite Kleidung und den konsequenten Gebrauch vor Moskitonetzen – es sei denn, die Räume sind wegen einer Klimaanlage »mückensicher«.

Malaria-Prophylaxe

Malaria wird durch den Stich infizierter Anopheles-Mücken übertragen und äußert sich in mehr oder weniger regelmäßigen Fieberschüben. Es gibt keine Impfung, aber die Möglichkeit der Vorbeugung durch Medikamente. Je nach Reiseland ist die Empfindlichkeit der Erreger unterschiedlich – also bitte genau beim Arzt oder Apotheker nach der richtigen Prophylaxe erkundigen, die zum Teil eine Woche vor Reiseantritt bis vier Wochen nach der Heimkehr geschluckt werden muss. Für viele Reiseziele reicht auch eine so genannte »Stand-By«-Medikation aus, die bei einem unklaren Fieberschub sofort eingenommen wird.
Der beste Schutz ist natürlich darüber hinaus, gar nicht erst gestochen zu werden. Da die übertragende Mücke vor allem in der Dämmerung und Nacht aktiv ist, bieten sich lange, weite Kleidung und der Gebrauch von Mückenschutzmitteln sowie Moskitonetzen an. Wichtig: Auch bei Fieberanfällen nach einer Fernreise besteht Malariaverdacht, bis der Arzt dies durch einen Bluttest ausgeschlossen hat!

3. Niemals im Süßwasser baden!
In den Tropen können die Erreger der gefährlichen Bilharziose, die sich in einer Süßwasserschnecke vermehren, auf ihre Opfer warten.

4. Vermeide Barfußlaufen!
Beim Barfußlaufen können sich verschiedene Erreger, wie Wurmlarven, durch die ungeschützte Haut bohren. Die Gefahr besteht vor allem im Inland, nicht am Strand!

5. Respektiere die Tropensonne!
Im Urlaub sollte man sich unbedingt vor der Sonne schützen, um einem Sonnenstich oder -brand vorzubeugen. Besser und gesünder bräunt es sich im Schatten!

6. Viel Schwitzen ist ungesund!
Gegen die Austrocknung durch ungewohntes Schwitzen muss man in heißen Ländern unbedingt viel trinken und Mineralien durch fertige Elektrolytpräparate zuführen. Das ist vor allem vor Tauchgängen wichtig, um das DCS-Risiko zu verringern.

7. Tollwutgefahr!
Nähern Sie sich wegen der erhöhten Tollwutgefahr in den Tropen niemals streunenden Tieren – sind sich auch noch so niedlich!

8. Zu Hause liebt es sich besser!
Sexuelle Kontakte sind wegen hoher Durchseuchung mit Aids, Hepatitis und anderen Geschlechtskrankheiten in exotischen Ländern höchst riskant!

9. Jetlag
Das beste Mittel gegen Jetlag ist, sich schnell dem neuen Tagesrhythmus anzupassen (siehe auch: Tauchen und Fliegen).

10. Klima
Bei ungewohnter Klimabelastung sollte man die Aktivitäten im Urlaub nicht übertreiben. Wie wäre es mit einer Mittags-Siesta für den geschundenen Kreislauf?

Wenig Platz, viel Sonne und ein schwankendes Schiff: Nicht gerade die besten Voraussetzungen für entspanntes Tauchen!

4.2.2 Reise-Apotheke für Taucher

Natürlich braucht der Taucher auch im Urlaub alle Dauermedikamente (Blutdrucktabletten, Pille usw.) wie zu Hause auch.
Es sind einige weitere Sachen unentbehrlich für die Reiseapotheke – aber die folgende Aufzählung ist nur als Vorschlag zu verstehen: Wer z. B. zuhause oft Augentropfen braucht, sollte diese auch im Urlaub dabeihaben. Dafür kann er vielleicht auf die Magentabletten verzichte.

Tauchen und Medikamente?

Grundsätzlich können natürlich viele Medikamente den Taucher beeinflussen – positiv wie negativ. Wer also regelmäßig Arzneimittel einnehmen muss, sollte deren Eignung unbedingt mit dem Arzt absprechen – spätestens bei der Tauchtauglichkeitsuntersuchung!
Und was kann der Taucher bei einer unvorhergesehenen Erkrankung im Urlaub schlucken? Dazu sollten wir bedenken, dass die größte Gefahr von einer Beeinflussung der Reaktionszeit beim Tauchen ausgeht. Unter Wasser kann eine falsche Reaktion durch einen benommenen Taucher schnell gefährlich werden!
Guter Tipp: Im Beipackzettel prüfen, ob da der Hinweis auf verminderte Fahrtüchtigkeit steht. Das kann dann auch eine – natürlich individuell unterschiedliche – Beeinträchtigung beim Tauchen nach sich ziehen!

Das ist unentbehrlich:

○ Dauermedikamente in ausreichender Menge, am besten im Handgepäck transportieren!

○ Desinfektionsmittel (z. B. Octenisept®) und Verbandmaterial für kleinere Verletzungen

○ Mittel gegen Durchfall, vor allem in exotischen Ländern mit anderer Bakterienflora wichtig; z. B. Tannacomp® oder Imodium® (stark, aber beim Tauchen mit Vorsicht zu genießen!). Zum Vorbeugen, also zum Stabilisieren der eigenen Darmflora empfiehlt sich z. B. Perenterol®.

○ Schmerzmittel, z. B. Aspirin® oder Paracetamol ratiopharm®

○ Nasentropfen, die abschwellend wirken, z. B. Nasivin® – für den Druckausgleich im Flugzeug. Beim Tauchen absolut tabu!

○ Ohrentropfen, z. B. Otalgan® gegen eine schmerzhafte Außenohrentzündung, mit der man natürlich nicht mehr tauchen darf!

Je nach individuellem Bedarf:

○ Mittel gegen Reiseübelkeit z. B. für Schiffstouren. Aber: Vorsicht beim Tauchen!

○ Lutschtabletten gegen Halsschmerzen

○ Hustenmittel. Tipp: Lutschtabletten mit dem Wirkstoff Ambroxol helfen auch gegen Halsschmerzen

○ Kautabletten, die die Magensäure neutralisieren – gut für einen empfindlichen Magen, der leicht auf ungewohntes Essen reagiert!

○ Augentropfen gegen Bindehautentzündung

○ Antiallergische Tabletten (helfen auch gegen Sonnenallergie!)

○ Abführmittel

○ Magnesium- (Brause-) Tabletten mindern die Krampfgefahr vor allem bei hohem Flüssigkeitsverlust durch starkes Schwitzen in tropischen Ländern.

Des Taucher´s Ohrentropfen

Diese Ohrentropfen desinfizieren und schmieren den Gehörgang, so dass man sich auch nach vielen Tauchgängen nicht so leicht eine Entzündung einholen kann – was im schönsten Traumtauchgebiet zum Abbruch aller Tauchaktivitäten führt! Lassen Sie sich diese Ohrentropfen in einer Apotheke mischen und spülen Sie die Ohren damit nach jedem Tauchgang. Das hilft!

- 10 ml Ethanol 70%
- 10 ml Glycerol 35%
- 5 Tropfen Eisessig

in einer Pipettenflasche

Manta im Gegenlicht (Foto: Gaby Nenadal)

4.3 Die gute Tauchbasis

Was bedeutet das eigentlich: Wann ist eine Tauchbasis »gut«?
Wenn der braungebrannte Tauchlehrer mit dem südländischen Akzent meine Freundin besonders gut betreut? Wenn ich den Tauchgang ohne DCS überstehe?
Wer schon einmal im Ausland tauchen war, weiß, wie unterschiedlich das Tauchen bei verschiedenen Tauchbasen sein kann. Leider gibt es (noch) keine Qualitätskontrolle für Tauchanbieter oder einen »Tauchbasis-TÜV«. Der tauchende Kunde muss sich wohl oder übel selbst eine Meinung zu den Tauchbasen im Urlaub bilden.
Zum Teil ist die Auswahl und auch der Konkurrenzkampf an einigen Urlaubsorten so groß, dass es einige Kriterien braucht, um die »Spreu vom Weizen zu trennen«. Hier ist eine kleine Aufstellung an Überlegungen vor Ort, wenn man gut betreut werden möchte und Wert auf Sicherheit beim Tauchen legt:

○ Der Tauchlehrer / die Tauchbasis-Leitung befragt mich ausführlich bei der Anmeldung über meine Taucherfahrung, prüft mein ärztliches Attest und mein Logbuch, um mich als Taucher richtig einschätzen zu können.

Tauchbasis auf der Malediveninsel Eriyadu

○ Hier geht man auf meine Wünsche ein. Es gibt Tauchmöglichkeiten / -ziele für alle Leistungsstufen.

○ Hier wird in kleinen Gruppen getaucht. Jede Gruppe hat einen eigenen Tauchlehrer oder Tauchguide.

○ Die Tauchbasis hat eine große Auswahl an Leihausrüstungen und Tauchzubehör. Diese sind gut gepflegt und in tadellosem Zustand. Die Tauchflaschen sind nicht rostig.

○ Die Ausrüstungsverteilung klappt reibungslos, die Basis ist gut organisiert.

Übrigens...
...wenn Sie mit der Leihausrüstung unzufrieden sind, sagen Sie es der Basisleitung sofort. Immerhin sind Sie der Kunde und bezahlen für die Ausrüstung! Nach Übernahme der Leihausrüstung ist man für die Ausrüstungsteile verantwortlich. Man behandelt sie so sorgfältig, wie seine eigenen. Der nächste Taucher möchte auch eine intakte Ausrüstung vorfinden. Melden Sie deshalb mögliche Schäden immer gleich nach Empfang, um später bei der Abgabe Ärger und Schwierigkeiten zu vermeiden!

○ Der Kompressor zum Flaschenfüllen ist vorschriftsmäßig aufgestellt. Wichtig: Die Ansaugöffnung für Atemluft ist ausreichend weit vom Kompressor entfernt und kann keine Abgase oder Schadstoffe ansaugen.

○ In der Tauchbasis werde ich vor der Ausfahrt ausführlich informiert: Wohin geht der Tauchausflug? Wie groß ist die Gruppe? Wie soll das Verhalten beim Tauchen sein? Wie läuft der Tauchausflug organisatorisch ab?

○ Die Tauchbasis hat freundliches Personal und gut ausgebildete Tauchlehrer, die auf die individuellen Erfahrungsstufen der Gäste eingehen. Hier herrscht keine »Massenabfertigung«.

○ Die Basis bietet eine solide Tauchausbildung. Die Tauchlehrer sprechen Deutsch oder gutes Englisch. Hier kann man auch weiterführende Prüfungen ablegen. Die Tauchbasis ist Mitglied in einem großen Verband und bildet nach internationalen Richtlinien aus.

○ Die Tauchbasis unterhält ein oder mehrere ordentliche Tauchboote (inkl. entsprechender Sicherheitsausstattung). Hier gibt es genügend Plätze im Schatten. Bei längeren Tauchausflügen gibt es an Bord etwas zu essen. Das Boot führt reichlich Getränke mit.

○ Die Tauchbasis achtet auf Sicherheit beim Tauchen (keine Dekotauchgänge, keine Tieftauchgänge, nie Tauchen in der Reserve, immer Austauchstopp).

○ Die Tauchgruppen werden sinnvoll eingeteilt. Nicht: Ein Anfänger unter einer Gruppe Tieftauchern.

○ Nach dem Tauchen nimmt man sich Zeit für eine gemeinsame Nachbesprechung. Anfänger werden auf Fehler aufmerksam gemacht.

Zu viel? Ich weiß, dass es gerade am Anfang sehr schwer ist, eine richtige Auswahl zu treffen. Scheuen Sie sich aber nicht, bei groben Verstößen gegen die Sicherheit das Personal darauf aufmerksam zu machen und wenn nötig die Tauchbasis am Urlaubsort zu wechseln. Schließlich sind Sie der zahlende Kunde!

Wie erkennt man einen guten Tauchguide?

Ein kompetenter Tauchguide befragt mich vor dem Tauchen ausführlich nach meiner Taucherfahrung und lässt sich das Logbuch zeigen, um mich richtig einschätzen zu können. Er gibt eine ausführliche Sicherheitseinweisung an Bord und führt ein ausführliches Tauchgangs-Briefing durch. Jedem in der Gruppe wird ein eigener Tauchpartner zugewiesen. Er checkt vor dem Tauchgang jeden Taucher und dessen Ausrüstungsteile am Körper. Er passt die Schwierigkeit des Tauchganges den Erfahrungen der Taucher an. Er überprüft jeden neuen Mittaucher beim ersten Mal unter Wasser durch einen »Check-Dive«. Beim Tauchen kümmert er sich individuell um die Mittaucher, achtet auf die Sicherheit und hat immer alle Taucher im Blick. Er taucht umsichtig, ist kein Draufgänger.
Er zeigt der Tauchgruppe Besonderheiten unter Wasser (Muräne, Nacktschnecke, seltene Koralle...). Aber er kümmert sich auch um den Umweltschutz, lässt nicht am Riff ankern, achtet auf das Tauchverhalten der Gruppe (Beschädigung von Korallen...) und lässt nicht zu, dass Müll ins Meer geworfen wird.

Übrigens...
...schon der erste Eindruck zählt: Wirkt der Tauchlehrer besonnen und kompetent oder prahlt er schon an Land mit seinem Können? Fragen Sie ruhig vor dem Tauchen den Tauchbegleiter nach dessen Erfahrung und Qualifikation (Tauchlehrerstufe). So manch ein »Meistertaucher« entpuppt sich dann als Basishelfer ohne Ausbilder-Lizenz.

Einen erfahrenen Tauchlehrer erkennt man oft erst im Gespräch.

4.4 Tauchen im Ausland

Wie und wo buche ich einen Tauchurlaub? Wie melde ich mich zum Tauchen an, wenn ich im Urlaub bin? Was brauche ich alles, um Tauchen zu dürfen?
Das sind die Fragen, die einen Einsteiger in den Tauchsport bewegen, wenn er seine erste große Tauchreise plant.

Wie bekomme ich Informationen über mein Urlaubsziel?
Das ist meist der schwierigste Teil der Planungsphase – die Entscheidung über das geeignete Ziel zu treffen. Ganz abgesehen vom eigenen Geldbeutel und der Urlaubszeit, die mir zur Verfügung steht, muss ich aus den unzähligen Möglichkeiten »mein Tauchziel« aussuchen.

Die klassische Methode ist das Reisebüro. Gerät man an den richtigen, qualifizierten Mitarbeiter und hat auch genügend Zeit, kann man hier alle wertvollen Informationen auf einfache Weise bekommen. Leider ist nicht jeder Mitarbeiter eines Reisebüros auch Taucher. Er kann die individuellen Bedürfnisse und Besonderheiten für diesen Sport gar nicht kennen.

Endlich Urlaub!

TIPP: Vorsicht Schnäppchen!
Unabhängig von der Preispolitik der Reiseveranstalter, saisonabhängiger Auslastung der Flüge und Last-Minute-Angeboten sollte man jedes noch so verlockende Angebot kritisch prüfen. Nicht selten saßen Urlauber im falschen Monat auf einer Tropeninsel zur Monsun- oder Hurrikanzeit und konnten wegen heftiger Stürme nicht tauchen!

Wer den Segen der modernen Kommunikation sein Eigen nennen kann, hat mit dem Internet eine wahre Fundgrube an Informationen. Das Schwierige ist nur, diese auch zu finden. Unter den vielen Millionen Seiten im Netz, kann das schnell zu einer Stecknadel-Suche im Heuhaufen ausarten. Der geübte Anwender nutzt dazu Suchmaschinen, die mit Stichworten gefüttert nach dem gewünschten Thema forschen. Ich versuche oft anhand von Reiseberichten und Kritiken in Foren mir ein Urteil über mein geplantes Ziel zu fällen. Für alle ohne Internet-Zugang sei der Weg in das nächste Internet-Cafe empfohlen. Dort kann man in aller Ruhe, gegen eine zeitabhängige Gebühr, seine Urlaubs-Recherche durchführen.

Zusätzlich gibt es in Fachbüchern, Reiseführern und Zeitschriften (z. B. »Atlantis«, »Tauchen« oder »unterwasser«) eine Fülle an Informationen. In der Regel geben die vielgereisten Autoren ihr Wissen mit vielen Insider-Tipps und Empfehlungen weiter.

Meist findet man in örtlichen Tauch-Clubs und Tauch-Shops immer bereitwillige Urlaubstaucher, die gerne von ihren Erfahrungen berichten und den einen oder anderen Ratschlag parat haben. Je größer der Verein, umso größer ist die Chance einen Taucher zu treffen, der schon einmal an dem geplanten Reiseziel war. Fragen kostet nichts.

Wie komme ich zum Tauchen?
In den Urlaubsländern gibt es in fast allen Städten an der Küste Tauchbasen, mit denen man Tauchausflüge unternehmen kann. Man sollte dann nur Tauchbrevet, Logbuch und ärztliches Attest dabei haben. Hier gibt es in aller Regel auch komplette Tauchausrüstungen zu leihen. Keine Sorge – die Basen machen am Urlaubsort genug Werbung, so dass man diese gar nicht verfehlen kann.
Wer auf Nummer Sicher gehen will, bucht am besten zu Hause gleich eine komplette Tauchreise. Entweder bei speziellen Tauchreiseveranstaltern oder im Reisebüro einen Pauschalurlaub mit »Tauchpaket«. Der Vorteil hierbei ist, die Tauchgänge sind meist billiger als am Urlaubsort und man hat eine »Tauchgarantie«. Sollte es im Urlaub Schwierigkeiten mit dem Tauchen geben, kann man den Reiseveranstalter später in Regress nehmen.
Der Nachteil aber ist, dass die Tauchgänge schon vorher bezahlt werden und verfallen können. Schon eine heftige Reiseübelkeit oder Ohrenprobleme können das Tauchen leicht eine Zeit lang verhindern.

Wie mache ich einen Tauchschein?

Zuallererst steht die Gesundheit im Vordergrund. Ohne tauchsportärztliches Attest darf niemand bei einer verantwortungsbewussten Basis tauchen oder eine Ausbildung beginnen. Dieses muss vor der Ausbildung von einem HNO-, Taucherarzt oder Überdruck-Mediziner bescheinigt werden.

Für einen Tauch-Grundschein genügen in der Regel ein bisschen körperliche Fitness und eine solide Schwimmfähigkeit. Bei allen Verbänden wird der Tauchschein grundsätzlich dreigeteilt: Theoretischer Unterricht mit schriftlicher Prüfung, Schnorchelausbildung mit praktischer Prüfung ohne Pressluftgerät und Gerätetauchausbildung inkl. Prüfung im Freigewässer. Achten Sie darauf, den Schein bei einem Verband zu machen, der auch international anerkannt ist. Mit einem »Exoten«-Tauchschein kann man unter Umständen später nicht viel anfangen. Mit PADI, CMAS oder SSI sind Sie auf alle Fälle auf der sicheren Seite!

Dazu gibt es mehr in Kapitel 6.

Tauchschein im Urlaub oder zu Hause?

Beides hat Vor- und Nachteile. Im Urlaub hat man unbestritten das schönere Tauchgewässer und die bessere Sicht. Hier kann man die Sache viel motivierter angehen und sieht schneller Erfolge. Doch leider ist in vielen Fällen die Ausbildung bei den Urlaubs-Tauchbasen zu kurz. In der knappen Zeit kann nur das Notwendigste vermittelt werden.

Zu Hause kann man sich dagegen in aller Ruhe einen Tauchverein suchen, der auch ausbilden darf, oder geht in den nächsten Tauchladen. Meist werden regelmäßig Kurse angeboten, die Theorie-Unterricht, Schwimmbad-Training und Freigewässerausbildung beinhalten. Nur hat man jetzt über einen längeren Zeitraum regelmäßige Termine, die mit Schule oder Beruf vereinbart werden müssen.

Die letzten Theorie-Lektionen vor dem Tauchen...

Wer Wert auf Sicherheit legt und gut ausgebildet werden möchte, kann die Ausbildung auch splitten: Daheim bei einem Verein oder Tauch-Shop beginnt man mit Theorie und Schwimmbadtraining. Die geprüften Module lässt man sich bestätigen und nimmt alle Unterlagen mit in den Urlaub. Dort braucht man dann nur noch die Freigewässer-Tauchgänge ablegen. So ist man bestens vorbereitet und hat Spaß im Meer. Sehr oft bieten heimische Tauch-Shops diese Kombination direkt schon an. Erkundigen lohnt sich!

4.5 Liveaboard – Tauchen vom Boot

Als Liveaboard oder »Leben an Bord« werden Tauchsafaris bezeichnet, bei denen man für ein paar Tage zwischen verschiedenen Tauchgebieten kreuzt, an Bord lebt, schläft und isst.
Viele dieser Tauchsafari-Boote sind speziell für diesen Zweck gebaut und haben meist mehrere Doppel-Schlafkabinen, Aufenthaltsräume und viel Platz an Deck. Für Taucher findet man eine entsprechende Plattform zum Ein- und Ausstieg, einen Nassbereich zum An- und Ausziehen, Stauraum für die Ausrüstung, jede Menge Pressluftflaschen und einen Kompressor. Ein typisches Tauchboot ist 30 bis 40 m lang und kann etwa 10 bis 20 Taucher versorgen. Die Boote sollten nach internationalen Sicherheitsstandards gebaut und mit Rettungswesten, Signalmittel, Funk, GPS, Feuerlöscher, Erste-Hilfe-Material und Sauerstoff ausgestattet sein. Zum Personal an Bord gehörten der Kapitän (der hat immer das Sagen), die Mannschaft, Küchenpersonal und die Tauchguides.

Wer sich für eine solche Tour entschließt, sollte sich zu Anfang ein paar Gedanken machen:

- Wer schnell seekrank wird, für den ist eine längere Fahrt womöglich eine Tortur!
- Sie dürfen keine Angst vor Enge und Nähe zu (fremden) Menschen haben. An Bord haben Sie kaum Privatsphäre und wenig Platz sich zurückzuziehen.
- An Bord ist man nur eingeschränkt bewegungsfähig. Vergessen Sie Ihren täglichen Dauerlauf!
- Außer Tauchen gibt es wenige Aktivitäten an Bord. Nicht umsonst heißt es unter Bootstauchern: »Eat, sleep and dive«.
- Bekommen Sie leicht einen »Gruppenkoller«? Dann achten Sie auf eine homogene Gruppe an Bord. Nicht selten potenzieren sich kleine Ärgernisse zu einem handfesten Streit.
- Es gibt wenig Platz für den Einzelnen an Bord. Es ist oft schon schwierig, sein Gepäck in den kleinen Kabinen zu verstauen. Ordnungsliebhaber werden hier verzweifeln!
- Durch den begrenzten Wasservorrat heißt es oft Wassersparen an Bord. Sie müssen dann die tägliche Dusche auf ein Minimum reduzieren.

Seekrankheit? Das muss nicht sein!

Sind Sie auch ein Betroffener? Machen Sie sich keine Gedanken. Die Anfälligkeit gegen schwankende Schiffe ist erstens individuell verschieden und zweitens von der Tagesform abhängig. Während wir Ersteres natürlich nicht beeinflussen können, liegt das Andere sehr wohl in unserer Hand. So ist es ratsam, am Abend vorher nicht so feuchtfröhlich und lange zu feiern und nur ein leichtes, fettarmes Frühstück zu sich zu nehmen. Kommt es trotzdem an Bord zu Übelkeit, kann es helfen, in der Bootsmitte zu sitzen und ein starres Objekt – wie eine nahe gelegene Insel – oder den Horizont zu fixieren. Ziehen Sie nicht zu früh den Neoprenanzug an, vermeiden Sie langes Herumbauen an der Ausrüstung und natürlich sollte man sich aus der prallen Sonne zurükkziehen. Spätestens nach dem Abtauchen geht die Übelkeit meist sowieso vorbei.

Für Taucher uneingeschränkt taugliche Medikamente gegen Seekrankheit sind die pflanzliche Ingwerwurzel (Zintona®) sowie Homöopatika (Nux-vomica D4). Dagegen sind die klassischen Reisetabletten und Kaugummis wegen der zentralen Dämpfung der Gehirntätigkeit und Verlängerung der Reaktionszeit beim Tauchen mit Vorsicht zu genießen. Was auch hilft – aber nicht offiziell gegen Seekrankheit zugelassen ist – ist das verschreibungspflichtige MCP®.

Sollte gar nichts mehr helfen und es unter Wasser zum Schlimmsten kommen, beherzigen Sie eines: Man kann durch den Automaten brechen! Lassen Sie die zweite Stufe im Mund, damit es auf keinen Fall zu Luftmangel oder Wasser-Aspiration kommen kann!

Wenn das Meer zu rau ist, hilft nur noch abtauchen!

Wer diese kleinen Einschränkungen hinnehmen kann, wird bei einer Tauchsafari selten enttäuscht werden. Man erreicht noch relativ unberührte Tauchgebiete fernab vom Massentourismus. Kein Flaschenschleppen und kein Ausrüstungspacken vor und nach dem Tauchen. An Bord steht alles bereit und ist meist fertig montiert. So heißt es direkt nach dem Aufstehen: »Early Morning Dive«, bevor man sich an den fertig gedeckten Frühstückstisch auf dem Sonnendeck setzt.

Reisebericht: Kreuzfahrt mit der Hammerhead I im Ari-Atoll

»It´s a man´s dive«, sagt Achmet breit grinsend, als er nach dem Strömungs-Check sein Briefing beginnt. Er meint damit die heftige Strömung am »Emas Thila«, einem Manta Point im Ari-Atoll. Wir verbringen nun eine Woche auf der Hammerhead I und wollen die besten Tauchplätze des Ari-Atolls erkunden. Das Taucherboot wurde 1994 in Dienst genom-

Das Leben an Bord eines Tauchschiffs: Essen, schlafen, tauchen

men und 1999 komplett umgebaut. Auf den ersten Blick wirkt die Hammerhead I mit 21 Meter Länge und sechs Meter Breite etwas klein. Das Boot ist aber für zehn Personen in fünf Doppelkabinen großzügig ausgelegt. Jede Kabine ist mit eigener Toilette und einer einfachen Dusche ausgestattet. Eine 3-fach-Steckdose nach deutscher Norm liegt zum Laden der UW-Lampen in jeder Kabine. Hervorragend!
Nicht, dass wir die Kabinen oft benutzt hätten. Die meiste Zeit waren wir auf Deck, denn die maledivischen Nächte auf dem Wasser genießt man am besten im Freien. Auch dafür ist auf der Hammerhead gesorgt: Für jeden Passagier liegen Matratzen bereit, um die Nacht auf Deck zu verbringen. Selten habe ich so einen traumhaften Sternenhimmel gesehen. Ich mochte am liebsten gar nicht einschlafen.
Wie die Heinzelmännchen werkelt die Mannschaft die ganze Zeit fast unbemerkt im Hintergrund, während wir unseren Aufenthalt genießen. Die Betten werden in unserer Abwesenheit beim Tauchen gemacht, die Bäder geputzt. Kaum ist man vom Tauchgang zurück, wird das Essen oder Kaffee und Kekse serviert. Überhaupt ist man an Bord sehr bemüht, dem Gast den Urlaub so angenehm wie möglich zu machen. Zudem ist das Essen lecker und abwechslungsreich. Der Kompressor ist auf einem separaten Dhoni untergebracht, das uns die ganze Zeit begleitet. Gefüllt wird ausnahmslos in ausreichender Distanz zur Hammerhead, damit die Urlaubsruhe ja nicht gestört wird. Das Dhoni bringt uns dann auch drei- bis viermal täglich zu den Tauchstellen und pickt uns wieder auf.
Selbstverständlich auch hier mit dem »Hammerhead«- Full-Service:
Die Mannschaft hilft beim Anziehen, beim Ein- und Ausstieg. Ich möchte gar nicht mehr an den heimischen See denken, wenn ich meine Pressluftflasche vom Auto bis zum Ufer selber schleppen muss! Und die Wassertemperatur von 28°C lassen Deutschland kaum vermissen!
»No current - no fun!«, ergänzt Achmet sein Briefing noch breiter grinsend und kündigt uns im selben Atemzug Mantas an. Wie er versprochen hat (und er hatte meistens Recht), machten wir einen herrlichen Tauchgang an einer Manta-Putzerstation und beobachteten fasziniert die eleganten Fische, bis uns der Luftvorrat zur Neige ging.

Üblicherweise sind bei Buchung einer Tauchsafari ein Bett in einer Doppelkabine, Vollverpflegung, Getränke zum Essen (meist Wasser, Tee und Kaffee) sowie drei oder mehr Tauchgänge am Tag beinhaltet. Blei ist immer genug an Bord; Leihausrüstung mit Einschränkung – da sollte man sich vorher informieren.

Malediven-Kreuzfahrt mit der Hammerhead I

Was soll ich an Bord mitbringen?
Auf alle Fälle brauchen Sie eine komplette persönliche Tauchausrüstung. Sollten Sie keine eigene haben, kann meist bei der angeschlossenen Tauchbasis das entsprechende Equipment vor Abfahrt zusammengestellt werden. An Bord gibt es i. d. R. keine Leihausrüstung, so dass man gründlich seine Sachen vor dem Ablegen checken sollte. Nichts ist ärgerlicher, als eine vergessene Flosse oder Tauchermaske bei einer Mehrtages-Tour.

Für das Leben an Bord brauchen Sie so gut wie keine Kleidung. Da man ohnehin den ganzen Tag taucht und die Zeit dazwischen im Badeanzug verbringt, tun es meist wenige leichte Kleidungsstücke. Denken Sie aber an einen Windschutz (auch für die Ohren), da es mit einer ständigen Brise auf dem Meer auch recht frisch werden kann. Viele Veranstalter werben mit »Air Condition« in den Gemeinschaftsräumen. Ich habe dann immer einen warmen Pullover dabei, da es dort oft empfindlich kalt ist.

Wichtig an Bord ist ein ausreichender Sonnenschutz: Der Hut oder eine Cap gegen Sonnenstich, eine Sonnenbrille und genügend Sonnencreme (mit hohem Lichtschutzfaktor).
Denken Sie auch daran, dass es an Bord keine Läden gibt und man nichts

nachkaufen kann. An einen Vorrat von Filmen, Bonbons, Taschentüchern und Büchern für den persönlichen Bedarf muss schon vorher gedacht werden!

TIPP: *Eine Packung Bonbons im Gepäck wirken nach dem salzigen Meerwasser-Geschmack Wunder! Ich habe noch keinen Mittaucher erlebt, der diesen süßen Genuss danach abgelehnt hat.*

Essen und Getränke gibt es meist reichlich an Bord, wobei Bier und andere Alkoholika normalerweise zusätzlich bezahlt werden müssen.

Übrigens...
... denken Sie daran, an Bord viel zu trinken! Durch die vielen Tauchgänge, das Salzwasser und den ständigen Aufenthalt in der Sonne trocknet der Körper viel schneller aus. Bei Dehydration steigt das Risiko einer Dekompressionskrankheit (DCS) beim Tauchen erheblich!

Gibt es Grundregeln zum richtigen Verhalten an Bord?
Üblicherweise startet eine Tauchsafari mit einer ausführlichen Einweisung über das Verhalten und Sicherheitsregeln an Bord. Oberster und wichtigster Grundsatz auf allen Booten und Schiffen ist:

Umziehen im Tauch- Dhoni: Ordnung und Rücksichtnahme sind gefragt, wenn es etwas enger zugeht!

Der Kapitän hat das Sagen! Seinen Anweisungen sind immer Folge zu leisten, da er für die Sicherheit von Besatzung und Schiff verantwortlich ist!

Ich habe hier ein paar allgemeine Regeln zusammengestellt, die für das Tauchen vom Boot aus hilfreich sind und allgemeine Gültigkeit haben:

- Verhalten Sie sich kameradschaftlich, rücksichtsvoll und hilfsbereit. So wird das Zusammenleben an Bord für alle einfacher und man erspart sich unnötigen Ärger.
- Halten Sie sich grundsätzlich von

Fit fürs Ausland Teil 2 – Wie mache ich mich verständlich?

Kennen Sie das? Der Guide an Bord des Tauchbootes in der Karibik reicht uns einen 80 Cubicfeet Tank und erläutert im Briefing, dass wir spätestens bei 1500 psi Flaschendruck ein Zeichen geben sollen. Maximale Tiefe ist 100 feet. Dann fragt er, wie viel Blei in Pound wir üblicherweise so brauchen und erklärt freudestrahlend, dass das Wasser heute 82 Fahrenheit warm ist...

Alles verstanden? Leider müssen wir uns im amerikanischen Raum an andere Einheiten und Größenbezeichnungen gewöhnen, so dass eine kleine Umrechnungstabelle im Tauchgepäck notwendig ist. Oder Sie merken sich meine Eselsbrücken – also ungefähre Umrechnungsfaktoren für den Hausgebrauch:

1 foot (ft) = 30,48 cm
Merke: Ein foot sind ungefähr ein Drittel Meter

1 pound (lb) = 0,453 kg
Merke: Ein pound sind etwas weniger als ein halbes Kilo

1 pound-per-squareinch (psi) = 0,069 bar; 1 bar = 14,5 psi
Merke: 100 psi sind ungefähr 7 bar
Bei 3000 psi (= 210 bar) ist ein PTG voll gefüllt

1 cubic feet (cft) = 28,32 Liter
Flaschengrößen werden nach dem Luft-Fassungsvermögen angegeben:
80 cft = 2266 Liter (Luft) entspricht etwa einem 11-Liter-PTG (bei 200bar)
Merke: 80 cft tank = 11-l-PTG; 100 cft tank = 14-l-PTG

Celsius = 5/9 (Fahrenheit - 32)
Merke: Halbiere die Fahrenheit-Temperatur und ziehe 14 ab
Das ist für warme Regionen ausreichend genau!

allen Einrichtungen fern, die zum Betrieb des Bootes dienen, wie Motor, Anker und Seile.

○ Bleiben Sie bei Sturm oder schwerer See auf den Ihnen zugewiesenen Plätzen sitzen.

○ Halten Sie Ihre Ausrüstung möglichst zusammen und lassen Sie keine Teile auf Deck herumliegen.

○ Pressluftflaschen gehören immer gesichert in die speziellen Halterungen an Bord.

○ Wenn Sie sich auf einem schwankenden Schiff bewegen, sollten Sie immer mit wenigstens einer Hand Halt suchen!

○ Wer zwischen den Tauchgängen schwimmen oder schnorcheln gehen möchte, sollte sich vorher bei der Crew abmelden. Vorsicht in der Nähe der Schiffsschraube!

Tauchsafari im Roten Meer (Foto: Kay Graf)

Tauchen vom Boot aus

Auch hierzu wird ein gründlicher Tauchguide ein paar Worte vor dem ersten Tauchgang verlieren. Je nach Art des Bootes wird er eine Einstiegstechnik empfehlen: Den Schrittsprung oder das Tauchgerät im Wasser anziehen. Nach dem Sprung ins Wasser wird dann ein »Alles O.K.«- Zeichen erwartet, das üblicherweise durch einen Arm zum Kopf oder beide Arme über dem Kopf gebildet wird.

Bei starkem Seegang oder Strömung sammeln sich die Taucher meist zuerst an der Wasseroberfläche am Ankerseil oder an der Boje, bevor sie gemeinsam am Anker- oder Bojenseil langsam abtauchen.

Der Einstieg über die Badeleiter zurück in das schwankende Boot kann etwas schwierig sein. Achten Sie auf Ihre Finger – hier kann man sich leicht quetschen – und lassen Sie den Automaten bis zuletzt im Mund. Sollten Sie abrutschen und ins Wasser zurück eintauchen, haben Sie noch sicher Luft. Der Ausstieg erfolgt immer in Ruhe der Reihe nach. Halten Sie Abstand, wenn vor Ihnen jemand an Bord klettert, er kann jederzeit zurückstürzen!

Wie sichere ich mich gegen unbemerktes Abtreiben ab?

Bleiben Sie immer dicht bei der Gruppe und achten Sie bei starker Strömung auf den erfahrenen Tauchguide. Nehmen Sie zum Tauchen grundsätzlich Seenot-Signalmittel mit: die einrollbare Signalboje, die Inflator-Tröte oder Signalraketen. Sie sind gut im Jacket zu verstauen und helfen im Fall der Fälle, sich auf hoher See bemerkbar zu machen!

Übrigens...

...zu diesem umfangreichen Gebiet bieten z. B. PADI und SSI jeweils Spezialkurse »Bootstauchen« (Specialty »Boat Diver«) an, die Themen wie Verhalten bei starkem Seegang, Sicherheit am Tauchplatz, Lagerung der Ausrüstung und allgemeine Bootskunde beinhalten.

Denken Sie an das Trinkgeld!

Es gibt bei einer Bootstour jede Menge Helfer an Bord. Es wird gekocht, geputzt, bedient und Flaschen gefüllt. Oft wird sogar die Ausrüstung montiert und nach jedem Tauchgang gespült. Denken Sie an das Trinkgeld als Dankeschön. Vor allem in der Karibik oder in Asien lebt die Mannschaft oft davon. Rechnen Sie etwa mit üblicherweise 10% des Reisepreises (ohne Flug) als zusätzliches Trinkgeld, das dann auf die Besatzung aufgeteilt wird.

Was heißt eigentlich…

An Bord herrschen nicht nur eigene Regeln, es gibt auch eine ganz andere Sprache, mit der man als Neuling konfrontiert wird. Hier sind die wichtigsten Ausdrücke aus dem »Seemanns-Jargon«, die Sie kennen sollten:

Achtern	Hinten
Backbord	In Fahrtrichtung »links«
Backskiste	Verstauraum im/auf dem Boot
Bilge	Tiefster Punkt im Rumpf
Bug	Vorderer Teil des Bootes
Deck	Freifläche im Boot
Ducht	Sitzbank im Boot
Freibord	Geringste Höhe der Bordwand über der Wasserlinie
Heck	Hinterer Teil des Bootes
Kajüte	Abgeschlossener Wohnraum
Koje	Bett / Schlafplatz
Kurs	Richtung, in die ein Boot fährt
Lee	Wind / Strömung abgewandte Seite
Luv	Wind / Strömung zugewandte Seite
Niedergang	Treppe
Plicht / Cockpit	Offener Aufenthaltsraum an Deck
Querab	Rechtwinklig zur Seite
Ruder	Das Steuer auf Schiffen
Rumpf	Bootskörper
Steuerbord	In Fahrtrichtung »rechts«
Steuerrad / Pinne	Gerät zum Legen des Ruders
Tampen	Seil

Bootsgeschwindigkeit in Knoten

Begibt man sich an Bord eines Bootes oder Schiffes, wird man zwangsläufig mit dem Begriff »Knoten« konfrontiert, der die Geschwindigkeit des Bootes angibt. Diese wurde früher mit dem seemännischen »Handlog«, einer Leine mit regelmäßigen Knoten-Markierungen, gemessen. Da in der Seefahrt die Entfernung in Seemeilen angegeben wird, bezieht sich auch die Geschwindigkeit (Fahrt) auf diesen Wert.

Legt man in einer Stunde genau eine Seemeile zurück, so macht das Schiff eine Fahrt von einem Knoten. Zu beachten ist dabei aber, dass hiermit die Relativgeschwindigkeit zum Wasser angegeben wird, nicht die Fahrt über Grund!

1 Knoten = 1,85 km/h
Merke: Ein Knoten entspricht in etwa zwei Stundenkilometern!

5. Ein Wort zur Sicherheit

Genießen Sie den Tauchgang – aber vernachlässigen Sie die Sicherheit nicht!

5.1 Tauchen – aber sicher!

Gibt es eigentlich das »richtige« Verhalten unter Wasser? Eine Art »Unter-Wasser-Knigge«? Beim Tauchen ist es doch mein Ziel, viel zu erleben, Spaß zu haben, die Unterwasserwelt zu genießen, neue Fische und Pflanzen zu entdecken. Das Ganze möglichst ohne Probleme oder gar einen Unfall.
Begeben wir uns also Schritt für Schritt auf einen imaginären Tauchgang. Ich zeige Ihnen, wie die Vorbereitung und Durchführung idealerweise aussehen sollten. Ich zeige Ihnen, worauf Sie im Hinblick auf Sicherheit Ihr Augenmerk richten sollen. Dann werden Ihre zukünftigen Tauchgänge »mit Sicherheit« zu einem schönen Erlebnis. Packen Sie also Ihre Ausrüstung ein und begleiten Sie mich zu einem wirklich sicheren Tauchgang.

Das Vorspiel: Fühlen Sie sich gut?
Die Frage sollte man immer seinem Tauchpartner und vor allem sich selbst vor jedem geplanten Tauchgang stellen. Die Mehrzahl der Tauchunfälle hätte schon im Vorfeld vermieden werden können, wenn ein gesundheitliches Problem schon vor dem Tauchen erkannt worden wäre.
Sie fühlen sich heute nicht gut? Sie haben einen leichten Schnupfen? Einen dicken Kopf vom ausführlichen Bar-Besuch gestern Nacht?
Dann lassen Sie das Tauchen sein! Genießen Sie den Tag an Land und gehen Sie später am Tag oder erst morgen wieder ins Wasser. Kein Tauchgang ist es wert, seine Gesundheit oder gar einen Tauchunfall zu riskieren!

Leider gibt es immer noch die Hemmschwelle Nr. 1, die jeder gut kennt: Den Gruppendruck! Alle gehen tauchen, obwohl sie am Vorabend gezecht haben – da kann man doch nicht als »Weichei« dastehen! Oder?
Ich könnte es hier nicht treffender formulieren, als mein Freund Matthias vor einigen Jahren: »Lieber einmal feige, als für immer tot!«. Er hatte mit diesen Worten einen Tauchgang in eine Grotte abgelehnt, den die Gruppe durchführen wollte. Das Motto sollte jeder für sich beherzigen und dankend Aktionen ablehnen, die zu riskant erscheinen, den Anfänger überfordern oder der Gesundheit abträglich sein können.

Partnerschaft beim Tauchen
Nachdem wir also den Entschluss gefasst haben zu tauchen, brauchen wir einen Partner (Buddy). Wie wir es gelernt haben, tauchen wir niemals alleine. Auch in der Gruppe, bei geführten Tauchgängen, wird uns immer ein Partner zugewiesen. Ich bin in Notfällen für ihn und er für mich »verantwortlich«. Wir beginnen den Tauchgang zusammen, bleiben dicht zusammen und tauchen gemeinsam wieder auf. So weit also zum Buddy-Prinzip.
Das klingt so, als müssten wir uns auf den Partner verlassen können. Als bräuchten wir jemanden mit einer gewissen Zuverlässigkeit.

Wenn wir den Partner kennen, mit ihm oft tauchen gehen, ist das meist kein Problem. Problematischer kann es im Urlaub in einer fremden Gruppe werden, wo man niemanden kennt. Sie sollten also darauf achten, an einen Partner zu geraten, der Ihnen vernünftig erscheint. Gerade als Anfänger kann man keinen Kamikaze- oder »Nur-Tiefe-ist-geil«-Taucher gebrauchen. Fragen Sie ihn ruhig vor dem Tauchen nach seiner Erfahrung. Sagen Sie ihm, dass Sie Anfänger sind und entsprechend tauchen möchten. Wenn er andere Ziele hat (Tiefe, Höhle, Strömung) lassen Sie sich vom Tauchguide einen geeigneteren Buddy zuweisen. Schließlich sind Sie der Kunde und haben für den Tauchgang bezahlt!

Ein UW-Fotograf als Buddy

Ein UW-Fotograf gehört zu der wohl schwierigsten »Gattung« unter den Tauchern: Er taucht überwiegend um gute Motive zu finden, er ist langsam, bleibt immer zurück und lässt seinen Tauchpartner ständig hinter irgendwelchen Motiven schweben – der darf dabei aber nicht ausatmen.
Passt man kurz nicht auf, ist er hinter einem Korallenblock verschwunden und verharrt regungslos auf der Jagd nach einem besonders farbenprächtigen Rotschwanz-Schnapper-Männchen. Behalten Sie den Fotografen immer gut im Auge, sonst kommt es schnell zu einem »Partnerverlust«!
Als Entschädigung können Sie aber nach dem Tauchurlaub die guten Fotos genießen, die er geschossen hat, und sich noch lange darüber freuen.

Tauchen mit dem richtigen Buddy macht Spaß und gibt Sicherheit

Die richtige Vorbereitung: Das Briefing

Ein guter Tauchguide macht vor dem Tauchgang mit seiner Gruppe ein ausführliches Briefing. Er nimmt sich die Zeit, um seine Mittaucher über Sicherheitsaspekte, Tauchgebiet, Sehenswürdigkeiten und Notfallprozeduren einzuweisen. Je gründlicher er das macht, desto besser sind die Mittaucher informiert (gibt Sicherheit!), motiviert (steigert den Tauchspaß!) und auf mögliche Notfälle vorbereitet (minimiert das Risiko!). Achten Sie einmal darauf, wie viel Zeit in Ihrem nächsten Urlaub dafür verwendet wird.

Das sollten Sie auf alle Fälle zu hören bekommen:

- Erläuterung des Tauchgangablaufes
- Reihenfolge / Besonderheiten beim Ein- und Ausstieg
- Partnereinteilung (Buddy-Teams / Gruppe)
- Notfallprozeduren (Was tun bei Partnerverlust? Was bei Luftmangel?)
- Wie sieht das Profil des Tauchgangs aus? Maximale Tiefe, maximale Tauchzeit.
- Highlights unter Wasser (Was ist zu sehen? Worauf muss ich achten?)
- Notfallplan (Wo ist EH-Koffer? Wo kann Hilfe angefordert werden? Wer an Bord kann im Notfall helfen? Wo ist der Sauerstoff?)
- Spezielle Tauchzeichen (z .B. 100 bar Anzeige)
- Verhalten unter Wasser (Zusätzlicher Sicherheitsstopp von 3 min auf 3 - 5 m, Umgang mit Meeresbewohnern, usw.)

Ist nicht alles zu Ihrer Zufriedenheit angesprochen worden, haben Sie etwas nicht verstanden oder gibt es noch Unklarheiten: Scheuen Sie sich nicht und fragen Sie so lange nach, bis alle Punkte klar sind! Das Briefing ist die wichtigste Vorbereitung für einen sicheren Tauchgang und darf keine Fragen offenlassen. Unter Wasser ist es dann für eine ausführliche Kommunikation zu spät und ein »Problemchen« kann schnell zu einem ernsten Problem werden, wenn entsprechende Verhaltensregeln nicht angesprochen wurden.

Briefing an Bord kurz vor dem Tauchgang

Gut geplant ist halb gewonnen!

Ein sicherer Tauchgang beginnt schon bei der Planung. Viele Probleme unter Wasser könnten oft durch eine gründliche Vorbereitung vermieden werden. Auch wenn Sie noch Beginner sind, sollten Sie sich zusammen mit Ihrem Tauchpartner vorher einige grundsätzliche Gedanken machen:

- Zum Tauchplatz: Wo ist der Einstieg? Welche Sichtweiten sind zu erwarten? Wie kalt ist das Wasser? Gibt es Strömung oder sonstige Gefahren?
- Zum Wetter: Erkundigen Sie sich unbedingt vor dem Tauchgang nach dem zu erwartenden Wetter (z. B. www.wetter.de oder www.wetteronline.de). Starker Wind oder Sturm können gefährliche Strömungen verursachen!
- Zur Ausrüstung: Ist alles komplett? Eignet sich meine Ausrüstung für den Tauchgang? Habe ich eine gute Lampe für den Nachttauchgang?
- Zur Luft: Ist die Pressluftflasche gefüllt? Wie lange kann ich damit auf der geplanten Tiefe tauchen?

Es geht los: Anziehen und Ausrüsten

Oberstes Gebot für das Anziehen und Ausrüsten: Nehmen Sie sich Zeit und lassen Sie sich nicht hetzen. Ein sorgfältiges Ausrüsten vermeidet spätere Probleme unter Wasser. Es ist jedem klar, dass Anfänger länger beim Anziehen und Ausrüsten brauchen. Nicht jeder Handgriff sitzt perfekt. Es muss noch nachgedacht werden, welcher Schlauch wohin gesteckt werden muss. Dafür hat jeder Verständnis. Genieren Sie sich also nicht – jeder war in seinem Taucherleben auch schon mal ein Anfänger!

Beim Ausrüsten und Anziehen Zeit nehmen und nicht hetzen lassen!

Überhitzung in der Sonne

Ein häufig gemachter Fehler und vielfach auch Auslöser für einen Dekompressionsunfall ist extremes Schwitzen vor dem Tauchgang. Gerade im südlichen Urlaubsgebiet sitzt man oft lange Zeit voll ausgerüstet im dicken Neopren auf einem engen Tauchboot ohne richtigen Sonnenschutz. Die Sonne brennt gnadenlos, der Schweiß rinnt in Strömen.
Durch den Wasserverlust und Austrocknung des Körpers (Dehydration) steigt die Anfälligkeit für eine DCS – auch bei Nullzeittauchgängen! Achten Sie also darauf, vor dem Tauchen viel zu trinken, suchen Sie einen Schattenplatz und ziehen Sie sich erst so spät wie möglich an. Notfalls hilft zwischendrin ein Sprung ins kühle Wasser zum Erfrischen!

Kurz vor dem Tauchgang muss dann der obligatorische Partner-Check durchgeführt werden. Es ist eine letzte Überprüfung der Ausrüstung des Partners und die endgültige Absprache vor dem Tauchen. Leider wird der Partner-Check nur allzu gerne vernachlässigt. Vielleicht befürchtet man,

gerade als erfahrener Taucher, sich zu blamieren; vielleicht ist es auch nur Routine oder nachlässige Gewohnheit.
Doch wie oft wurde schon das Anstecken des Inflatorschlauchs vergessen? Wie oft wurde schon mit geschlossener Pressluftflasche von Bord gesprungen?

Achten Sie verstärkt auf folgende Punkte:

- Pressluftfasche aufgedreht?
- Inflator angesteckt?
- Ausrüstung komplett? Bleigürtel angezogen?
- Alle Jacketschnallen zu?
- Check der Atemregler (Testatmen)
- Check der Inflatorfunktion

Ausrüstungscheck vor dem Tauchen

Jetzt nur noch Uhr und Kompass einstellen, auf eine freie Einstiegsstelle achten und los geht`s...

Das Einmaleins des sicheren Tauchens
Gleich nach dem Abtauchen wird auf den ersten drei Metern noch einmal der Sitz der eigenen Ausrüstung kontrolliert und wenn nötig die Schnallen enger gezogen. Der gegenseitige »Bubble-Check« zeigt, ob die Ausrüstung und alle Schlauchverbindungen dicht sind oder ein Problem vorliegt. Mit dem Tauchpartner tausche ich ein O.K.-Zeichen aus, um noch im unkritischen Bereich auf Störungen (mangelnder Druckausgleich, Angst) reagieren zu können. Achten Sie darauf, den Druckausgleich direkt nach dem Abtauchen und dann im flacheren Bereich alle paar Meter durchzuführen.

Den Druckausgleich niemals erzwingen!

Ab jetzt heißt es: Zusammenbleiben! Beim Tauchen behalten sich die Partner immer im Auge. Die beiden bleiben während des ganzen Tauchgangs relativ dicht beieinander. In Notfällen muss man blitzschnell zum Partner tauchen können. Ist die Sicht sehr schlecht, empfiehlt sich eine Buddy-Leine.

Achte auf deinen Tauchpartner! So kann man im Notfall schnell eingreifen und Hilfe leisten!

Während des Tauchens muss regelmäßig das UW-Manometer (Finimeter) kontrolliert werden. Das beugt großen Überraschungen vor (z. B. ein erhöhter Luftverbrauch wird erst sehr spät festgestellt). Ein guter Tauchguide wird in der Gruppe regelmäßig den Luftverbrauch kontrollieren und den Tauchgang dem lufthungrigsten Mittaucher anpassen. Üblicherweise wird bei spätestens 100 bar Restluft der Rückweg angetreten.

Übrigens...
...achten Sie im Umgang mit Meeresbewohnern immer auf den Tauchguide! Der erfahrene Tauchführer am Urlaubsort kennt das Gewässer und die Tiere besser! Also: Nicht auf einen mürrischen Barrakuda zuschwimmen, wenn der Guide zurückbleibt.

Vorsicht am Ankerseil: Auch hier können sich Nesselpflanzen festgesetzt haben!

Fische und Pflanzen nicht berühren!

Als verantwortungsvoller Taucher habe ich die Verpflichtung, Fauna und Flora unter Wasser zu schützen. Ich fasse nichts an, sammle keine Muscheln oder breche gar Korallen ab. Durch unbedachtes Anfassen kann ich die schützende Schleimschicht der Fischhaut schädigen und die Tiere damit letztendlich sogar töten. Andererseits schützt diese Regel auch mich vor Verletzungen. Viele Fische haben Giftstacheln, Korallen und Quallen sind mit Nesselgiftkapseln bewaffnet und scharfkantige Steine können böse Wunden reißen!

Der Gruppenführer ist für die Orientierung verantwortlich. Er bestimmt die Route und führt die Gruppe zu den Highlights unter Wasser und wieder zurück zum Boot. Tauchen Sie in unbekannten Gewässern nicht alleine oder verlassen die Gruppe gar zu Extratouren!

Vermeide Deko-Tauchgänge und halte die Austauchzeiten ein!

Kaltes Wasser und Anstrengung verkürzt die Nullzeit!

Große Anstrengung, z. B. durch Gegenströmung unter Wasser, verkürzt die Nullzeit! Dadurch wird die Sättigung des Körpers mit Stickstoff beschleunigt. Dies kann vom Tauchcomputer nicht adäquat mit eingerechnet werden! Das Risiko einer DSC steigt erheblich!
Ebenso drosselt Kälte die Durchblutung. Beim Auftauchen werden die Stickstoffbläschen langsamer abtransportiert! Auch hier versagt der Tauchcomputer!

Beim Aufstieg muss man sich genau an die zugelassene Aufstiegsgeschwindigkeit halten (wird im Computer angezeigt). Ansonsten gilt: Je langsamer, desto besser!
Vor dem Auftauchen wird immer ein Sicherheitsstopp von 3 Minuten (besser 5 min!) auf 3 bis 5 Meter Tiefe eingehalten, auch wenn in der Nullzeit getaucht wurde!

Beim Auftauchen immer nach oben blicken, um Schiffe und Hindernisse rechtzeitig erkennen zu können!

Bei einem Bootstauchgang ist eine Regel für den Ausstieg zu beachten: Nehmen Sie die Maske und das Mundstück erst im Boot oder auf der Plattform ab. Durch eine Welle oder Ausrutscher kann man schnell wieder unter Wasser landen. Das sollte sich auch der Nächste in der Reihe beherzigen und nie direkt unter der Leiter warten. Abstand halten, bis der Vorgänger sicher an Bord ist.

Und für den gesamten Tauchgang gilt: Immer Ruhe bewahren – keine Panik!
Mit einem klaren Kopf lassen sich auch schwierige Situationen meistern!

Der Weg an Land ist nicht immer einfach!

Aprés-Diving:
Die Nachbesprechung des Tauchganges

Ein ordentlich geplanter Tauchgang sollte am Ende auch gründlich diskutiert und nachbesprochen werden. Der Gruppenführer kann Fehler und Probleme ansprechen, die beim nächsten Mal damit vermieden werden können. Das erhöht die Sicherheit beim nächsten Tauchgang. Sehen Sie eine mögliche Kritik als beste Möglichkeit, sich zu verbessern. Mir hilft kein geheucheltes Lob, wenn ich dadurch dieselben Fehler später wiederhole. Seien Sie gerade als Anfänger so fair zu sich selbst, Kritik einstecken zu können und gut gemeinte Ratschläge anzunehmen. Lernen Sie offen über Probleme zu sprechen. Nur so können Sie ihre Tauchfertigkeiten zukünftig verbessern. Das gibt Erfahrung und Sicherheit!

Das eigene Wohlbefinden und das des Mittauchers sollte nach dem Tauchgang erfragt werden, um mögliche erste Anzeichen einer DCS frühzeitig zu erkennen.
Befragen Sie den Tauchguide jetzt ruhig zu Fischbegegnungen und Highlights. Schließlich möchte man doch wissen, welche der über 400 Haiarten man eben gesehen hat.

Übrigens...
...der abschließende Logbucheintrag dient zum Konservieren der eigenen Erlebnisse und als zukünftiger Nachweis der eigenen Taucherfahrung. Schließlich ist es auch später eine schöne Erinnerung...

5.2 Angst beim Tauchen?

Warum ist gerade beim Tauchen die Angst so weit verbreitet? Ich habe schon viele Aussagen von Nicht-Tauchern gehört, die aus Angst vorm Tauchen diesen Sport nicht ausüben – obwohl sie durchaus nach eigener Aussage Interesse daran hätten.
Andere Sportarten können auch ohne die unbegründeten Ängste und Zweifel ausgeübt werden, die uns beim Tauchen – gerade als Anfänger – belasten können. Deshalb möchte ich hier die wichtigsten Fragen zu diesem Thema klären (aus: Handbuch Tauchsicherheit, Thilo Künneth, Müller Rüschlikon Verlag, 2002): Wie entstehen Ängste beim Tauchen und wie geht man damit um?

5.2.1 Wie entsteht Angst?

Angst ist ein subjektives Empfinden, das von Mensch zu Mensch unterschiedlich ausgeprägt sein kann. Dabei müssen zwei Arten von sowohl begründeter als auch unbegründeter Angst unterschieden werden.

Reale Ängste
Es gibt die realen Ängste vor echten Gefahren unter Wasser: Vor Unfällen (Barotraumen, Dekounfälle, Verletzungen), vor Ertrinken, vor gefährlichen Meerestieren (Haiattacken). Meist werden diese Ängste durch Schreckensmeldungen in der Presse, abenteuerliche Geschichten »erfahrener« Taucher und Horrorvisionen im Kino (»Die Tiefe«, »Der weiße Hai« u. Ä.) zusätzlich verstärkt!

Phantasie-Ängste
Andererseits lauern in uns etliche Phantasie-Ängste. Diese entstehen rein auf der Gefühlsebene und kommen aus dem Unterbewusstsein: Der Mensch, als reiner Landbewohner, setzt sich im Element Wasser einer ungewohnten Umgebung aus. Das Unterbewusstsein schlägt Alarm: »Unter Wasser kann man nicht atmen – es besteht die Gefahr des Ertrinkens!«. Um uns davor zu schützen, entsteht ein Angstgefühl, was uns wiederum veranlasst die »Flucht zu ergreifen« (also nicht ins Wasser zu gehen).
Wir kennen die Angst vor der Tiefe, die Angst vor dem Fallen, die Angst von der Strömung weggetrieben zu werden (Alleinsein, Einsamkeit) oder die Angst vor dem Dunklen. Vor allem in trüben Gewässern, bei Nacht, in Grotten oder Höhlen. Diese unbewussten Urängste beherrschen jeden von uns – den Einen mehr, den Anderen weniger.

Stress ist die Vorstufe zur Angst!
Vor allem die unterdrückten Ängste, die niemand wahrhaben will, können in Stress-Situationen ausbrechen und

Eine traumhafte Riffhöhle kann auch Beklemmung und Angst erzeugen (Foto: Martin Hablützel)

schnell zu einer Gefahr unter Wasser werden. Stress beim Tauchen entsteht immer dort, wo eine unklare Situation vorherrscht (unbekanntes Gewässer), man mit etwas Neuem konfrontiert wird (Tauchanfänger zum erstem Mal unter Wasser, eine unbekannte Leihausrüstung), man in einer Prüfungssituation ist (praktische Tauchprüfung) oder ungeplante Schwierigkeiten auftreten (Strömung, schlechte Sicht, andauerndes Maskeausblasen, Reserve nicht erreichbar, Partnerverlust).

5.2.2 Bringt uns die Angst in Gefahr?

Angst beim Tauchen kann sich schnell, ob man nun will oder nicht, zur Panik ausweiten. Und dann besteht, gerade unter Wasser, akute Lebensgefahr!

Aus Unwohlsein wird Angst
Schon durch ein leichtes Angstgefühl kann es zu Konzentrationsproblemen beim Tauchen kommen (Probleme beim Orientieren, Schwierigkeiten beim Tarieren, das Denken fällt schwerer). Der betroffene Taucher wird fahrig und hektisch. Sein Herz schlägt schneller, die Atmung wird heftiger. Sein Luftverbrauch steigt. Letztendlich werden der Spaß und das Erlebnis am Tauchgang erheblich reduziert.

Aus Angst wird Panik
Der Verstand setzt aus. Der Mensch kennt nur noch den Fluchtinstinkt oder die totale Lähmung. Die Reaktion kann ein schnelles, gedankenloses Auftauchen bei angehaltenem Atem sein, was einen Lungenriss oder Dekounfall zur Folge haben kann. Oder der Taucher ist in seinen Bewegungen und Gedanken so gelähmt, dass es zu einer Wasseraspiration und Ertrinken kommt!

Angst gefährdet die eigene Sicherheit und die des Tauchpartners!

Angstsituation: Dunkelheit

So ungern es »gestandene Mannsbilder« (wie die Bayern sagen) zugeben wollen: Jeder hat irgendwie Angst im Dunkeln (oder haben Sie noch niemals gepfiffen oder gesummt, als Sie als Kind alleine in den Keller mussten?). Das Gefühl niemanden zu sehen, ganz alleine zu sein und gerade unter Wasser sich in absoluter Stille zu befinden, kann sehr bedrükkend sein. Bei unerfahrenen Nachttauchern, in Grotten, Höhlen oder Wracks, kann dieses beklemmende Gefühl schnell zur echten Angst werden. Eine Panik mit der Fluchtreaktion »Auftauchen« wäre dann gerade in Grotten oder Wracks genau das Falsche.

5.2.3 Angst? Das muss nicht sein!

Was kann ich nun dagegen tun, dass mich meine Ängste unter Wasser nicht beherrschen?
Wir haben oben gehört, dass Stress die Vorstufe zur Angst ist. Also müssen

wir alles tun, um den Stress beim Tauchen abzubauen, um entspannt und ruhig zu tauchen. Und es gibt dazu ein einfaches Rezept in fünf Stufen:

1. Schritt: Machen Sie sich klar, dass die »klassischen« Ängste unter Wasser ein Mythos sind
Zuerst müssen die, meist unbegründeten, Urängste vor dem unbekannten Element Wasser ausgeräumt werden. Dazu sollen in einem Dialog die Sorgen widerlegt werden, die uns beim Tauchen am meisten belasten:

»Unter Wasser kann ich nicht atmen!«
Das ist grundsätzlich richtig, aber dazu lernen wir das Tauchen! Mit technisch weit fortgeschrittenen Druckminderern, Atemreglern und Pressluftflaschen kann unter Wasser so bequem und leicht wie an Land geatmet werden.

»Ich kann haltlos in die Tiefe stürzen!«
Mit einer guten Ausbildung und dem Beherrschen der Tarierausrüstung ist ein Fallen so gut wie nicht möglich. Betrachten Sie das Tauchen nicht als Fallen, sondern genießen Sie die Schwerelosigkeit und das Schweben!

»Ein Hai kann mich jederzeit attackieren!«
Dieser Mythos hält sich hartnäckig, seit der Mensch taucht. Es werden weniger Menschen von Haien gebissen, als von Bienenstichen getötet! Bei richtigem Verhalten unter Wasser, kommt eine Haiattacke gegen Gerätetaucher so gut wie nie vor. Lernen Sie mehr über diese Meeresbewohner und glauben Sie nicht nur der Boulevard- Presse!

»Es lauern Gefahren in der Tiefe!«
Die größte Gefahr ist die Unvernunft und die Selbstüberschätzung der Menschen. Tauchen Sie nur so tief, wie es Ihre Ausbildung und Ihre Fähigkeiten zulassen. Vermeiden Sie extreme Tieftauchgänge – im Flachbereich ist es ohnehin schöner (mehr Licht, mehr Farben)!

2. Schritt: Eine gute Ausbildung, Ausrüstung und Vorbereitung gibt Sicherheit
Eine gute Ausbildung (weiterführende Seminare, Spezialkurse, regelmäßiges Training), Ausrüstung (auf den Tauchgang abgestimmt) und die richtige Vorbereitung (Notfallplan, Briefing, sorgfältige Partnergespräche) geben uns Vertrauen und die Sicherheit, viele Situationen ruhig und gelassen zu meistern. Mit Hintergrundwissen und Erfahrung wirken wir dem Stress beim Tauchen am besten entgegen.

3. Schritt: Ruhe bewahren hilft entspannen
Damit meine ich nicht nur die innere Ruhe, die Sie in Notsituationen immer bewahren sollten (leichter gesagt als getan!). Bleiben Sie auch körperlich ruhig:
Verwenden Sie so wenig Kraft beim Flossenschwimmen wie nötig. Das re-

duziert die Anstrengung, den Puls und die Atmung. Paddeln Sie nicht hektisch im Wasser, sondern lassen sie die Arme am Körper. Nicht gegen das Wasser ankämpfen – gleiten Sie hindurch, genießen Sie die Schwerelosigkeit!

Durch körperliche Entspannung erreichen Sie auch eine geistige Ruhe und Gelassenheit, die Sie sicherer in Notlagen reagieren lässt.

Ängste erkennen

Versuchen Sie Angst oder eine aufkeimende Panik bei Ihrem Partner rechtzeitig zu erkennen, um Gegenmaßnahmen treffen zu können. Die ersten Anzeichen sind meist:

- Starke Erregung, hektisches Verhalten, fahrige Bewegungen
- Weit aufgerissene Augen, starrer Blick
- Schnelle, hastige Atmung
- Langsame oder gar keine Reaktion auf simple Taucherzeichen (»O.K. ?«)
- Schlechte Tarierung
- Ständiges Hantieren an der Ausrüstung

4. Schritt: An die Grundregeln halten

Halten Sie sich an die gelerten Grundregeln des Tauchens. Sie bringen sich und Ihren Tauchpartner dann weniger in Situationen, die schnell bedrohlich werden können. Vor allem als Anfänger gilt:

- Keine Tieftauchgänge!
- Spezialtauchgänge (z. B. Höhle, Wrack) werden nur mit Spezialkurs und spezieller Ausrüstung durchgeführt!
- Nur tauchen, wenn man sich 100% fit und gesund fühlt!
- Nie alleine tauchen!
- Sich keinen extremen Situationen aussetzen!

Mit eigenen Ängsten umgehen

Reden Sie mit Ihrem Tauchpartner/im Tauchverein über mögliche Probleme beim Tauchen. Lernen Sie aus der Erfahrung anderer. Versuchen Sie schon im Kopf Notfallsituationen zu meistern. Setzen Sie sich mit Risiken und möglichen Gefahren unter Wasser auseinander. Dann sind Sie mental vorbereitet und bleiben unter Wasser zukünftig ruhig und gelassen!

Bedenken zu haben oder eine leichte Beklemmung unter Wasser zu spüren ist keine Schande. Machen Sie beim Tauchen, wenn es Ihnen unbehaglich zumute ist, Ihren Buddy oder Tauchguide darauf aufmerksam. Er wird den Tauchgang dann daran anpassen.

5. Schritt: Lernen Sie »Nein« zu sagen

Nur wenn Sie Ihre Grenzen kennen und diese auch akzeptieren lernen, werden Sie unter Wasser angstfrei und sicher sein.

Wehren Sie sich gegen geplante Tauchgänge, die Ihnen nicht geheuer sind oder denen sie sich nicht gewachsen fühlen. Setzen Sie sich keinem

Gruppendruck aus. Ein rechtzeitiges »Nein« vor dem Tauchen erspart Ihnen und Ihrem Tauchpartner später unter Umständen eine Menge Probleme.

Nur wer seine Ängste kennt, kann sie vermeiden!

Wenn Sie all die Tipps und Anregungen beherzigen, gut ausgebildet sind, Ihre zuverlässige Ausrüstung sicher beherrschen und ruhig, entspannt tauchen, wird es schwer sein, Sie in Panik zu versetzen.
Lernen Sie durch Gespräche mit erfahrenen Tauchern und Weiterbildungen Ihre Ängste logisch auszuräumen. Nur wenn Sie sich der möglichen Ängste bewusst sind und den Situationen sachlich begegnen, können Sie eine Ausweitung oder gar eine Panik vermeiden.

Reine Kopfsache:
Eine Panik ist leicht zu vermeiden!

Die meisten »Notsituationen« die auf ein technisches Problem zurükzuführen sind, könnten bei ruhigem Handeln ohne große Schwierigkeiten behoben werden. Zu Schweißausbrüchen oder gar Panik unter Wasser ist meist kein Anlass!

Ich möchte Ihnen hier ein paar Standard-Notsituationen zeigen, die leicht mit etwas Ruhe und Nachdenken unter Wasser lösbar sind. Wie immer gilt bei allen unvorhergesehenen Situationen beim Tauchen: »Don´t Panic!«:

Was tue ich, wenn ...

... die Pressluftflasche beim Tauchen aus dem Jacket rutscht?
Partner informieren. Er kann ganz leicht die Flasche wieder festschnallen!

... der Automat abbläst?
Ruhig weiteratmen. Zum Partner tauchen und aus seinem Oktopus weiteratmen. Flasche zudrehen lassen und langsam gemeinsam aufsteigen.

... die Maske ständig voll Wasser läuft?
Da hilft nur ausblasen und kontrollieren, ob sich Haare unter dem Dichtrand befinden.

... ich eine Flosse verliere oder das Flossenband reißt?
Kein Problem! Nach oben kommt man auch leicht ohne Flossenschlag.

... ich keine Luft mehr bekomme?
Ruhig bleiben. Die paar Meter zum Partner kommt man immer mit angehaltener Atem. Zum Partner tauchen und aus seinem Oktopus weiteratmen. Gemeinsam langsam aufsteigen.

... der Inflator nicht mehr funktioniert?
Partner informieren. Weste mit dem Mund aufblasen (wie man es vorher im Schwimmbad schon geübt hat!).

... mein Druckausgleich nicht mehr funktioniert?
Partner informieren und nicht tiefer tauchen. Etwas höher steigen und Druckausgleich erneut probieren. Ansonsten ruhig austauchen.

... ich einen Krampf bekomme?
Partner informieren. Der kann beim Überstrecken des Muskels helfen. Geschwindigkeit beim Tauchen verringern, notfalls Tauchgang beenden.

5.3 Warum Tauchtauglichkeit so wichtig ist...

Für Sporttaucher ist eine Tauchtauglichkeitsuntersuchung gesetzlich nicht vorgeschrieben. Allerdings kann man das Tauchen wegen den extremen Druckänderungen, Temperaturschwankungen, der Sättigung mit Atemgasen und körperlichen Belastungen nicht mit normalen sportlichen Betätigungen gleichsetzen. Die Gefahr eines Unfalles durch eine nicht erkannte Krankheit oder körperliche Störung ist ungleich höher.
Deshalb sollte es als Taucher in eigenem Interesse liegen, die körperliche Tauglichkeit von einem Mediziner bestätigen zu lassen. Sehen Sie das auch als Prophylaxe gegen Tauchunfälle!

Tauglich für den Urlaub?

Ohne gültige Tauchtauglichkeitsuntersuchung kann es im Urlaub Schwierigkeiten geben: Verantwortungsbewusste Tauchbasen lassen heute – schon aus versicherungs- und haftungsrechtlichen Gründen – ihre Gäste nur noch mit einer gültigen ärztlichen Untersuchung mittauchen. Und diese im Urlaubsland nachzuholen, ist meist mit erhöhtem Aufwand verbunden!

Eine Tauchtauglichkeitsuntersuchung wird von den führenden Sporttauchverbänden alle zwei bis drei Jahre (ab dem 40. Lebensjahr jedes Jahr) gefordert. Eine gültige Tauchtauglichkeit ist in der Regel auch für die Teilnahme an Praxisseminaren oder Prüfungen Voraussetzung.

Ich gebe auch einen versicherungsrechtlichen Aspekt zu bedenken: Sollte sich beim Tauchen ein Unfall ereignet haben und dem Taucher, der ohne Tauchtauglichkeit im Wasser war, wird eine vorherige Erkrankung als der Unfallauslöser nachgewiesen: Wer zahlt dann die Behandlung? Die Krankenkassen und Unfallversicherungen werden mit Sicherheit bei der Kostenübernahme große Schwierigkeiten machen...

GTÜM e. V.

Die Gesellschaft für Tauch- und Überdruckmedizin e. V. (GTÜM e. V.) äußert sich über die Notwendigkeit der Tauchtauglichkeit so:
»Für das Sporttauchen gibt es, im Gegensatz zum Berufstauchen, gegenwärtig keine gesetzlichen Regelungen und keinen Zwang zu ärztlicher Untersuchung. Die ärztliche Vorsorgeuntersuchung für Sporttaucher ist ein konsultativer Akt mit präventivem Charakter. Aus versicherungs- und haftungsrechtlichen Gründen sollte niemand ohne ärztliche Bescheinigung über das Fehlen von gesundheitlichen Bedenken tauchen. Die Aufklärung und eingehende Beratung durch den Arzt sollten mit einem Vermerk festgehalten werden.« (Richtlinien GTÜM e. V. 1998)

Ohne gültige Tauchtauglichkeit geht es nicht ins Wasser!

Worauf wird bei der Tauchtauglichkeitsuntersuchung geachtet?
Sie fragen sich jetzt sicher, worauf aus medizinischer Sicht bei einer Tauchtauglichkeitsuntersuchung Wert gelegt wird. Das Ziel ist es, den Taucher so zu beurteilen, ob gesundheitliche Bedenken, keine Bedenken oder irgendwelche Einschränkungen vorliegen. Die zentralen Fragen der ganzen Untersuchungsreihen sind:

- Können frühere Erkrankungen wieder auftreten?
- Können sich Krankheiten unter Wasser verstärken?
- Können sich Krankheiten auf lange Sicht durch das Tauchen verschlimmern?
- Können Gesundheitsstörungen die eigene Sicherheit (oder die des Tauchpartners) gefährden?

Die Untersuchung sollte bei einem Arzt stattfinden, der sich mit den besonderen Gefahren des Tauchsportes auseinandergesetzt hat (am besten selbst taucht) und mit speziellen Taucharten (Mischgastauchen, Tieftauchen, Höhlentauchen) vertraut ist. Er muss den Patienten über die Risiken und Besonderheiten des Tauchens aus ärztlicher Sicht beraten können. Allerdings gibt es bei Ärzten keinen anerkannten Berufstitel »Taucherarzt« oder eine Facharztbezeichnung, wie z. B. HNO oder Internist. Das macht die Auswahl eines geeigneten Mediziners für den Taucher sehr schwierig. Die GTÜM bietet Ärzten eine Zusatzqualifikation »Taucherarzt GTÜM« an, die für eine Beratung und Tauchtauglichkeitsuntersuchung empfohlen wird. Nähere Informationen finden Sie dazu im Internet unter: www.gtuem.org.

Die Schwerpunkte der Tauchtauglichkeitsuntersuchung sind die Überprüfung der Herz-Kreislauf-Leistungsfähigkeit, Lunge, Augen, Nebenhöhlen und der Ohren. Bringen Sie für die Untersuchungen etwas Zeit mit!

Formulare »Tauchtauglichkeitsuntersuchung«

Die Gesellschaft für Tauch- und Überdruckmedizin e. V. (GTÜM e. V.) empfiehlt einen standardisierten Untersuchungsbogen «Medizinische Vorsorgeuntersuchung von Sporttauchern« nach den Richtlinien von 1998 und zur Bescheinigung ein ärztliches Zeugnis »Tauglichkeit für das Sporttauchen«. Diese Vordrucke werden allen deutschsprachigen Tauchverbänden zur Übernahme empfohlen und ausnahmslos anerkannt.
Weitere Informationen, Untersuchungsrichtlinien und die Vordrucke als pdf- Datei finden Sie auf der Homepage der GTÜM e. V. (www.gtuem.org).
Die Swiss Underwater & Hyperbaric Medical Society bietet auf ihrer Homepage ebenfalls Formulare zur Tauglichkeitsuntersuchung für Sporttaucher (www.suhms.org).

5.4 Das richtige Verhalten im Notfall

Das Thema »Notfall im Wasser« und »Tauchunfall« würde wirklich den Rahmen dieses Werkes sprengen. Ganze Bücher wurden nur zu dem einen Thema »Notfälle beim Tauchen« verfasst.
Diese Problematik wird vor allem in den weiterführenden Tauchscheinen und Spezialkursen vertieft, sollte aber auch bei einem Einsteiger den richtigen Stellenwert bekommen.

Ich empfehle dringend jedem Taucher die Teilnahme an einem und die regelmäßige Wiederholung eines Erste-Hilfe-Lehrgangs! Kein Erste-Hilfe-Handbuch kann bei einem echten Tauchunfall die gelernte Praxis ersetzen.

Wie verhalte ich mich im Notfall richtig? Diese Frage möchte ich hier – ohne näher auf Methoden und Praxis der ersten Hilfe einzugehen – klären. Halten Sie sich an die folgenden vier Regeln und Sie sind für jeden Notfall gut gerüstet:

1. Regel: Don`t Panic
Wichtigstes Gebot in allen Not- und Stress-Situationen: Ruhe bewahren! Einen klaren Kopf behalten. Erst denken, dann handeln!
Es hätte der Science Fiction Autor Douglas Adams in seinem Roman »Per Anhalter in die Galaxis« nicht treffender formulieren können. Auf seinem Reiseführer durchs All steht in großen, freundlichen Lettern der Satz: »Don`t Panic!« Den gut gemeinten Ratschlag für alle Anhalter im Weltall sollten wir uns als Ersthelfer im Notfall ebenfalls zu Herzen nehmen!

Im Notfall heißt es: Ruhe bewahren und alle gelernten Maßnahmen anwenden

2. Regel: Schnell Hilfe holen
Alle deutschen Rettungsorganisationen empfehlen in der neuen Rettungskette – ebenso wie die American Heart Association (»Phone First! Phone Fast!«) – bei allen Notfällen zuerst den Notruf zu tätigen. Dem Verletzten ist am besten geholfen, wenn möglichst schnell professionelle Hilfe zur Stelle ist. Die meisten Tauchunfälle müssen so schnell wie möglich in einer Druckkammer behandelt werden.
Also: Bei Erkennen eines Tauchunfalls oder einer Dekompressionskrankheit aufgrund der bekannten Anzeichen muss so schnell wie möglich per Telefon, Funk oder auf anderem Weg

Hilfe angefordert werden. Jede Verzögerung kann zur Verschlimmerung der Symptome führen. Wichtig bei der Meldung ist der Hinweis auf einen Tauchunfall, damit direkt die nächste Druckkammer alarmiert werden kann!

Die wichtigsten Notrufnummern im Überblick

Mittlerweile gilt für alle Länder der Europäischen Union die einheitliche Notrufnummer »112«, die gebührenfrei ohne Vorwahl von allen Telefonen aus anwählbar ist.

Notruf EU (u. a. Deutschland, Spanien, Italien, Griechenland und Türkei)	112
Deutschland Rettungsleitstelle (nicht in allen Bundesländern)	19 222
Notruf Österreich / Schweiz	144
REGA – Rettungsflugwacht Schweiz (bei Tauchunfall	414
Notruf Frankreich	15 (auch: 112)
Internationales DAN-Notrufzentrum Mailand	+39 039 60 57 858
CMAS Germany 24Std-Hotline / Notfallhilfe	+49 180 33 22 105
Notruf USA	911
Notruf Australien	000
Notruf Neuseeland	111
Notruf Thailand (Touristen-Polizei)	1699
Notruf Ägypten	123

Übrigens...
...ich schalte das Handy für den Notfall vor dem Tauchen grundsätzlich ein und überprüfe, ob ein Funknetz da ist. Meinem Tauchpartner erkläre ich dann kurz die Funktion (Nummer tippen – Wähltaste – Telefonbuch) und welche Nummer er anrufen soll (Rettungsleitstelle, DAN). Schließlich muss er ja vielleicht mir helfen! Dann zeige ich ihm noch, wo er das Handy im Auto findet!

3. Regel: Sofortmaßnahmen

Jetzt sollte mit den notwendigen Hilfemaßnahmen begonnen werden. Die meisten Aktionen sind logisch, erklären sich von selbst und bedürfen wenig theoretischer Kenntnisse. Hier ein paar typische Beispiele und Maßnahmen:

Starke Blutungen

sollten sofort gestillt werden. Der blutende Körperteil wird hoch gehalten oder höher gelagert, die Wunde mit einem (möglichst keimfreien) Verband zugehalten und verbunden.

Tauchunfälle oder Beinahe-Ertrinkungen

Hier muss sofort reagiert werden und der Verunglückte aus dem Wasser gerettet werden. Eine Unterkühlung oder Bewusstlosigkeit mit Ertrinken droht bei längerem Aufenthalt im Wasser!

Wo sind die Rettungsmittel im Auto?

Bei nicht organisierten Tauchgängen sind die Tauchpartner im Notfall meist auf sich alleine gestellt. Sollte wirklich etwas passieren, bricht das Chaos aus:
Haben Sie Ihrem Tauchpartner auch hinterlassen, wo er Ihre Autoschlüssel findet? Weiß er, wo der Erste-Hilfe-Kasten im Auto ist? Findet er die Rettungsmittel im Notfall? Wo liegt das Handy für den Notruf? Ist die Notrufnummer allen bekannt?
Bedenken Sie diese Fragen bei Ihrem nächsten Tauchgang und besprechen Sie das vor dem Tauchen im Rahmen des Briefings.

Hitzschlag, Hitzekollaps oder Sonnenstich
sind klassische Unfälle vor dem Tauchgang. Hier muss schnell die Ursache beseitigt werden: Raus aus der Sonne und aus dem heißen, beengenden Tauchanzug.

Dekompressionsunfall (DCS)
Werden die typischen Anzeichen erkannt (Taucherflöhe, Orangenhaut, Gelenkschmerzen, Schmerzen beim Atmen, Sinnesstörungen, Gefühllosigkeit oder teilweise Lähmungen), ist die sofortige Gabe von Sauerstoff das Mittel der Wahl bis zum Eintreffen des Rettungsdienstes und Transport in die Druckkammer.

Druckkammern

Der »klassische« Tauchunfall (Lungenriss, Dekounfall, Gasvergiftung) zieht fast immer eine Druckkammerbehandlung nach sich. Oft entscheiden nur wenige Stunden über eine restlose Heilung oder eine Querschnittslähmung nach einer schweren Dekompressionskrankheit oder Gasembolie.
Deshalb muss der betroffene Taucher so schnell wie möglich in die nächste Druckkammer. Wenn Sie – gerade in abgelegenen Tauchgegenden – die Telefonnummer und Adresse der nächsten dienstbereiten Druckkammer parat haben, kann die Einsatzzentrale oder der Notarzt eine direkte Einweisung einleiten. Die örtliche Tauchbasis sollte diese Information für Sie bereithalten.
Auf der Internetseite der Gesellschaft für Tauch- und Überdruckmedizin e. V. (http://www.gtuem.org) finden Sie eine ständig aktualisierte Liste dienstbereiter Druckkammern in Deutschland, Österreich und der Schweiz mit Adressen.

Herz-Kreislauf-Stillstand
Hier muss sofort mit einer Herz-Lungen-Wiederbelebung begonnen werden, die man allerdings im Rahmen eines Erste-Hilfe-Kurses schon einmal geübt haben sollte. Wichtig ist hierbei das Überstrecken des Halses, um die Atemwege freizuhalten. Optimal ist eine Beatmung mit Sauerstoffmaske. Der Tauchlehrer oder Tauchguide muss damit umgehen können.

Rettungsübung am Chiemsee: Retten und Wiederbeleben eines verunglückten Tauchers

4. Regel: Sauerstoff

Die wirkungsvollste Hilfe bei Tauchunfällen ist die sofortige Versorgung des Verunfallten mit 100% Sauerstoff. Ob bei DCS, Barotrauma oder Vergiftung durch Atemgase – mit Sauerstoff ist dem Betroffenen am besten geholfen!

Als Faustregel für die optimale Versorgung von Tauchunfällen mit Sauerstoff gilt: »So schnell wie möglich, so lange wie möglich in höchster Konzentration!«

Faustregel: Sauerstoff so schnell, so viel und so lang wie möglich!

Sauerstoff

Oft konnte durch rechtzeitige Sauerstoffatmung eine Dekompressionskrankheit verhindert oder die Auswirkungen (Lähmung, Nervenstörungen) vermindert werden. Eine Reanimation mit zusätzlicher Sauerstoffbeatmung steigert die Erfolgsaussichten um ein Vielfaches! Auch bei vielen anderen Unfallarten wird die O_2-Gabe heutzutage empfohlen (z. B. bei Hitzeschäden, Schock, Vergiftungen, Problemen mit Atemgasen). Wichtig: Jeder Mittaucher muss die Bedienung des mitgeführten Sauerstoffsystems für den Notfall beherrschen! Üben!

Jedes Tauchschiff sollte Sauerstoff in ausreichender Menge für den Notfall mitführen. Die Mannschaft und die Tauchguides müssen in die Anwendung eingewiesen sein. Wenn dem nicht so ist, würde ich über einen Wechsel des Tauchanbieters nachdenken!

Knurrhahn (Foto: Michael Christ)

5.5. Meerestiere – Bedrohung unter Wasser?

Um die provokative Frage der Überschrift vorweg zu nehmen: Nein! Bei richtigem Verhalten im Umgang mit den Meeresbewohnern droht dem vernünftigen Taucher so gut wie keine Gefahr. Dennoch darf man nicht verleugnen, dass es reale Gefahren unter Wasser gibt, die der Taucher kennen muss. Es gibt Fische, denen sollte man sich nicht unbedacht nähern, weil sie sich beißend zur Wehr setzen können. Und es gibt Lebewesen, die bei Kontakt mit einem Stich oder durch Vernesselung ein Gift freisetzen, das sogar zum Tode führen kann.
Lernen Sie diese faszinierenden Tiere etwas besser kennen und bleiben Sie in respektvollen Abstand – so lässt es sich sicher tauchen!

Wie minimiere ich das Risiko?

Der beste Tipp bei Tauchreisen in fremde Länder und unbekannte Gewässer ist, sich immer an die erfahrenen Tauchlehrer / Tauchguides zu halten. Sie kennen die Fische und ihr Verhalten und können das Risiko am besten einschätzen. Wer unter Wasser immer in der Nähe des Tauchbegleiters bleibt, sich so verhält, wie er und nichts anfasst, ist beim Treffen mit gefährlichen Meerestieren immer auf der sicheren Seite!

5.5.1 Hab mich zum Fressen gern...

Beginnen wir mit den bekanntesten »Beißern«, die dem Menschen im Wasser gefährlich werden können.

Haie

Haie haben seit 400 Millionen Jahren auf der Erde überlebt und stehen nun »Dank« des Menschen vor der Ausrottung. Sie greifen entgegen der landläufigen Meinung Menschen äußerst selten an. Es gibt rund 470 Haiarten, von denen nur 40 Arten für Angriffe verantwortlich sind. Hier machen der weiße Hai und der Tigerhai eine Ausnahme und so kommt es zu einigen wenigen Unfällen, die von der Presse nur zu gerne ausgeschlachtet werden. Die größte Gefahr besteht hier aber für Schwimmer in Küstennähe, die durch zappelnde Bewegungen mit den Beinen die Neugierde der Haie wecken.

Bei einer Haibegegnung unter Wasser droht dem Taucher nur sehr selten bis gar keine Gefahr. Die Tiere sind normalerweise eher scheu und meiden den Kontakt mit dem Menschen. Laut einer Statistik der ISAF (International Shark Attack File) wurden weltweit 1990 bis 1999 gerade mal 536 Haiangriffe registriert, von denen nur 68 tödlich endeten. Unfälle passieren in der Regel nur im Zusammenhang mit blutigen Fischködern (Harpunierer, Fischfütterungen) oder durch massives Bedrängen der Tiere durch z. B. Unterwasser-Fotografen. Die meisten Haiarten zeigen dann vor einem Angriff eindeutige Gebärden (Buckel machen, Flossen nach unten, Opfer vorher anrempeln). Die richtige Interpretation dieses Verhaltens und ein ruhiges Zurückweichen zum Riff oder Boot, können einen näheren »Kontakt« vermeiden.

Haie: So aufregend wie faszinierend (Foto: Franz Hajek, (c) Sharkproject 2004)

Grundsätzlich gilt: Ruhig und ohne Hast handeln, Rückendeckung (Korallenblock o. Ä.) nicht verlassen und die Haie in einer kritischen Situation im Auge behalten. Ansonsten ist eine Haibegegnung immer ein großes Erlebnis für den Taucher!

Übrigens...
...aus einer Statistik des englischen Reiseversicherers Club-Direct geht hervor, dass es im Jahre 2000 weltweit 79 Angriffe durch Haie gab – davon endeten 10 tödlich. Im selben Jahr sind 150 Personen durch herunterfallende Kokosnüsse unter Palmen getötet worden!
Fazit: Unter einer Kokospalme vor sich hinzuschnarchen, ist also weitaus gefährlicher, als in so genannten «haiverseuchten« Gewässern zu tauchen...

Ich unterstütze die Aktion von Sharkproject: „Stop Finning“!

Ein Hai in Sicht, was nun ?
Eine Anmerkung von Gerhard Wegner, Präsident Sharkproject

Gerade für Tauchanfänger ist es eine der größten Ängste überhaupt, bei einem der ersten selbstständigen Tauchgänge einem Hai zu begegnen. Jede Menge Angstvorstellungen sind in unserem Kopf eingebrannt und wir erwarten eine Bestie, die nur darauf lauert, uns anzugreifen und zu fressen. Dazu viel falsches, nie hinterfragtes »Wissen«, wie z. B. dass Haie von Menschenblut wie magnetisch angezogen werden oder dass sie Surfer mit Robben verwechseln u. v. m.
Erst, wenn wir uns näher mit dem Hai befassen, lernen wir ein anderes Tier kennen, einen intelligenten, scheuen Räuber, der nur eines auf dieser Welt fürchten muss – uns Menschen.
Wir gehören nicht in das Beuteraster der Haie, wie uns die weltweiten Statistikzahlen über Haiunfälle eindrücklich belegen. Jährlich werden nur ca. 60-100 Unfälle gemeldet, von der einfachen Sichtung eines Tieres in der Nähe, bis zu Berührungen und in seltenen Fällen eines Testbisses. Nur 5-10 Tote gibt es jährlich weltweit durch Haiunfälle. Eine statistisch kaum fassbare Zahl, wenn man die Anzahl von jährlich rund 20 Milliarden Wassersportvorgängen gegenüberstellt. Auch bei diesen tödlichen Unfällen wird nicht der Mensch vom Hai gefressen, sondern es handelt sich bei den wenigen Fällen überwiegend um versehentliche Arterienver-

letzungen. Der Hai hat sich geirrt, es war kein aggressiver Angriff, sondern ein Unfall, meist durch das falsche Verhalten des Menschen ausgelöst. Wenn es zu einem Unfall kommt, ergibt sich dieser aus unserer Unkenntnis der Systematik einer Mensch-/Hai-Interaktion.

Auf der anderen Seite töten wir Menschen etwa 200 Millionen Haie pro Jahr. Als Beifang oder ganz gezielt als Flossen- oder Knorpellieferant. Besonders das Finning – das Flossenabschneiden bei lebendigem Leib – ist einer der häufigsten Gründe. Für einen Teller Knorpelsuppe lassen jährlich Millionen von Tieren auf grausamste Art ihr Leben, unbemerkt von der Öffentlichkeit. Einen Schutz können diese Tiere nicht erwarten. Wer schützt schon etwas, vor dem er Angst hat. So haben wir heute bereits Rückgänge von fast 90% bei einigen Haiarten und von den rund 470 bekannten Arten sind 100 bereits als höchst gefährdet zu betrachten. Überall dort, wo die Haie verschwinden, stirbt aber auch das Meer. Seit über 400 Millionen Jahren sind Haie als Topräuber verantwortlich für die Balance im größten Ökosystem der Welt. Mit der systematischen Ausrottung der Haie entzieht sich der Mensch selbst seine Lebensgrundlage, denn 80% des Sauerstoffs dieser Erde wird da produziert, wo Haie bisher der Garant für die gesunde Ökologie waren.

Um diese Tiere schützen zu können, müssen wir jedoch zunächst unsere Angst verlieren. Dazu müssen wir die Tiere besser kennen lernen. Dieser Aufgabe hat sich die internationale Organisation SHARKPROJECT angenommen. Die engagierten Haischützer haben mit eigenen Experimenten nicht nur die Körpersprache der Haie entziffert, damit wir Taucher Begegnungen mit Haien besser verstehen lernen sondern starten auch umfangreiche Schutzkampagnen für den verkannten Räuber.

Gerade wir Taucher sind aufgefordert für das Überleben der Haie zu kämpfen, wir sind die »grüne Armee«, die mit ihrer Kenntnis und Liebe zur Unterwasserwelt die Haie noch retten könnte. Ausführliche Informationen dazu gibt es auf den Internetseiten der Haischutzorganisation Sharkproject (www.sharkproject.com), bei einem der zahlreichen Multimediavorträge der Organisation oder in dem neuen Buch »Haiunfälle«, Kosmos Verlag, Stuttgart (ISBN: 3-440-10171-1).

Barrakudas

Sie gelten teilweise als viel angriffslustiger als Haie. Vor allem blinkende, blitzende Gegenstände (Messer, Schmuck, Metallteile, Foto-Objektiv) kann der Barrakuda – oft in trübem Gewässer – mit seiner üblichen Beute verwechseln und sich zu einem Angriff reizen lassen. Als Jungtiere treten sie in Schwärmen auf. Im Alter werden sie zu standorttreuen Einzelgängern, die ihr Revier verteidigen. Die größeren Exemplare sollte man bei Begegnung nicht aus den Augen lassen und die Warnhinweise beachten. Der Barrakuda reagiert dann mit einer drohenden Maulbewegung, wenn sein Revier verletzt wird. Befragen Sie vorher einen erfahrenen Tauchbegleiter, der die Reviere kennt und meiden Sie diese beim Tauchen!

Muränen
Diese Fische verstecken sich tagsüber in Felsspalten oder Löchern und gehen erst nachts auf Jagd. Man sieht von ihnen nur den Kopf aus der Öffnung schauen. Die Muräne macht dabei wiegende Bewegungen und reißt das Maul weit auf, was keineswegs eine Bedrohung darstellt. Allerdings sollte man dem Fisch nicht zu nahe kommen oder ihn gar bedrängen.

Muräne (Foto: Michael Christ)

Beißen Muränen zu, lassen sie so schnell nicht mehr los. Das starke Gebiss reißt tiefe, stark blutende Wunden, die sich später infizieren können. Also: Muränen nur beobachten und keinesfalls streicheln. Niemals in dunkle Spalten mit bloßen Händen fassen!

Drückerfische
Man findet sie im Roten Meer und in allen tropischen Gewässern. Erfahrene Taucher haben vor einem großen Drücker mehr Respekt als vor Haien.
Die Männchen, die ihr Gelege verteidigen, verhalten sich besonders aggressiv. Sie schwimmen zuerst mehrmals in Drohgebärde direkt auf den Eindringling zu – egal wie groß er ist. Sie können dem sich nähernden Taucher mit ihrem kräftigen Gebiss, das auch Steinkorallen zerkleinern kann, tiefe Wunden reißen.

Blauring-Oktopus
Diese Oktopusart lebt im pazifischen Ozean und verteidigt sich bei Bedrohung, im Gegensatz zu der eher harmlosen Verwandtschaft, durch einen – oft unbemerkten – Biss mit dem Schnabel. Dabei überträgt der Blauring-Oktopus über den Speichel ein starkes lähmend wirkendes neurotoxisches Gift, das auch beim Menschen bis hin zum Tod führen kann. Ein Biss wird oft vom Opfer nicht bemerkt. Nach einiger Zeit breiten sich Gefühllosigkeit und Lähmungserscheinungen aus. Es kommt zu Schluckbeschwerden, Störung der Motorik, Atemnot bis hin zum Tod durch Läh-

mung der Atemmuskulatur. Man erkennt die Tiere deutlich an ihrem auffälligen Muster, den blauen Ringen auf der dunklen Haut.

Seeschlangen
Die etwa 50 Arten kommen überwiegend im Indischen Ozean und im Pazifik vor. Sie lieben seichtes Gewässer und küstennahe Gegenden. Sie sind meist friedlich und menschenscheu und greifen nur an, wenn sie extrem gereizt werden oder sich bedroht fühlen. Die Vergiftungssymptome nach einem Biss sind Erbrechen, Krämpfe und Lähmung des Atemzentrums, was zum Tode führen kann. Zum Glück bekommen die Tiere ihr Maul nicht weit genug auf, um in Arm und Bein oder gar einen Neoprenanzug beißen zu können. Achten Sie auf ungeschützte Stellen, wie Hand oder Finger. Unfälle mit Seeschlangen sind aber bisher nur bei Fischern bekannt geworden.

5.5.2 Nur ein kleiner Stich

Die zweite Kategorie ist den »Stechern« gewidmet, die meist harmlos aussehen, aber mit ihren zum Teil giftigen Stacheln wirkungsvolle Verteidigungswerkzeuge mit sich herumtragen.

Doktorfische
Diese farbenfrohen Gesellen findet man an allen Riffen des Roten Meeres und des Indopazifik. Sie tragen an der Seite ihres Schwanzes einen scharfen, skalpellartigen Dorn, was ihnen den Namen einbrachte. Der Dorn, im Normalfall eingeklappt, kann bei Gefahrensituationen aufgerichtet werden und dem Aggressor mit gezielten Schwanzschlägen, zwar nicht giftige, aber schmerzhafte und nur langsam heilende Schnittverletzungen zufügen.
Halten Sie respektvollen Abstand und erfreuen Sie sich an den prächtigen Fischen ohne sie zu bedrängen – dann wird der Doktor auch nicht tätig!

Literatur-Tipp zum Thema Gefährliche Meerestiere

»Achtung gefährlich« ist ein umfassendes Werk über gefährliche Meerestiere, garniert mit unzähligen exzellenten Fotos, mit witzigen und spannenden Geschichten und randvoll mit praktischen Tipps zur ersten Hilfe.

Mit Paul Munzinger und Lutz Odewald sorgen zwei bekannte Journalisten dafür, dass Tipps wie diese jedem Sporttaucher zugänglich werden.
»ACHTUNG gefährlich – Alles was im Meer beißt, brennt, nesselt und sticht«, P. Munzinger / L. Odewald, uw-media 2004

Kegelschnecken
Diese trügerisch schönen Schnecken haben ihren Namen durch ihr kegelförmiges Gehäuse. Es besteht für den Taucher keine Bedrohung, solange man die Finger davon lässt. Durch Sammeln dieser Schneckenart kommt

es aber immer wieder zu tödlichen Unfällen. Die Tiere können blitzschnell einen langen Giftstachel ausfahren, der dem Opfer ein hoch entwickeltes Neurotoxin injiziert. Neben Muskellähmung und starken Schmerzen kann es zu Atem- und Herzversagen kommen. Allerdings gibt es über 200 verschiedene Arten Kegelschnecken, von denen nur wenige über diesen Giftstachel verfügen. Trotzdem sollte man – und nicht nur deshalb – seine Sammelleidenschaft unter Wasser zügeln!

Drachenkopf (Foto: Michael Christ)

Drachenköpfe, Skorpionfische und Steinfische

Diese Fischarten einer Familie, die auch schon im Mittelmeer, aber hauptsächlich in wärmeren Meeren vorkommen, verhalten sich Tauchern gegenüber in der Regel passiv. Sie greifen von sich aus nie an. Sie sind jedoch Meister der Tarnung und werden gerne auf einem Fels oder Korallenblock übersehen. Man findet sie bereits in knie- und knöcheltiefem Wasser auf den Riffdächern.

Gefährlich wird es nur, wenn sie versehentlich berührt werden (z. B. durch Verwechslung mit einem Stein beim unbedachten Festhalten). Die Giftstachel in ihren Rückenflossen injizieren ein brennendes Gift, das sehr starke Schmerzen zur Folge hat und mehrere Tage anhält. Das Gift des Steinfisches kann darüber hinaus zu Herzstillstand und damit zum Tod führen. Aber die Giftwirkung ist geringer als allgemein angenommen – der Stich eines Steinfisches wird in der Regel überlebt.

So ist vor allem bei Nachttauchgängen Vorsicht geboten. Man sollte die Stellen gut ausleuchten, wenn man sich schon festhalten muss (z. B. wegen Strömung).

Auf der sicheren Seite ist man aber immer, wenn man grundsätzlich nichts anfasst und durch gute Tarierung genügend Abstand zum Boden hält.

Steinfisch (Foto: Michael Christ)

Übrigens...
...der elegante Rotfeuerfisch gehört ebenfalls zu der Gattung der Skorpionfische. Er lässt Taucher relativ nahe an sich herankommen und ist deshalb ein beliebtes Objekt für Fotografen. Aber wie oben gilt: Nicht anfassen oder bedrängen! Auch er hat in seinen Rückenflossen mehrere Stacheln, die ein schmerzhaftes Gift injizieren.

Seesterne

Einige der unzähligen Seestern-Arten sondern giftige Sekrete auf ihrer Körperoberfläche ab. Ich möchte hier besonders auf die so genannte »Dornenkrone« hinweisen. Sie ist mit spitzen Stacheln auf ihrer Oberfläche bestückt, die spielend auch dickere Neoprenhandschuhe durchdringen können. Die Giftwirkung ist sehr schmerzhaft und lange Zeit andauernd. Belassen Sie es beim Betrachten der Tiere und fassen Sie die Seesterne besser nicht an!

Rotfeuerfisch (Foto: Michael Christ)

Stechrochen
Stachelrochen kommen in allen Meeren der Welt vor und halten sich gerne in seichten Gewässern mit Sandboden auf. Sie sind für Taucher ungefährlich, es sein denn, man tritt versehentlich auf sie, versucht sie zu fangen oder ärgert sie übermäßig. Mit ihrem mit scharfen Dornen bestückten Schwanz können sie peitschenartig ausschlagen und dem Widersacher tiefe Wunden zufügen, in die auch ein schmerzhaftes (aber nicht sehr wirksames) Gift injiziert wird.

Blaupunkt Stechrochen (Foto: Kay Graf)

Petermännchen und Kaninchenfische
Diese kleinen Grundbewohner findet man auch im Mittelmeer und in Strandnähe. Sie haben Giftstachel am Kopf und Rücken und setzen sich bei Bedrohung damit zur Wehr. Da sie ihr Brutgehege vehement verteidigen und sie oft nicht gleich sichtbar im Sand eingegraben lauern, kann eine falsche Annäherung schon einen Angriff provozieren. Halten Sie immer Abstand zu diesen Tieren und versuchen Sie auf keinen Fall, sie mit bloßen Händen anzufassen.
Das Gift der kleinen Fische ist zwar nicht lebensbedrohlich für den Menschen, trotzdem äußerst schmerzhaft und kann den Urlaub gründlich vermiesen!

Seeigel
Diese Tiere stellen keine direkte Bedrohung für den Menschen dar, können aber den Urlaub gewaltig vermiesen. Tritt man mit bloßen Füßen unachtsam in einen Seeigel, dringen die mit Widerhaken bestückten Stacheln tief unter die Haut und zerbrechen wie Glas. Die Folge sind schmerzhafte Wunden, die sich gerne entzünden. Da hat man noch tagelang etwas davon...
Abhilfe schaffen beim Strandwandern Badeschuhe oder Neopren-Füßlinge. Tauchern in Seeigel-reichen Gewässern rate ich zu Neopren-Handschuhen – so greift man nicht versehentlich mit bloßen Händen in einen Stachel.

Hat man einen Stachel unter der Haut, hilft vielleicht ein Hausrezept: Versuchen Sie mit Zitronensaft den Stachelrest über Nacht auflösen. Ansonsten sollte man einen Arzt aufsuchen und den Stachel chirurgisch entfernen lassen.

5.5.3 Nesselgifte – schmerzhaft bis tödlich!

Beenden möchte ich die Aufstellung gefährlicher Meerestiere mit den Quallen und Nesslern. Grundsätzlich sollte man immer davon ausgehen, dass vor allem in tropischen Gewässern viele Korallen- oder Anemonenarten ebenfalls mit wirkungsvollen »Nesselgiften« bewaffnet sind. Nichts anzufassen ist immer die beste Prävention!

Quallen

Quallen (oder auch Medusen) kommen in allen Weltmeeren, häufig in Küstennähe, vor und können unbedeckten Körperstellen durch zum Teil sehr lange Tentakel schmerzhafte Nesselvergiftungen zufügen. Viele Quallenvernesselungen sind nur schmerzhafter Natur oder verursachen einer Brandwunde ähnliche Verletzungen.
Dagegen hilft als Sofortmaßnahme ein vorsichtiges Abschaben der Tentakelreste mit Sand, Kühlung, Brand- und Wundgel. Auch das Auftragen von Rasierschaum soll die Auswirkungen einer Feuerquallen-Vernesselung mildern, wie DLRG-Wasserretter an der Ostsee es seit einigen Jahren praktizieren.

Quallen: Besser nicht anfassen. Dieses Exemplar hier ist zum Glück harmlos!

Quallen und andere Nesseltiere

Wie der Name schon sagt sind Quallen (oder besser Medusen) und andere Nesseltiere mit Nesselkapseln bewaffnet, die zum Betäuben ihrer Beute dienen. Die Kapseln sitzen auf den Nesselfäden wie Artilleriebatterien und warten auf eine Berührung. Dann explodieren die Nesselkapseln in Millisekunden und schleudern winzige Dornenfäden auf das Opfer. Die Durchschlagskraft der Dornen ist groß genug, um selbst die Haut des Menschen zu durchdringen und das Gift zu injizieren. Neben »nur« schmerzhaften Nesselwunden können einige Quallenarten (Würfelqualle, Portugiesische Galeere) durch ihre toxischen Proteine innerhalb von Minuten Bewusstlosigkeit und Tod durch Schock und Herzkreislaufversagen verursachen.

Seewespe

Es gibt aber einige Arten, vor denen ausdrücklich gewarnt werden muss: Die Seewespe »Chiponex« (oder auch Würfelqualle) hat vor der australischen Küste schon mehr Todesopfer als der weiße Hai gefordert. Die Berührung ihrer Tentakel verursacht große Schmerzen, Lähmungen und Todesfälle. In der Quallensaison wird in Australien deshalb zum Teil vor dem Baden im Meer gewarnt!

Schön anzusehen, aber manchmal gefährlich. Diese Meduse brennt aber nur ein wenig…

Portugiesische Galeere

Ebenso gilt das Nesselgift der Portugiesischen Galeere, die auch im Mittelmeer vorkommen kann, als sehr stark mit teilweise tödlichem Ausgang. Unter einer an der Oberfläche treibenden Gasblase – sie sieht aus wie eine alte Plastiktüte – lebt eine Kolonie von Polypen, mit bis zu 30 m langen Tentakeln für den Beutefang. Ein Kontakt mit den Nesselfäden der Portugiesischen Galeere sollte dringend vermieden werden!

Der beste Schutz vor Quallen ist deshalb ein Taucheranzug. Doch Vorsicht: Die gut haftenden Tentakeln können am Anzug kleben bleiben und beim Ausziehen nach dem Tauchgang noch ihre volle Wirkung entfalten!

BIONAUT - Meeresbiologische Seminare

Unter dem Motto »Wir erklären Ihnen nicht nur, was Sie wollen. Sie erleben mit uns, was Sie brauchen!« hält Biologe Uli Erfurth so unterhaltsame wie lehrreiche meeres- und süßwasserbiologische Seminare. Hier erfährt der Anfänger, wie der erfahrene Taucher jede Menge Interessantes aus der Unterwasserwelt und lernt die biologischen Zusammenhänge mit anderen Augen zu verstehen. Prädikat: Sehr empfehlenswert!
Uli Erfurth ist Diplom-Biologe, Tauchlehrer-Ausbilder, Ressort-Leiter »Wissenschaft und Umwelt« der CMAS-Germany, Ressort-Leiter »UW-Biologie und Umweltschutz« im Verband Internationaler Tauchschulen (VIT) sowie Mitarbeiter »Ökologie« im Förderkreis Sporttauchen. Weitere erfahrene Biologen gehören zu seinem BIONAUT-Team.
Informationen gibt es unter:
www.bionaut-online.de

5.5.4 Was lernen wir nun daraus?

Wir sind unter Wasser normalerweise nicht durch Meeresbewohner bedroht, die in der Regel mehr Angst vor uns haben, als umgekehrt!
Wenn man sich an ein paar Verhaltensregeln hält, wird auch in Zukunft beim Tauchen mit Sicherheit nichts passieren:

- Nichts berühren! Wenn eine Berührung unvermeidbar ist, ist darauf zu achten, wohin man fasst!
- Immer gut tariert und nicht zu dicht über Grund tauchen!
- Tauchanzug als Schutz vor ungewollte Berührungen tragen!
- Füßlinge als Schutz vor Seeigeln tragen!
- Niemals Raubfische bedrängen oder gar anfassen!
- Eigenes Verhalten dem Tauchguide anpassen!
- Nicht in dunkle Spalten oder Löcher fassen!
- Eine Tetanus-Schutzimpfung vor Auslandsreisen wird empfohlen!

Übrigens...
...die größte Bedrohung unter Wasser ist der Mensch!
Er zerstört Korallen und Pflanzen. Er jagt und tötet Fische. Er verschmutzt die Gewässer! Er vergiftet durch Überdüngung oder Schadstoffe die Weltmeere!

Nur anschauen - nicht anfassen! (Foto: Martin Hablützel)

6. Gut ausgebildet

Schnorchelausbildung im Pool: So hat jeder Taucher angefangen...

6.1 Der richtige Tauchschein?

»Habe ich den »richtigen« Tauchschein? Ist er überall gültig?«
Ich kann die Verwirrung eines Taucheinsteigers nur zu gut verstehen, der angesichts der unüberschaubaren Anzahl von Tauchverbänden und Vereinen nicht mehr durchblickt. Mittlerweile gibt es eine Vielzahl von Tauchsportverbänden in Europa, die aber glücklicherweise mehr oder weniger die gleiche Tauchphilosophie und Ausbildungsansprüche haben.

Um die Eingangsfrage zu beantworten: Ein Tauchschein ist kein amtlicher Führerschein. Ich habe mit dem Tauchschein kein Recht erworben, sondern nur einen Nachweis für eine solide Ausbildung erbracht, die mich zum sicheren Tauchen befähigt.

Tauchen DÜRFEN ist eine andere Frage: Keine Rechtsprechung verbietet oder erlaubt mir explizit das Tauchen. Es sei denn, es gibt ein Tauchverbot in einem bestimmten Gewässer. Aber dann nützt mir auch ein Tauchschein nichts.
Mit dem Tauchschein eines Verbandes habe ich den Nachweis, dass ich sicher Tauchen KANN. Somit kann mich ein Tauchveranstalter oder eine Tauchbasis zu einem organisierten Tauchgang mitnehmen, ohne versicherungs- und strafrechtliche Probleme zu bekommen. Denn letztendlich ist der Organisator eines Tauchgangs immer mit haftbar, wenn etwas passieren sollte. Damit beantwortet sich auch die Frage nach dem Tauchen-Dürfen.
Ohne gültigen Tauchschein einer anerkannten Organisation wird mich kein verantwortungsvoller Tauchveranstalter zum Tauchen mitnehmen!
Viele kleinere Organisationen schließen sich deshalb größeren Dachverbänden an, um internationale Brevets und Tauchscheine für ihre Mitglieder ausstellen zu können. Von einem »exotischen« Tauchschein, der später nirgends anerkannt wird, sollte man tunlichst die Finger lassen!

Wer Tauchen lernen möchte, für den sollte die Qualität der Ausbildung sowie die internationale Anerkennung seiner Brevetierung als Sporttaucher im Vordergrund stehen!

Richtig versichert

Leider kann man in einer gesetzlichen Krankenversicherung nicht mit der Kostenübernahme für eine Druckkammerbehandlung rechnen. Ebenso wird eine hyperbare Sauerstofftherapie nicht mehr bezahlt. Auch bei einer bestehenden privaten Unfallversicherung muss man aufpassen: Der Tauchunfall fällt nicht unter die Definition des üblichen Unfallbegriffes (»plötzlich von außen auf seinen Körper einwirkendes Ereignis, das zu Gesundheitsschädigung führt«). Damit ist eine Dekompressionskrankheit per Definition ausgeschlossen und die Heilbehandlung und Folgekosten werden vom Versicherer oft nicht übernommen! Befassen Sie sich gründlich vor Ihrem Tauchschein mit der Problematik.

Lassen Sie Ihre private Unfallpolice um die Begriffe »Tauchtypische Gesundheitsschäden / Erkrankungen« erweitern und die Bergungssumme erhöhen (Stichwort: Ambulanzflug oder Rückflug). Lehnen Sie aber Risikozuschläge ab – viele Gesellschaften decken dieses Risiko ohne Aufpreis!

Es gibt spezielle Zusatzversicherungen für Taucher (wie DAN oder Aqua-Med), die sich auf die notwendigen Versorgungen im Falle eines Tauchunfalls spezialisiert haben. Zusätzlich bieten sie den Service einer 24-Stunden-Hotline, die bei Notfällen weltweit hilft und von Transport bis Druckkammerbehandlung alles abwickelt.

Einige Tauchsportverbände haben für ihre Mitglieder schon im Jahresbeitrag spezielle Versicherungen zur Abdeckung des Tauchunfallrisikos eingeschlossen oder haben Rahmenverträge für günstige Zusatzpolicen. Achtung: Selbst solche Zusatzversicherungen haben für den Fall einer Berufsunfähigkeit in der Regel keine Leistungen vorgesehen! Vergleichen Sie gründlich Leistungen und Angebote, bevor Sie sich zu einer Versicherung entschließen. Aber versichert sollten Sie sein!

Tauchschüler vor dem ersten Tauchgang. Ausbildung in Dutch Springs, Pennsylvania

6.2 Verbände, Vereine und mehr

Weltweit gibt es unzählige Verbände und Vereine, die Sporttaucher ausbilden, Kurse anbieten oder sich in die eine oder andere Richtung spezialisiert haben (z.B. Höhlentauchen, Technisches Tauchen). Einige haben sich den Standards großer Vereinigungen angeschlossen, andere bilden nach eigenen Richtlinien aus. Jeder Verein, jeder Tauchclub oder jede Tauchbasis muss Mitglied eines Dachverbandes sein, um geprüfte Leistungen auch bescheinigen und registrieren zu können.
Die »Big Three« der Tauchverbände sind PADI, CMAS und SSI, die weltweit anerkannte Tauchscheine ausstellen und nach der neuen Euro Norm DIN EN 14153 ausbilden. Die Qualität der Aus- und Weiterbildung ist damit gegeben und nachprüfbar. Diese drei Verbände möchte ich Ihnen etwas näher vorstellen. Egal, für welchen Verband Sie sich entscheiden, alleine der Erfolg und die Qualität der Ausbildung sind letztendlich ausschlaggebend!

EN DIN 14153, die neue Euro- Norm zum Tauchsport

Mit der Einführung 2004 wurde eine Norm zur Vereinheitlichung der Sporttaucherausbildung in Europa geschaffen. Diese enthält Mindestanforderungen an die Ausbildung von Freizeit-Gerätetauchern. Bei der Anwendung der Norm verpflichten sich die Verbände, diese Anforderungen gesichert umzusetzen. Es steht ihnen aber frei, mehr zu bieten, als die Norm fordert.
Die Norm umfasst eine dreistufige Ausbildung:
- DIN EN 14153-1 Beaufsichtigter Taucher
- DIN EN 14153-2 Selbstständiger Taucher
- DIN EN 14153-3 Tauchgruppenleiter

6.2.1 CMAS

Die CMAS, Confédération mondiale des Activités Subaquatiques, ist ein Welttauchsportverband, der in vielen Ländern der Erde vertreten ist.
Nationale Tauchsportverbände haben sich global zu dieser Dachorganisation zusammengeschlossen, um eine weltweit einheitliche Tauchausbildung zu garantieren. Insgesamt gibt es in über 100 Ländern der Erde Landesverbände der CMAS, die mittlerweile über 300 000 Tauchlehrer und Tauchlehrer-Assistenten nach den Richtlinien der CMAS ausgebildet haben.
Die angeschlossenen Tauchverbände haben sich verpflichtet, den Richtli-

nien und Sicherheitsstandards in der Sporttaucherausbildung zu folgen und halten sich an einheitliche Prüfungsordnungen. Vom Grundtauchschein über Spezialkurse bis hin zum Höhlentauchen können die Tauchlehrer der Verbände somit Leistungen im Sinne der CMAS brevetieren.
Bei CMAS-Scheinen wird nach dem Sternsystem gewertet, anhand derer man die Qualifikation des Tauchers ablesen kann. Unterteilt werden die Taucher hierbei in 1-Stern (*), 2-Stern (**) und 3-Stern (***), wobei mit zunehmender Anzahl die Qualifikation steigt.

Die CMAS Germany ist ein 2002 neu gegründeter Verein mit dem Ziel, deutschsprachige Taucher nach den Standards des Weltverbandes auszubilden und zu fördern. Momentan setzt sich der Verein aus zwölf namhaften Verbänden zusammen:

Barakuda International Aquanautic Club
DLRG Deutsche Lebens-Rettungs-Gesellschaft e. V.
FIT Freie Internationaltätige Tauchlehrer e.V.
FST Fachverband staatlich geprüfter Tauchsportlehrer e. V.
ICMC International Committee of Marine Conservation
IDA International Divers Association
ITD International Tek Divers
Protec Professional Technical Diving (CMAS-Division)
UDI United-Diving-Instructors
VDST Verband Deutscher Sporttaucher e. V.
VEST Verband Europäischer Sporttaucher
VIT Verband Internationaler Tauchschulen e. V.

Die CMAS Germany ist ein »Non-Profit«-Verein und fördert alle Tauchsportbereiche und Fachrichtungen. Besondere Ziele sieht der Verein im Umweltschutz und in der Unterstützung des Artenschutzes weltweit. Der Weltverband CMAS hat gleiche internationale Ziele, aber ansonsten keine direkten Verbindungen zur CMAS Germany. Sie ist also keine Filiale des Weltverbandes, sondern völlig autark.

Die CMAS mit der Geschäftsstelle in Rom gibt lediglich die Standards vor und beliefert den deutschen Verein mit Lizenzunterlagen und Cards, die weltweit anerkannt werden müssen.
Über den Verband Deutscher Sporttaucher e. V., als Lizenzgeber, ist die CMAS Germany e.V. in die Sportfamilie des Deutschen Sportbundes integriert. Tauchlehrer, Übungsleiter und Trainer verfügen über einen national und international anerkannten Status, der sich grundsätzlich von denen der »Profit-Verbände« des Auslands abgrenzt.

Weitere Informationen zur CMAS Germany und Downloads von Prüfungsordnungen und Versicherungstipps findet man unter:
www.cmas-germany.de

Die Geschäftsstelle der CMAS Germany erreichen Sie unter folgender Adresse:

Postanschrift:
CMAS- Germany
Berliner Str. 312
D – 63067 Offenbach
Deutschland
Tel: +49 (0) 69 981902-0
Fax: +49 (0) 069 981902-99
Mail: berendt@vdst.de
www.cmas-germany.de

6.2.2 PADI

PADI (Professional Association of Diving Instructors) ist die weltweit größte Organisation des Sporttauchens. Überall auf der Welt findet man professionelle PADI Dive Centers und Instructors, die jedes Jahr nahezu 946 000 Brevetierungen vergeben.
PADI Europe als europäischer Ableger von PADI mit Sitz in Hettlingen, Schweiz, wurde 1983 gegründet und ist heute in 18 Ländern aktiv tätig. Zum Territorium von PADI Europe gehören die Malediven, Ägypten, die europäischen Länder außer Skandinavien und Großbritannien sowie die French West Indies.

PADI vereinigt weltweit rund 4300 Dive Center und Ressorts in mehr als 175 Ländern, in denen das modulare PADI-Ausbildungsprogramm angeboten wird, angefangen beim klassischen Einsteigerkurs bis hin zur Ausbildung zum Profi. Weltweit beschäftigt PADI über 100 000 Instructors, welche die Kurse nach der firmeneigenen Philosophie in die Praxis umsetzen. Um den internationalen Anforderungen von Tauchern zu entsprechen, sind PADI-Lehrgangsunterlagen in mehr als 20 Sprachen verfügbar. Ende 2003 wurden über 8 Millionen PADI-Brevetierungen weltweit gezählt.

PADI hat sich den Schutz der Umwelt auf die Fahne geschrieben: Die gemeinnützige Stiftung Project AWARE wurde 1995 von der PADI Europe AG gegründet, um umwelt- und ausbildungsbezogene Aktivitäten durch finanzielle Zuschüsse und andere Hilfen zu unterstützen. Der Stiftungsname »Project AWARE« ergibt sich aus den Anfangsbuchstaben der Begriffe Aquatic World Awareness, Responsibility und Education und verkörpert das Leitbild der Organisation. Als ein Non-Profit-Unternehmen erwirtschaftet die Stiftung Project AWARE keine Gewinne, sondern erzielt ihre Einnahmen aus

dem Verkauf von AWARE-Produkten sowie aus Spenden. Die Stiftung garantiert, dass der daraus entstehende Reinerlös komplett in ihre Aktivitäten zurückfließt.
Ziel von Project AWARE ist es, die Unterwasserwelt zu schützen und zu erhalten. Als Stiftung will sie Verantwortung für das fragile Ökosystem übernehmen. Deswegen instruiert sie die Menschen, sich entsprechend zu verhalten (Quelle: PADI Europe).

Postanschrift:
PADI Europe
Oberwilerstr. 3
CH– 8442 Hettlingen
Schweiz
Tel: +41 52 304 14-14
Fax: +41 52 304 14-99
Mail: onia.rodriguez@padi.ch
www.padi.com

6.2.3 SSI

Die Tauchsportorganisation SCUBA SCHOOLS INTERNATIONAL (SSI) wurde schon 1970 in Long Beach, Kalifornien/USA gegründet. Seit Mitte der 80er-Jahre wurden Niederlassungen rund um den Globus eröffnet. Damit gehört SSI zu einer der größten Ausbildungsorganisationen für Tauchsport in der Welt. Mit über 1 500 angeschlossenen Fachgeschäften und Tauchbasen ist SSI auf jedem Kontinent und in über 85 Ländern vertreten.

Fachhändler und Tauchbasen sind die beiden Stützen des SSI-Systems und bilden das SSI-Händler-Netzwerk. Als Unternehmen mit Tauchern als Kunden haben sie das größte Interesse daran, eine hohe Qualität der Ausbildung und der Produkte sicherzustellen. Aus diesem Grunde arbeitet SSI im Gegensatz zu allen anderen Verbänden und Organisationen nicht mit freien, unabhängigen Tauchlehrern. SSI-Instructors sind daher immer in Fachgeschäften oder an Tauchbasen und deren Tauchschulen tätig. Somit verfügen sie immer über die vollständige Logistik eines Dienstleistungsunternehmens der Tauchsportbranche.

SSI Germany repräsentiert gegenwärtig über 150 professionelle Fachgeschäfte und Tauchschulen in Deutschland. Es sind über 650 Instructors tätig, die jährlich ca. 7 000 Brevetierungen vornehmen.

Bereits 1973 wurde bei SSI erkannt, dass das programmierte Lernen gegenüber den herkömmlichen Lehrmethoden bei der Tauchausbildung große Vorzüge hat. So entstand das teilweise auf einem Heimlernprogramm basierende multimediale SSI-Lehrsystem, in dem alle Formen des Lernens genutzt werden können.

Das SSI-Ausbildungssystem umfasst vom Schnorcheltauchen bis zum Instructor-Training alle Facetten des Freizeittauchens. Kernstück sind das OPEN-WATER-DIVER-Programm, das SPECIALTY-Programm und das STRESS & RESCUE-Programm. SSI nutzt eigenes Lehr- und Ausbildungsmaterial für alle Stufen, das es in allen bedeutenden Sprachen gibt. Dazu gehören ein Handbuch, Arbeitsbücher, Videos, Kursrichtlinien für den Instructor und andere Lernunterlagen (Quelle: SSI Germany).

Nach Brevetierung erhält der Taucher eine C-Card (SSI-Certification-Karte), die sowohl Anzahl Tauchgänge, als auch die Jahre der Taucherfahrung zeigt.

SCUBA SCHOOLS INTERNATIONAL

Postanschrift:
SSI GmbH
European Service Center
Johann Höllfritsch Str.47
D-90530 Wendelstein
Deutschland
Tel.: +49 (0) 9129-9099 380
Fax: +49 (0) 9129-9099 3850
Mail: info@ssi-germany.de
www.ssi-germany.de

6.3 Grundausbildung Der Weg zum Tauchschein

Wie vorangegangen zu sehen ist, repräsentiert jeder Tauchverband sein eigenes Ausbildungssystem und seine eigene Lernphilosophie.
Mit einer Ausbildung bei einem Verein oder einer Tauchbasis der »Big Three« CMAS, PADI und SSI bekommt man einen Tauchschein, der weltweit anerkannt und gemäß der neuen Euro Norm DIN EN 14153 auch von gleich bleibender Qualität ist. Ich möchte Ihnen hier die Voraussetzungen und groben Inhalte des jeweiligen Gerätetauchgrundscheins vorstellen.

6.3.1 CMAS * Taucher

CMAS-Kurse werden von allen Tauchvereinen und Tauchschulen der Mitgliedsverbände der CMAS angeboten und durchgeführt.

Schon mit 12 Jahren kann man mit dem CMAS-Grundtauchschein beginnen, der Vorstufe zum CMAS * Taucher. Hier soll der Bewerber in Theorie und Praxis mit den Grundlagen des Sporttauchens vertraut gemacht werden.

Nach zwei Geräteübungstauchgängen in 3 bis 5 m Tiefe kann der Schüler den CMAS Basic Diver bestätigt bekommen. Der Basic Diver entspricht den Richtlinien der Europanorm DIN EN 14153-1 »Beaufsichtigter Taucher«.

Zum Erlangen des CMAS * muss der Bewerber 14 Jahre alt sein:

Voraussetzungen

• 14 Jahre (bei Minderjährigen mit Einverständniserklärung der Eltern)
• Gültige Tauchtauglichkeitsbescheinigung nach den Richtlinien der CMAS, nicht älter als 2 Jahre, bei Bewerbern über 40 Jahre nicht älter als 1 Jahr

Theorie

• Grundlagen des Sporttauchens mit und ohne Gerät (6 - 10 Unterrichtseinheiten) entfällt bei abgelegtem Grundtauchschein
• Schriftliche Prüfung

Praxis

• Übungen mit ABC-Ausrüstung im Pool oder Freiwasser mit poolähnlichen Verhältnissen entfällt mit Grundtauschschein
• 5 Tauchgänge im Pool entfällt mit Grundtauschschein
• 4 + 1 Tauchgänge: Vier Übungstauchgänge in einer Tiefe von 6 bis 15 m und ein Tauchgang mit erhöhtem Schwierigkeitsgrad (Tiefe, Nacht, Strömung)

Der CMAS * entspricht den Richtlinien der Europanorm DIN EN 14153-2 »Selbstständiger Taucher« und ist mit PADI Open Water Diver und SSI Open Water Diver gleichzusetzen. Mit diesem Schein können weltweit begleitete Tauchgänge durchgeführt werden.

6.3.2 PADI Open Water Diver

Der »Open Water Diver« ist die Grundausbildung für das selbstständige Tauchen bei PADI. Dem Einsteiger werden während der Ausbildung notwendige Grundkenntnisse vermittelt. Er wird in der Ausbildung durch die Instructors Schritt für Schritt an die Unterwasserwelt herangeführt. Der Abschluss des PADI Open Water Diver-Kurses berechtigt zu verschiedenen Specialty-Kursen, zu Ausbildungen, die in spezifischen Bereichen die Tauchfertigkeiten perfektionieren. Der Schein kann weltweit in allen angeschlossenen PADI- Tauchbasen und Vereinen abgelegt werden.

Die Rettungsübung ist Teil der CMAS-Ausbildung

Als Einstieg gibt es auch hier die Möglichkeit, im Alter von 15 Jahren den PADI Scuba Diver abzulegen. Diese zeitlich günstige Tauchausbildung wurde auf Anfängerniveau konzipiert, um Tauchern einen angenehmen Einstieg zu ermöglichen. Nach erfolgreichem Abschluss der drei Theorie- und Praxismodule sowie der zwei Freiwassertauchgängen bekommt man ein lebenslang gültiges, international anerkanntes Tauchzertifikat, das erlaubt, in professioneller Begleitung weltweit zu tauchen.

Für den PADI Open Water Diver wird Folgendes verlangt:

Voraussetzungen

- Gute Schwimmfähigkeit
- 15 Jahre (bei Minderjährigen mit Einverständniserklärung der Eltern)
- Tauchsportärztliches Attest (nicht älter als ein halbes Jahr nach den Richtlinien von PADI)

Theorie

- 5 Theorie-Lektionen mit anschließender schriftlicher Prüfung

Praxis

- 5 Lektionen im begrenzten Freiwasser
- 4 Freiwasser-Tauchgänge

Der PADI Open Water Diver entspricht den Richtlinien der Europanorm DIN EN 14153-2 »Selbstständiger Taucher« und ist CMAS * sowie SSI Open Water Diver gleichzusetzen. Mit diesem Schein können weltweit begleitete Tauchgänge durchgeführt werden.

PADI bietet als Ergänzung für jüngere Taucher den Junior Scuba Diver und Junior Open Water Diver, die schon mit 10 Jahren abgelegt werden dürfen. Es ist dann aber nur begleitetes Tauchen mit einer Tiefenbegrenzung erlaubt.

6.3.3 SSI Open Water Diver

Bei allen SSI-Fachhändlern und SSI-Tauchbasen weltweit können Tauchscheine nach dem SSI-System abgelegt werden.

SSI bieten als Einstieg für Nichttaucher einen SSI-Schnorchelkurs. Hier werden in 4 bis 12 Unterrichtsstunden und praktischen Ausbildungseinheiten im Pool oder Freiwasser die Fertigkeiten im Umgang mit der ABC-Grundausrüstung vermittelt. Es gibt kein Mindestalter für die Kursteilnahme.

Ab dem Alter von 12 Jahren kann man in die Welt des Gerätetauchens einsteigen. Der SSI Passport Diver vermittelt in 3 bis 5 Stunden Theorie und Praxis mit anschließenden zwei Freiwassertauchgängen das notwendige Wissen und die Fertigkeiten, um später unter Aufsicht eines Instructors oder Dive Leaders zu tauchen. Die Gültigkeit des SSI Passport Diver ist zeitlich auf ein Jahr begrenzt und kann mit einem Kurs aufgefrischt werden.

Für den SSI Open Water Diver (OWD) wird Folgendes verlangt:

Voraussetzungen

- Nachweis der Schwimmfähigkeit ohne ABC-Ausrüstung
- 15 Jahren (bei Minderjährigen mit

Einverständniserklärung der Eltern)
• Tauchsportärztliches Attest

Theorie & Praxis

• 6 Unterrichtseinheiten Theorie »programmiertes Lernen« je nach Bedürfnissen und Fähigkeiten des Schülers. Es gibt bei SSI keine festgelegte Mindestzahl von Stunden, die der Kurs zu dauern hat, sondern nur Empfehlungen. Die tatsächliche Dauer richtet sich nach Anzahl der Schüler, Alter und Leistungsstand. Man sollte etwa vier bis sechs Wochen Gesamtkurszeit einplanen.

Tauchgänge

• 6 Tauchgänge im Schwimmbad
• 4 Ausbildungstauchgänge im Freiwasser

Der SSI Open Water Diver entspricht den Richtlinien der Europanorm DIN EN 14153-2 »Selbstständiger Taucher« und ist CMAS * sowie PADI Open Water Diver gleichzusetzen. Mit diesem Schein können weltweit begleitete Tauchgänge durchgeführt werden.

Der SSI Junior Open Water Diver kann schon im Alter von 10 Jahren abgelegt werden. Dann darf aber bis zum SSI OWD (15 Jahre) nur in Begleitung eines Instructors oder Dive Leaders bis maximal 12 m Tiefe getaucht werden.

Die Ausbildung findet nicht immer unter optimalen Bedingungen statt!

6.4 Adressen der wichtigsten Tauchverbände und -organisationen

Hier können Sie sich die wichtigsten Ausbildungsinformationen oder Adressen der angeschlossenen örtlichen Vereine besorgen:

ADC Association of Diving Contractors International www.adc-int.org
AIDA Deutschland e.V. (Deutscher Fachverband für Apnoe-Sport) www.aida-deutschland.de
ANDI (American Nitrox Divers International) www.andi-deutschland.de
ATEC (Association of Technical Diving Instructors) www.technicaldiving.de

Barakuda International Aquanautic Club www.barakuda.de

CEDIP European Committee of Professional Diving Instructors www.cedip.com
CMAS (Confédération Mondiale des Activites Subaquatiques) www.cmas.org
CMAS Germany e.V. www.cmas-germany.com
CMAS Schweiz www.cmas.ch

DIWA (Diving Instructor World Association) www.diwa.net
DLRG (Deutsche Lebens- Rettungs- Gesellschaft e.V.) www.dlrg.de

European Committee of Professional Diving Instructors www.cedip.org

FIDO Federation of Independent Diving Organisations www.fido-dive.org
FIT e.V. (Freie Internationaltätige Tauchlehrer e.V.) www.fit-ev.de
FST e.V. (Fachverband staatlich geprüfter Tauchsportlehrer e.V.) www.fst-ev.com

GUE (Global Underwater Explorers) www.gue.com

HSA (Handicapped Scuba Association Germany) www.hsa-germany.de

I.T.D. (International Tek Divers) www.itd.info
IAHD (International Association for Handicapped Divers) www.iahd.org
IANTD (Int. Association of Nitrox and Technical Divers) www.iantd.com
IART International Association of Rebreather Trainers www.iart.de
IRTDA International Recreational and Technical Diving Association www.irtda.de
ICMC (International Committee of Marine Conservation) www.icmc-tauchsport.de
IDA (International Divers Association) www.ida-online.com
IDEA (International Diving Educators Association) www.idea-europe.com
IDEA Germany (International Diving Educators Association) www.idea-deutschland.de
IDIC (International Diving Instructor Corporation) www.idic-international.org

IFDA (International Freediver Association)	www.I-F-D-A.de
IRTDA (International Recreational and Technical Diving Association)	www.irtda.de
ITD (International Tek Divers)	www.itd.info
NACD (National Association for Cave Diving)	www.safecavediving.com
NAUI (National Association of Underwater Instructors)	www.naui.ch
NRC (Nitrox and Rebreather College)	www.nrc-international.com
PADI (Professional Association of Diving Instructors)	www.padi.com
PADI Deutschland	deutsch.padi.com
PATD (Professional Association for Technical Diving)	www.patd.org
PDA (Professional Diving Association)	www.pda-tauchsport.de
PDIC (Professional Diving Instructors Corporation)	www.pdic-intl.com
ProTec (Professional Technical Diving)	www.protecdive.com
RAB Rebreather Advisory Board	www.rab-ev.de
SSI (Scuba Schools International Europe)	www.ssieu.com
SSI Deutschland	www.ssi-germany.de
SUSV (Schweizer Unterwasser-Sport-Verband)	www.susv.ch
TDI (Technical Diving International)	www.tdisdi.com
TSVOE (Tauchsportverband Österreich)	www.tsvoe.or.at
UDI (United-Diving-Instructors)	www.udi-world.de
VDST (Verband Deutscher Sporttaucher e.V.)	www.vdst.de
VDST Nitrox Rebreather Diving	www.vdstnitrox.de
VDTL (Verband Deutscher Tauchlehrer e.V.)	www.vdtl.de
VEST (Verband Europäischer Sporttaucher)	www.vest-dive.de
VISH (Verband Internationaler Sporttaucher mit Handicap e.V.)	www.vish.de
VIST (Verband Internationaler Sporttaucher)	www.vist-ev.de
VIT (Verband Internationaler Tauchschulen e.V.)	www.dive-vit.com

7. Tauchen zu Hause

Tauchen in den glasklaren Seen unserer Heimat
(Foto: Gaby Nenadal)

Sie kommen mit einem nagelneuen Tauchschein aus dem Urlaub und wollen zu Hause weiter diesem Sport nachgehen?
Mittlerweile ist das nicht mehr schwierig. Der beste Weg ist, Anschluss an einen örtlichen Tauchclub oder Verein zu finden. Hier trifft man erfahrene Sporttaucher, die gerne helfen und Tipps weitergeben sei es für Aus- und Weiterbildung oder für das nächste Urlaubsziel. In der Regel haben sich der Verein direkt oder zumindest die Tauchlehrer einem Dachverband angeschlossen und können selbst Kurse abhalten und Brevets vergeben. Das ist meist der günstigste (billigste) Weg zu weiterführenden Spezialkursen, wie Orientierungstauchen oder Nachttauchen.
Ansonsten finden Sie über den nächsten Tauchfachhandel oder Tauchbasis die Möglichkeit, weiter auch im Inland zu tauchen. Jeder Fachhändler bietet regelmäßig Kurse und/oder Übungsabende im Schwimmbad an.

Regelmäßiges Training

Nicht nur für die eigene Kondition sondern auch zur erhöhten Sicherheit beim Tauchen dient ein regelmäßiges Training. Viele Vereine und Tauchclubs haben im lokalen Hallen- oder Freibad Übungsstunden, die ihre Mitglieder besuchen können. Nutzen Sie diese Gelegenheit und trainieren Sie Ihre Fähigkeiten mit der ABC- Ausrüstung. Sie bleiben körperlich fit und bei guter Kondition. Das Schnorcheltraining gewöhnt Sie an die doch ungewohnte Schwimmbewegung und Sie bleiben im nächsten Urlaub von einem Wadenkrampf verschont. Und nicht zuletzt fördert das Apnoetraining durch eine gesunde Lunge die Sicherheit unter Wasser.

Regelmäßiges Training im Pool ist wichtig!

Haben Sie per Internet oder Telefonbuch keine geeignete Adresse gefunden, wenden Sie sich an die Geschäftsstellen der CMAS, PADI oder SSI (siehe Kapitel 6). Hier gibt man Ihnen entsprechende Kontakte zu nächstgelegenen Tauch- und Trainingsmöglichkeiten.

Tipps und Informationen

Neben organisierten Weiterbildungsveranstaltungen und Gesprächen am Stammtisch gibt es in Deutschland, Österreich und der Schweiz gute Möglichkeiten, regelmäßig an neueste Informationen rund um das Sporttauchen zu kommen. In keinem anderen Land der Welt gibt es so viele (und gute) monatliche Magazine, wie bei uns. Die populärsten Zeitschriften für Sporttaucher, sind AQUANAUT, ATLANTIS, TAUCHEN und UNTERWASSER.

Hier gibt es Neuigkeiten zu Tauchreisen, Tipps zu den besten Tauchgebieten der Welt, Weiterbildungen und Empfehlungen zu Ausrüstungen.

Übrigens...

... die Internetplattform »Taucher.net« bietet jede Menge Informationen über Reiseziele, Technik, Biologie und Tauchmedizin. Zusätzlich gibt es hier ein Forum, in dem man mit Experten der Branche in Kontakt kommen kann (www.taucher.net)!

Leihausrüstung für selbstständige Tauchgänge

Es ist heutzutage nicht mehr schwer eine Tauchausrüstung zu leihen. Im Urlaub gehört es schon zum Tauchbasen-Alltag für ihre Gäste Ausrüstung bereit zu halten natürlich gegen Leihgebühr.

Aber auch in Deutschland, Österreich, der Schweiz muss man nicht mangels einer eigenen Ausrüstung auf das Tauchen verzichten. Fast jedes Tauchgeschäft, das auch Kurse anbietet, wird Ausrüstung tage- oder wochenweise verleihen und Sie können die heimischen Gewässer erkunden. Voraussetzung ist aber immer ein gültiger Tauchschein!

Verantwortungsvolle Tauchbasen und -geschäfte vergeben ihre Ausrüstung für Privattauchgänge allerdings nur an Taucher einer gewissen Erfahrungsstufe. Gerade als Anfänger sollten Sie nur mit einem erfahrenen, fortgeschrittenen Taucher zu eigenen Tauchgängen aufbrechen!

Bei CMAS wird z.B. die Vier-Sterne-Regel empfohlen: Die Tauchbuddies müssen zusammen mindestens vier Sterne brevetiert haben, um miteinander tauchen zu dürfen (z.B. ein Bronze *- Taucher mit einem erfahrenen Gold ***- Taucher).

7.1 Tauchmöglichkeiten in Deutschland/Österreich/Schweiz

Eines vorweggenommen: Ja Tauchen in unseren Breitengraden ist kalt. Ein heimischer See, so sehr er sich im Sommer auch aufheizt, kann nie mit dem Mittelmeer, dem Indischen Ozean oder der Karibik mithalten. Deshalb wird für unsere Gewässer auch ein 7mm-Halbtrockentauchanzug oder Trockentauchanzug empfohlen. Man braucht meist eine Lampe, die Sichtweiten sind oft bescheiden (im Vergleich zum Urlaubstauchgebiet).

Warum gibt es hier dennoch eine so große Süßwassertaucher-Fangemeinde?

Es gibt drei starke Gründe, warum ich zu Hause gerne und viel tauche:
Tauchen im Süßwasser hat einen ganz eigenen, speziellen Reiz. Teilweise bizarre Unterwasserwelten bilden sich aus versunkenen Bäumen, Algen und Felsbrocken. In manchen Bergseen oder Quelltöpfen mit Einfluss von klarem Grundwasser kann man Sichtweiten von 50 bis 100 m erleben wie man sie im Meer nie haben wird. Außerdem freut man sich hier über jeden Fisch, den man sieht, ist er auch noch so klein. Man lernt wieder Kleinigkeiten zu beobachten und zu schätzen.
Ich tauche auch im Süßwasser, weil ich gerne tauche. Ich liebe es, schwerelos im Wasser, in einer anderen Welt zu sein und die Ruhe zu genießen. Da ich nicht jedes Wochenende ans Meer fliegen kann, suche ich eben schöne Tauchseen in der Heimat. Und es gibt wahre Perlen zu entdecken!
Tja und drittens nur Übung macht den Meister: Mit den zehn Urlaubstauchgängen im Jahr kann ich bestenfalls mein Können erhalten. Aber um richtig tauchen zu können, muss ich das auch regelmäßig üben und sei es auch mal in einem Baggersee mit 2 bis 3 m Sicht, wo ab 10 m Tiefe schon Nachttauchen angesagt ist. Wer sich hier sicher bewegen kann, wird auch zu

Tauchen in glasklaren, aber kalten Bergseen (Foto: Gaby Nenadal)

künftig allen Situationen im Meer gelassen entgegensehen können!

Wo kann man in Deutschland / Österreich / Schweiz tauchen?

Schauen Sie mal in eine Karte: Es gibt überall kleine Baggerseen, Flüsse, Bergseen bis hin zu den großen Badeseen. Es gibt zu viele namhafte Gewässer in Deutschland, Österreich und der Schweiz, als dass man sie hier alle nennen könnte. Reizvolle Gewässer wie der Bodensee (mit dem legendären Wrack der JURA oder der Überlinger Wand), der Kulkwitzsee in Leipzig (mit den riesigen Karpfen), der kristallklaren Fernsteinsee am Fernpass in Tirol, der berühmte Attersee (mit seinen Steilwänden und den unzählichen Plattformen zur Ausbildung) oder der Fluss Verzasca im Kanton Tessin (Flusstauchen vom Feinsten) sind Beispiele für verlockende Tauchreviere in Heimatnähe.
Fragen Sie in Ihrem Tauchgeschäft oder dem nächsten Tauchverein nach den besten Möglichkeiten in der Nähe. Sie finden viele kleinere Seen zum Teil in der Verwaltung von Tauchclubs, die gegen ein Entgelt auch Gäste zum Tauchen mitnehmen. Vielleicht wurde da auch ein kleines Wrack versenkt oder es gibt eine Übungsplattform.

Tauchverbote

Leider darf man nicht mehr in jedem heimischen Gewässer tauchen ist es auch noch so verlockend. Mittlerweile gibt es jede Menge Restriktionen. Lokale Vorschriften, Privatbesitz, Fischerei- und Anglerpachten, Wasserstraßen und Umweltschutzgründe machen das Sporttauchen zu Hause oft sehr schwierig. Nicht zwangsläufig ist jeder See, in dem man auch schwimmen oder auf dem man surfen darf, für das Tauchen zugelassen. Erkundigen Sie sich vorher bei ansässigen Tauchschulen oder über das Internet, ob, wo und wann Sie im jeweiligen Gewässer tauchen dürfen. Oft gibt es spezielle Einstiegsstellen für Taucher oder ausgeschilderte Laich- und Brutzonen, an die man sich schon aus Umweltschutzgründen halten sollte!

Übrigens...
... auf der Homepage des Tauchsportservice Potsdam (www.200bar.de) gibt es online eine umfangreiche Datenbank zu einer großen Anzahl Tauchgewässern in Deutschland. Der Clou: Ständig aktualisierte Daten zu Sichtweiten helfen bei der Entscheidung für den nächsten Tauchausflug!

Indoor- Tauchcenter

Mittlerweile erfreuen sich Indoor-Tauchcenter einer immer größer werdenden Beliebtheit. Hier kann man im warmen Wasser und bei guter Sicht gefahrlos mit seiner Ausrüstung spielen, Tarieren üben und Wechselatmung mit dem Partner trainieren. Die Tauchhallen mit üblicherweise 7 bis 10 m Tiefe haben ihre Unterwasserwelt meist liebevoll gestaltet, kleine Höhlen und Grotten modelliert und vielleicht sogar ein »Wrack« versenkt.
Die Tauchcenter bieten selbst auch Tauchkurse oder Übungsmöglichkeiten mit einem Tauchlehrer / Dive Instructor an. Gerade als Anfänger kann man hier hervorragend seine Fähigkeiten verbessern und »Easy-Diving« ohne viel Aufwand praktizieren. Allerdings hat das auch seinen Preis: Denn günstig sind die Eintrittspreise im Allgemeinen nicht gerade.

Hier finden Sie weitere Informationen zu den größten deutschen Indoor-Tauchcentern:
Diver's Tauchzentrum in Aufkirchen bei Erding: www.indoor-tauchen.de
Monte Mare Rhein Dive in Rheinbach: www.rhein-dive.de
Tauch-Gasometer in Duisburg: www.tauchgasometer.de
Tauchzentrum Dorsten (in Planung): www.indoor-tauchen-dorsten.de

DLRG-Taucher bei einer Vorführung während des Rheinland-Pfalz- Tages 2003

7.2 Deutschlands Topp 10

Es ist wirklich schwer eine echte Empfehlung zu treffen geschweige denn eine objektive Wertung! Ganze Bücher wurden alleine mit diesem Thema gefüllt. Deshalb habe ich mich hier auf zehn ausgewählte, bekannte Tauchgebiete in ganz Deutschland beschränkt, die aber in dieser Reihenfolge deshalb alphabetisch keine Wertung darstellen!

1. **Biggesee**
2. **Bodensee**
3. **Eckernförder Bucht**
4. **Edersee**
5. **Förmitzspeicher**
6. **Helenesee**
7. **Kreidesee Hemmoor**
8. **Kulkwitzer See**
9. **Mecklenburgische Seenplatte**
10. **Walchensee**

Biggesee
Der Biggesee ist eine etwa 20 km lange Talsperre bei Olpe. Man erreicht ihn über die A45 (Abfahrt Olpe). Hier gibt es zwei ausgewiesene Tauchplätze: Den »Kraghammer Sattel« mit steilen Schieferwänden bis ca. 40 m und »Weuste«, mit flach abfallendem Ufer bis 23 m. Ein Highlight ist der »Keller« Reste eines alten Bauernhofes am Grund des Sees. Die Sichtweiten können je nach Jahreszeit stark schwanken.
Zum Tauchen ist eine Anmeldung (mit Gebühr) notwendig. Das geht direkt am Parkplatz. Das Setzen einer Taucherboje ist hier Pflicht!
Weitere Informationen bekommen Sie bei: www.biggesee.net

Bodensee
Als größtes deutsches Binnengewässer mit einer Größe von 539 km^2 und einer Tiefe von 254 m hat der Bodensee eine große Auswahl an Tauchplätzen. Der bekannte und berüchtigte »Teufelstisch« ist mittlerweile nur noch mit spezieller Genehmigung betauchbar. Empfehlenswert ist das Tauchgebiet rund um Überlingen mit den tiefen Steilwänden und Überhängen. Auf 42 m wartet inmitten des Sees das Wrack des alten Holz-Rad-Dampfers »Jura« nur etwas für erfahrene Taucher. Erkundigen Sie sich vor allem als Anfänger genau nach geeigneten Tauchstellen, da der Bodensee allgemein tief, dunkel und kalt ist. Informationen gibt es unter anderem bei:
Bodensee Tauchsportzentrum
Überlingen (Tel.: 07551-61190)

An der Überlinger Steilwand im Bodensee

Eckernförder Bucht

Für Sporttaucher bietet die Ostsee reichlich Möglichkeiten. Je nach Tauchrevier sind steile Sandhänge, Muschelbänke, Seegraswiesen und Seesternfelder zu erleben. Etwas nördlich von Kiel findet man in der Eckernförder Bucht einige reizvolle Tauchspots. So kann man hier etwa 20 Tauchplätze vom Land aus betauchen und jede Menge Aale, Butterfische, Barsche und Plattfische entdecken. Das Wrack »Nordland« auf 27 Meter kann allerdings nur vom Boot aus erreicht werden.

Die Wassertemperaturen liegen im Mai und Juni bei etwa 14 Grad und von Juli bis Oktober zwischen 18 bis 20 Grad Celsius. Die Sichtweiten in der Ostsee sind witterungsabhängig und beginnen ab ca. drei bis fünf Meter. An der Außenmole des Hafens liegt die Basis »Tauchen & Meer«. (www.tauchschule-eckernfoerde.de)

Edersee

Etwa 40 km westlich von Kassel findet man die Talsperre Edersee, eines der letzten in Hessen frei zugänglichen Gewässer. Der Edersee ist rund 27 km lang, 1 km breit und maximal 42 Meter tief. Für den Bau des Stausees im Jahr 1914 mussten mehrere Dörfer geräumt werden. Einige Überreste des Dörfchens Berich kann man heute betauchen.

Die Tauchzonen sind von Land aus mit Bojen markiert. Je nach Jahreszeit kann man hier große Hechte, Barsche oder auch Zander sehen. Ein Highlight war die gut erhaltene Pflastersteinbrücke, die jetzt leider außerhalb der erlaubten Tauchzone liegt. Die Sichtweiten schwanken je nach Wetter und Wasserstand im Sommer von 3 bis 10 m. Weitere Infos gibt es bei der Tauchschule RONIC (www.ronic-edersee.de) oder Tauchbasis Edersee (www.tauchbasisedersee.de).

Förmitzspeicher

Die Förmitztalsperre im nördlichen Oberfranken bei Schwarzenbach/Saale wurde als Wasserstandsausgleich für die Saale gebaut und erfreut sich mittlerweile bei Wassersportlern der Region großer Beliebtheit. Für Sporttaucher wurden drei Einstiege gebaut und sind entsprechend ausgeschildert. Der interessante Bereich am Damm mit großen Steinblöcken ist je nach Wasserstand bis 15 m tief. Hier kann man vor allem im Spätsommer gegen Abend viele Aale und Hechte beob-

achten. Die Sichtweiten schwanken von schlecht bis 5 Meter.
Weitere Informationen bei: Hofer Boots- & Tauchsportcenter (www.bts-hof.de) oder Dive Center Münchberg (www.divecenter.de).

Helenesee

Südwestlich von Frankfurt/Oder findet man den 75 m tiefen Helenesee, der früher eine Braunkohleabbaugrube war. Vom West- oder Ostufer aus kann man zwischen schönem Unterwasser-Bewuchs und alten Bäumen reichlich Hechte, Barsche und andere Süßwasserbewohner beobachten. Hier findet man auch eine Ausbildungsplattform auf 8 m, eine Steilwand bis 30 m und einen alten Heizkessel als Taucherglocke auf 20 m, die von den Stammtauchern liebvoll das »U-Boot« genannt wird.
Bei guten Verhältnissen (und wenig Badegästen) kann man mit bis zu 10 m Sicht rechnen.
Das Tauchen ist gebührenpflichtig und die Anzahl der Taucher ist momentan auf 80 pro Tag begrenzt. Eine rechtzeitige Anmeldung vor allem für Wochenenden wird empfohlen.
Weitere Informationen:
www.tc-helenesee.de.

Kreidesee Hemmoor

Nahe der Stadt Hemmoor an der B73 im Landkreis Cuxhaven findet man die ehemalige Kreide-Tagebaugrube, die mittlerweile zum beliebten Tauchziel geworden ist. Durch die guten Sichtweiten von bis zu 40 m lockt der See jede Menge Sporttaucher aus ganz Deutschland an. In dem 60 m tiefen und kalten See treffen sich an Sommerwochenenden oft über 500 Taucher.
Hier findet man Bauwerke, einen Unterwasserwald, Steilwände, Treppen und Brücken. Da oft auch die alten Gebäude in Tiefen bis 55 m betaucht wurden, gab es hier viele tödlich Unfälle, so dass mittlerweile nur noch bis 45 m getaucht werden darf.
Informationen gibt die Tauchbasis Kreidesee: www.kreideseetaucher.de.

Kulkwitzer See

Sachsens bekanntester Tauchsee und Naherholungsgebiet direkt bei Leipzig ist der Kulkwitzer See, der durch seine gute Infrastruktur mit einfachen Einstiegen, Campingplätzen, Füllstationen, Imbissbuden und Restaurants ideale Bedingungen für Taucher bietet. Das ist aber noch nicht alles: In der 34 m tiefen, ehemaligen 150 ha großen Braunkohletageabbaugrube findet man traumhaften Pflanzenbewuchs, Loren, Schienen und ein Flugzeugwrack (18 Meter). Höhepunkt am Kulkwitzer See sind wohl die kapitalen Karpfen und Hechte, die bei Sichtweiten von oft über 10 m den Weg des Tauchers kreuzen. Mit ein wenig Glück sieht man sogar einen Wels.
Weitere Infos gibt der Zweckverband Erholungsgebiet Kulkwitzer See:
www.kulkwitzersee.com.

Mecklenburgische Seenplatte
An der Wasserscheide zwischen Nord- und Ostsee liegt die Mecklenburgische Seenplatte, die durch ihre vielen verbundenen Seen als größtes deutsches Binnengewässer zählt.
Die Hauptseen sind Plauer See, Kölpin See und die Müritz. In der 32 m tiefen Müritz kann man (aber nur per Boot) das Wrack eines britischen Bombers betauchen. Ansonsten gibt es rund um den See genug Einstiegsstellen. Leider herrscht hier im Sommer ein starker Bootsverkehr, der für Sporttaucher gefährlich werden könnte.
Der Plauer See im Westen der Müritz ist 28 m tief und aufgrund des starken Uferbewuchses schwierig von Land aus zu betauchen. Dennoch gilt der See mit Sichtweiten von 5 bis 10 m als gutes Tauchgewässer. Wie überall in der Mecklenburgischen Seenplatte findet der Taucher hier jede Menge heimischer Fischarten, wie z.B. Aale, Hechte, Zander, Schleien, Karpfen oder Brassen.
Weitere Informationen zur Region gibt es unter: www.mueritz.de.

Walchensee
Zwischen München und Mittenwald liegt eingebettet in einer wunderschönen Gebirgslandschaft der fast 200 m tiefe Walchensee auf einer Höhe von 803 m. An dem 7 km langen und 4 km breiten See gibt es überall am Ufer Einstiege für Taucher in direkter Nähe zu öffentlichen Parkplätzen. Vom flachen Sandstrand bis zu tiefen Steilwänden findet man hier bei durchschnittlichen Sichtweiten von 10 - 15 m alles, was des Tauchers Herz begehrt. Neben seinem Fischreichtum ist der Walchensee für namhafte Tauchspots, wie »Galerie«, »Herzogstand« und »VW-Käfer« bekannt.
Tauchen ist ganzjährig erlaubt, obwohl es im Winter einige regionale Tauchverbote gibt. Informationen gibt es u.a. bei:
www.tauchbasis-walchensee.de.

Typische Kaltwassertaucher in unseren Seen

7.3 Österreichs Topp 10

Auch hier gilt: Die Reihenfolge der ausgewählten Seen ist alphabetisch und stellt keine Wertung dar. Gerade in Österreich gibt es noch jede Menge kleinerer Bergseen, die zum Teil als echte Geheimtipps gehandelt werden. Machen Sie sich in Ihrer Heimatregion kundig!

Übrigens...
...neben den öffentlichen Gewässern, wie Attersee, Traunsee, Mondsee oder Wolfgangsee sind die Seen Erlaufsee, Grundlsee, Hallstättersee, Vorderer Langbathsee, Vorderer Gosausee, Gleinkersee, Altausseer See und Augstsee Eigentum der Österreichischen Bundesforste AG. Um hier Tauchen zu dürfen braucht man eine Genehmigung in Form der »DIVE CARD«.
Nähere Informationen dazu gibt es bei ARGE Tauchen Österreich: www.arge-tauchen.at.

1. **Attersee**
2. **Blindsee**
3. **Fernsteinsee / Sameranger See**
4. **Grundlsee**
5. **Hallstätter See**
6. **Millstätter See**
7. **Mondsee**
8. **Vorderer Gosausee**
9. **Wolfgangsee**
10. **Wörthersee**

Attersee
Man kann ihn schon als Herzstück des Tauchsports im österreichischen Salzkammergut (zwischen Salzburg und Linz) bezeichnen. Auf einer Länge von 19 km findet man rund um den See zahllose Tauchplätze und Einstiegstellen. Mit Sichtweiten von bis zu 25 m lockt der über 170 m tiefe Attersee im Sommer wie Winter jede Menge Sporttaucher aus dem In- und Ausland an. Man findet hier ebenso Steilwände, wie flache Einstiege, Ausbildungsplattformen und Schiffswracks, so dass für jede Erfahrungsstufe etwas dabei ist.
Bekannte Tauchstellen sind unter anderem »s' Wandl«, »Schwarze Brücke« oder der »Unterwasserwald Kammer«. Zu beachten sind regionale Tauchverbote in der Laichsaison. Weitere Infos gibt: www.attersee.at.

Blindsee
Auf 1100 m Höhe liegt der Blindsee auf dem Fernpass in Tirol, nicht weit von Lermoos entfernt. Der klare, aber kalte Bergsee lockt mit guten Sichtweiten um die 15 m (und mehr) und einem sagenhaften Fischreichtum. Ein echtes Highlight ist die Ansammlung aus abgestürzten Baumstämmen, die wie ein von Riesen hingeworfenes Mikado-Spiel wirken. Hier verstecken sich auf 5 bis 15 m Tiefe jede Menge Süßwasserbewohner. Ganze Schwärme von großen Zandern sind keine Seltenheit.

Der See ist in Privatbesitz. Eine gebührenpflichtige Tauchgenehmigung erhält man beim Hotel »Mohr Live Resort« in Lermoos: www.mohr-resort.at.

Fernsteinsee / Sameranger See

Wo findet man einen wunderschönen See vor traumhafter Bergkulisse und Märchenschloss?

Direkt auf dem Fernpass in Tirol findet man das »Hotel Schloss Fernsteinsee« mit den zwei sagenhaft klaren Tauchseen Fernsteinsee und Samaranger See. Die beiden Seen sind nicht sehr groß oder tief (maximal 17 m im Samaranger See), aber alleine die Sichtweiten von 30 m und mehr machen das Tauchen hier zu einem echten Genuss. Allerdings ist bei 4 bis 7 Grad Wassertemperatur ein warmer Tauchanzug notwendig!

Eine Tauchgenehmigung erhalten nur Hausgäste, die auch mindestens zwei Nächte im Hotel wohnen.

Weitere Infos und Buchungen bei: www.schloss-fernsteinsee.at.

Grundlsee

Einer meiner Lieblingsseen ist der bei Gößl in der Steiermark idyllisch gelegene Grundlsee. Man kann hier direkt von einem Campingplatz aus Tauchgänge in dem fischreichen Gewässer unternehmen. Der 64 m tiefe und 6 km lange See ist für sein reiches Fischvorkommen und hervorragende Sichtweiten bekannt.

Am Gasthof »Rostiger Anker« findet man einige Ausbildungsplattformen und in der Einmündung des Toplitzbaches jede Menge Aalrutten, Forellen, Saiblingen, Hechte und Barsche. Ab Mitte September bis Jahresende ist dieses Fischlaichgebiet für Taucher allerdings gesperrt.

Weitere Informationen gibt es bei ARGE Tauchen Österreich: www.arge-tauchen.at.

Hallstätter See

Nicht nur für einen Urlaub lockt der wunderschöne Hallstätter See. Mit knapp 6 km Länge und einer Tiefe von 125 m ist der See im oberösterreichischen Salzkammergut eines der beliebtesten Tauchgebiete. Der See gilt mit etwa 10 m Sichtweite als ganzjährig relativ klar und hat einige abwechslungsreiche Tauchstellen. An den steil abfallenden Hängen vor Hallstatt und Kessel kann man unter Was

Fertigmachen zum Süßwasser- Tauchgang

ser allerhand finden, was die Bewohner der letzten Jahrhunderte hier alles versenkt haben: Von Schränken, Geschirr, über Fahrrädern zu Leiterwagen.
Achtung: Es gibt hier teilweise Tauchverbotszonen, die bei der ARGE Tauchen oder örtlichen Tauchbasis erfragt werden können. Erkundigen Sie sich bei: www.arge-tauchen.at.

Millstätter See
Der 12 km lange Millstätter See bei Spital ist ein beliebtes Wassersport- und Naherholungsziel in Kärnten. Tauchen ist hier rund ums Ufer möglich. Die Sichtweiten liegen in dem maximal 140 m tiefen See durchschnittlich bei 5 bis 10 Meter.
In den üppig bewachsenen Tauchzonen tummeln sich jede Menge Süßwasserfische. Im westlichen Seebereich finden sich einige Steilwände. Beliebt ist hier der »Jungfernsprung« bei Döbriach, eine wunderschöne Felswand, die vom Schiffsanleger aus zugänglich ist.
Weitere Informationen zur Region gibt es unter: www.millstaettersee.at.

Mondsee
Nahe beim Attersee findet man den 12 km langen und 68 m tiefen Mondsee. Er gilt als einer der wärmsten Seen im Salzkammergut, hat aber deshalb im Sommer eine dicke Planktonschicht, die ihn in Oberflächennähe trüb und dunkel macht. Vor allem im westlichen Uferbereich findet man zahlreiche Einstiegsstellen direkt an der Uferstraße. Bekannt ist der Tauchplatz »Kienbergwand« direkt vor dem Straßentunnel, wo mehrere Autowracks (Oldtimer und Jeeps), eine Felswand bis 30 m Tiefe und eine Telefonzelle auf 20 m zu finden sind.
Nähere Informationen gibt der Tourismusverband Mondseeland: www.mondsee.at.

Vorderer Gosausee
Vor der wunderschönen Kulisse des schroffen Gosaukamms im Dachsteingebirge liegt der 113 m tiefe Gosausee auf 1150 m Höhe. Die sagenhaften Sichtweiten von 10 - 15 m und mehr lassen auch das relativ kalte Wasser des Bergsees vergessen.
Im Bereich der vorderen Staumauer, der Ablaufschächte und des Bootsanlegers ist das Tauchen verboten. Die beliebtesten Einstiegsstellen sind »Klacklboden« am Westende der Staumauer mit dem markanten Felsbrocken und »Bärenkogel«, eine Felswand, die sich unter Wasser fortsetzt.
Etwas problematisch ist die Parkplatzsituation direkt am See. Die Polizei achtet hier in der Hochsaison darauf, dass die Kurzzeitparkplätze direkt am See auch nur für kurze Zeit belegt werden!
Weitere Informationen finden Sie bei ARGE Tauchen Österreich: www.arge-tauchen.at.

Vorderer Gosausee vor dem Dachstein Massiv

Wolfgangsee

Nicht nur das »Weiße Rössl« lockt jedes Jahr zahlreiche Touristen zum Wolfgangsee im Salzkammergut. Mit guten Sichtverhältnissen von 5 bis 15 m zählt der 113 m tiefe und 13 Quadratkilometer große See zu den beliebtesten Tauchseen Österreichs. Leider gibt es hier sehr viele lokale Tauchverbote, so dass es nur zwei ausgewiesene Tauchzonen gibt: Franzosenschanze und Falkensteinwand. Es sind dort aber ein paar interessante Einstiegsstellen, die sich für schöne Tauchgänge eignen.

Während der Sommermonate tummeln sich rund um den See so viele Badegäste und Wassersportler, dass

Vorsicht vor Ausflugsschiffen beim Tauchen!

schon aus Gründen der Parkplatzsuche das Tauchen hier eher im Frühjahr oder Herbst zu empfehlen ist.
Erkundigen Sie sich vorher bei: www.wolfgangsee.at.

Wörthersee
Als einer der wärmsten europäischen Alpenseen wird der Wörthersee mitten in Kärnten in der Tourismuswerbung bezeichnet. So erreicht der 17 km lange und 91 m tiefe See im Sommer bis zu 25 Grad an der Oberfläche. Leider ist dann die Sicht auch etwas schlechter. Erst im Herbst sind wieder Sichtweiten bis 10 m möglich. Besonders schöne Tauchplätze bieten das Nord- und das Südufer. Viele Fische und schöner Bewuchs im Flachbereich, Felsen und Steilwände im tieferen Bereich bieten für jeden Geschmack etwas. Highlights sind das Flugzeugwrack vor Krumpendorf in 40 bis 50m Tiefe und ein Leichenwagen in ca. 50m Tiefe bei Maria Wörth. Infos zur Region finden Sie bei: www.woerthersee.com

7.4 Schweizer Top 5

Anders als in Deutschland gilt in der Schweiz, dass in jedem See grundsätzlich getaucht werden darf, außer er ist in Privatbesitz oder es ist ausdrücklich verboten. Als einzige Voraussetzung muss eine ausreichend große Taucherflagge (Alphaflagge) gesetzt werden. Ich stelle Ihnen hier fünf ausgewählte Tauchziele in der Schweiz vor, die in der Reihenfolge ebenfalls keine Wertung darstellen sollen.

Markierung der Tauchstelle mit einer Taucherboje und Alpha-Flagge

1. **Genfer See**
2. **Lago Maggiore**
3. **Thuner See**
4. **Verzasca**
5. **Vierwaldstättersee**

Genfer See
Als der größte Schweizer See hat der über 580 Quadratkilometer große Genfer See, der Lac Léman, direkt an der Grenze zu Frankreich natürlich auch eine große Bedeutung bei Wassersportlern. Nicht nur Genf oder Montreux, auch das nahe gelegene Wallis laden zu Ausflügen in die Region ein. Rund um den maximal 310 m tiefen See liegen Tauchplätze und Einstiegsstellen mit zum Teil sehr tiefen Steilwänden. Als Tipp unter ansässigen Tauchern gilt das Wrack der SS Hirondelle, die an einem steilen Abhang derzeit auf 40 - 50 m Tiefe liegt.
Weitere Informationen und Ausflüge zum Wrack bietet unter anderem: www.montreux-divingboat.com.

Lago Maggiore
An der Grenze von Italien zum Kanton Tessin liegt der 66 km lange, bis 10 km breite Lago Maggiore. Traumhaft an der südlichen Alpenkette gelegen, herrscht hier schon mediterranes Wetter und der See lockt gerade im Sommer scharenweise Badegäste und Wassersportler.
Auch für Taucher ist der 372 m tiefe See zu empfehlen. Je nach Wetter können hier die Sichtweiten stark schwanken, so dass man oft erst in tieferen Schichten die besseren Verhältnisse vorfindet. Als Highlights locken hier bei San Nazzaro zwei Schiffs-wracks und ein Flugzeug bis 30 m, vor Locarno eine Telefonzelle auf 12 m und eine Jesus-Statue auf 20 m bei Calde.
Informationen zur Umgebung gibt's bei: www.maggiore.ch.

Thuner See
Im Berner Oberland findet man zwischen Thun und Interlaken den reizvollen ca. 17 km langen und 218 m tiefen Thuner See. Eingebettet in einer massiven Gebirgskette liegt der See idyllisch im Alpenland. Die Tauchplätze hier sind überwiegend Steilwände, die direkt ohne Absatz in große Tiefe führen. Nichts für den Anfänger!
Sehr schön ist der Tauchspot »Entenecke«, der zu einem Unterwasser-Canyon bis 40 m Tiefe führt. Die Sichtweiten schwanken auch hier je nach Witterung zwischen schlecht bis gut. Erst in größeren Tiefen kann man in dem kalten See mit besserer Sicht rechnen.
Weitere Infos gibt es bei:
www.tt-thunersee.ch
oder zur Umgebung:
www.thunersee.ch

Verzasca
Im Südtessin liegt das einzigartige Verzascatal, das mit Flusstauchen der besonderen Art lockt. Von Locarno aus führt eine Passstraße hoch zu einen Stausee und weiter die Verzasca entlang.
In einigen ausgewählten Gumpen (bis 10 m tief) kann man Flusstauchen vom Feinsten erleben. Einzigartig sind hier nicht Bewuchs oder Fischreichtum, sondern das Tauchen in glaskla-

rem Wasser zwischen ausgewaschenen Felsen. Traumhafte Sichtweiten von 25 bis 40 m sind keine Seltenheit. Allerdings kann sich das auch ganz schnell ändern: Ein spontaner Wetterwechsel im Gebirge kann den Fluss innerhalb kurzer Zeit ansteigen lassen, die Sicht wird schlechter und die Strömung lebensgefährlich!

Tauchen in der Verzasca

Erkundigen Sie sich vor dem geplanten Tauchgang genau bei einheimischen Tauchern nach geeigneten Einstiegsstellen, Gefahren und Empfehlungen zur Absicherung. Die Verzasca ist nichts für Anfänger!

Viele Tauchplätze erreicht man nur mit einer Kletterpartie oder einem längeren Anmarsch, was mit Pressluftflasche und Tauchanzug nicht ganz einfach ist. Bekannte Einstiege sind z.B. das Amslerbecken, Römerbrücke und Pozzo delle Posse.

Nützliche Informationen finden Sie unter: www.verzasca.com. Hier können Sie auch den Leitfaden für Flusstauchen »Verzasca - so schön, so gefährlich!« herunterladen.

Vierwaldstättersee

In alle Himmelsrichtungen breiten sich die Arme des 214 m tiefen Vierwaldstättersees zwischen Luzern, Küssnacht, Alpnach und Flüelen aus. Durch die Bebauung und Felsen rund um den wunderschön gelegenen See gibt es aber leider nicht so viele Tauchplätze. Von flachen Einstiegen bis zu Steilwänden findet man aber für jeden Geschmack etwas. Es tummeln sich hier alle Arten von bekannten Süßwasserfischen, wie Barsche, Hechte, Aale und Forellen. Tauchplätze sind u.a. Lopper, Beckenried, Weggis und Sisikon.

Als Besonderheit gibt es hier die Möglichkeit, Bootstauchgänge auf dem See zu unternehmen (www.tauchschiff.ch). Weitere Informationen zum See und Umgebung finden Sie bei: www.lakeluzern.ch.

Flusstauchen vom Feinsten, aber nicht ungefährlich!

8. Wie geht´s weiter?

Der Bodensee - eines der bekanntesten Tauchgewässer unserer Heimat

Und nun? Sie haben einen Tauchschein, wollen regelmäßig tauchen gehen, mindestens einmal im Jahr in den Tauchurlaub und Ihr Können verbessern? Dann sollten Sie den Ehrgeiz entwickeln und sich mit Aufbau- und Spezialkursen weiterzubilden. Ich zeige Ihnen hier, wohin Sie der Weg führen kann und wie Sie sich spezialisieren können.

8.1 Vom Anfänger zum Profi

Nicht zuletzt nach Inkrafttreten der neuen Europanorm bauen die großen Verbände auf ein modulares System in ihrem Ausbildungsgang. Egal, ob Sie Sterne sammeln (CMAS) oder vom Beginner über Advanced Diver zum Dive Master (PADI, SSI) kommen, die Systeme sind untereinander vergleichbar. Um Ihnen zu zeigen, worauf Sie hinarbeiten können und welche Voraussetzungen Sie brauchen, stelle ich Ihnen hier die wichtigsten Aspekte aus den aktuellen Prüfungsordnungen der drei großen Tauchsportverbände CMAS, PADI und SSI vor.

8.1.1 Der Ausbildungsgang bei CMAS

Das Ausbildungssystem startet mit den Modulen Grundtauchschein und Basic Diver, die den Taucher zum sicheren Mittauchen befähigen sollen. Dann folgt die erste Stufe, der CMAS* Gerätetaucher.

Nach den Spezialkursen »Orientierung beim Tauchen«, »Gruppenführung« und »Herz-Lungen-Wiederbelebung« sowie mindestens 25 Tauchgängen kann der CMAS** abgelegt werden, der zu einem autonomen Tauchen mit Gleichqualifizierten berechtigt.

Der nächste Schritt sind die Spezialkurse »Tauchsicherheit & Tauchrettung« und »Nachttauchen« sowie insgesamt 65 Tauchgänge. Dann kann der CMAS*** brevetiert werden, was uns zu einem souveränen Taucher – komplett ausgebildet – macht.

Neu im System ist der CMAS****, der für verantwortungsvolles Tauchen und die Führung größerer Gruppen vorgesehen ist. Den Schein kann man nach zweijähriger Erfahrung als CMAS*** und mit mindestens 165 Tauchgängen bekommen.

Wer Spaß am Ausbilden hat und vielleicht professionell weitermachen möchte, kann nach dem CMAS*** eine Assistenz für Tauchlehrer beginnen, um später die Tauchlehrerausbildung zu vollenden.

CMAS** Taucher

Als Ziel ist in der CMAS-Prüfungsordnung definiert, den Taucher mit den Grundsätzen für das selbstständige Tauchen mit einem gleichwertigen Partner vertraut zu machen. Nach Abschluss des Kurses kann der Teilnehmer solche Tauchgänge sicher planen und durchführen.

Voraussetzungen

- 16 Jahre (bei Minderjährigen mit Einverständniserklärung der Eltern)

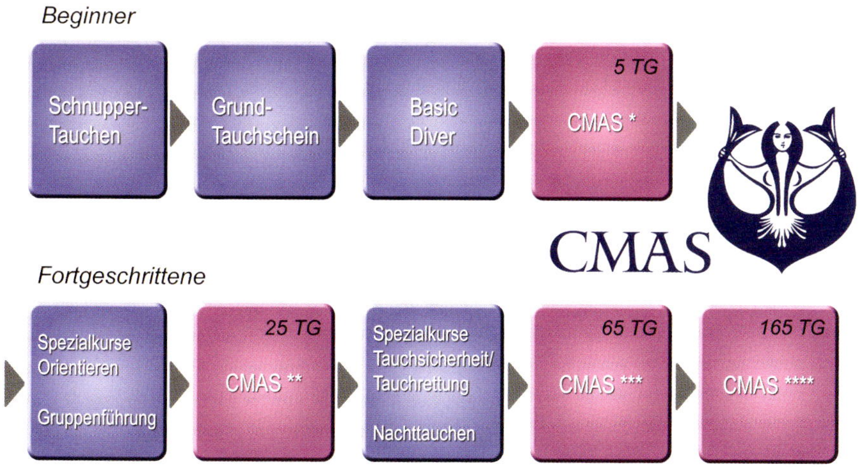

Der modulare Ausbildungsgang bei CMAS

- Gültige Tauchtauglichkeitsbescheinigung nach den Richtlinien der CMAS, nicht älter als 2 Jahre, bei Bewerbern über 40 Jahre nicht älter als 1 Jahr
- CMAS* oder gleichwertige Qualifikation anderer Verbände
- Spezialkurs »Orientierung beim Tauchen«
- Spezialkurs »Gruppenführung«
- Spezialkurse »Meeresbiologie« und »Süßwasserbiologie« werden empfohlen
- HLW-Kurs, nicht älter als ein Jahr
- Mindestens 25 Tauchgänge nach Abschluss CMAS Bronze, davon mindestens 10 Tauchgänge auf 25 m Tiefe

Theorie

- Grundlagen des selbstständigen Sporttauchens mit und ohne Gerät (Sechs Unterrichtseinheiten)
- Schriftliche Prüfung

Praxis

- Übungen mit ABC-Ausrüstung im Pool oder Freiwasser mit poolähnlichen Verhältnissen (u.a. 45 sec Zeittauchen, 30 m Streckentauchen, 7,5 m Tieftauchen)
- 6 Übungstauchgänge in einer Tiefe von 12 bis 25 m (inkl. Rettungsübung)

Der CMAS ist mit PADI Advanced Open Water Diver und SSI Advanced Open Water Diver vergleichbar.**

CMAS*** Taucher

Hier soll der Taucher mit den Grundsätzen für Organisation und Führung von Tauchgängen unter erschwerten Bedingungen vertraut gemacht werden. Nach Abschluss des Kurses kann der Teilnehmer Tauchgänge unter erschwerten Bedingungen und einfache Tauchgänge mit unerfahrenen Tauchern (CMAS*) sicher planen und durchführen.

Voraussetzungen

- 18 Jahre (bei Minderjährigen mit Einverständniserklärung der Eltern)
- Gültige Tauchtauglichkeitsbescheinigung nach den Richtlinien der CMAS, nicht älter als 2 Jahre, bei Bewerbern über 40 Jahre nicht älter als 1 Jahr
- CMAS** oder gleichwertige Qualifikation anderer Verbände
- Spezialkurs »Tauchsicherheit & Tauchrettung«
- Spezialkurs »Nachttauchen«
- Spezialkurse »Trockentauchen«, »Strömungstauchen«, »Wracktauchen« und »Tauchen in Meereshöhlen« werden empfohlen
- Mindestens 25 Tauchgänge nach Abschluss CMAS **, davon mindestens 10 Tauchgänge auf 40 m Tiefe im Meer oder 30 m im Süßwasser.

Theorie

- Grundlagen des selbstständigen Sporttauchens mit und ohne Gerät unter erschwerten Bedingungen (6 Unterrichtseinheiten)
- Schriftliche Prüfung

Praxis

- Übungen mit ABC-Ausrüstung im Pool oder Freiwasser mit poolähnlichen Verhältnissen (u.a. 60 sec Zeittauchen, 45 m Streckentauchen, 10 m Tieftauchen)
- 6 Übungstauchgänge in Tiefen von 6 bis 12 m und 20 bis 40 m (inkl. Gruppenführung)

Der CMAS* entspricht den Richtlinien der Europanorm DIN EN 14153-3 »Tauchgruppenleiter« und ist mit PADI Divemaster und SSI Dive Control Spezialist (DiveCon) vergleichbar.**

8.1.2 Der Ausbildungsgang bei PADI

Die Beginnerstufe startet bei PADI mit dem PADI Scuba Diver, der für Urlauber oder für Leute gedacht ist, die nur wenige Tauchgänge im Jahr machen wollen. Nach Abschluss kann man mit dem PADI Open Water Diver weitermachen, der als Grundausbildung zum selbstständigen Tauchen angesehen wird. Danach ist der Taucher zum Absolvieren verschiedener Specialty-Kurse berechtigt. Wie z.B. Altitude Diver, Night Diver, Boat Diver, Drift Diver, Underwater Navigator, Dry Suit Diver, Underwater Photographer, Enriched Air Diver, Underwater Videographer oder Multilevel Diver.

Die PADI Tauchausbildung vermittelt den Kursteilnehmern stufenweise Fertigkeiten, sicherheitsrelevante Informationen und Kenntnisse der örtlichen Umgebung. Die Kursteilnehmer erlernen die Grundlagen anfangs durch Selbststudium, um danach von ihrem Instructor durch die weiteren Entwicklungsstufen geführt zu werden.

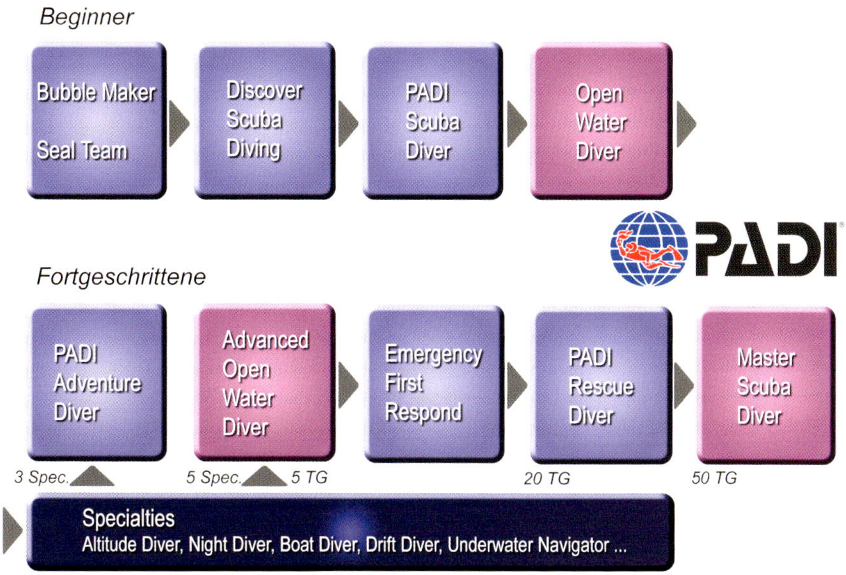

Der modulare Ausbildungsgang bei PADI

Auf den Grundtauchschein bauen die Ausbildungen Adventure Diver und Advanced Open Water Diver auf. Hier werden u. a. zusätzliche Fertigkeiten und Erfahrungen für praxisnahe Tauchgänge in verschiedenen Spezialgebieten vermittelt. Nach dieser Stufe gibt es wieder eine Reihe Specialty-Kurse, die als Aufbaumodule belegt werden können: Cavern Diver, Deep Diver, Ice Diver oder Wreck Diver.
Nach einem Emergency First Response-Kurs kann man sich zum Rescue Diver und Master Scuba Diver qualifizieren. Hierzu sind mindestens 5 Specialty-Ausbildungen Voraussetzung. Damit hat man bei PADI die höchste und bestausgebildetste Stufe im Sporttauchen, dem »Recreational Diving« erreicht.

Eine Berufskarriere mit PADI-Scheinen führt dann über den Divemaster und Assistent Instructor zu den Scuba Instructor-Ausbilderberechtigungen.

PADI Adventure Diver

Die Ausbildung baut auf dem klassischen Einsteigerkurs, dem PADI Open Water Diver, auf. Hier sollen zusätzliche Fertigkeiten und Erfahrungen für praxisnahe Tauchgänge in verschiedenen Spezialgebieten vermittelt werden.

Nach den Specialtiy-Kursen kann man sich den PADI-Adventure Diver brevetieren lassen, der eine Vorstufe des Advanced Open Water Diver ist.

Voraussetzungen

- PADI (Junior) Open Water Diver oder vergleichbare Qualifikation einer anderen Organisation
- Mindestens fünf Freiwassertauchgänge
- 15 Jahre (bei Minderjährigen mit Einverständniserklärung der Eltern) / 10 Jahre für Junior Adventure Diver
- Tauchsportärztliches Attest (nicht älter als ein Jahr – nach den Richtlinien von PADI)
- Mindestens 3 Specialties (Adventure Dives) nach eigener Wahl

Theorie & Praxis

Für diese Stufe findet kein Kurs statt. Der Taucher muss hierzu nur die Nachweise an der Teilnahme von drei Specialty-Kursen und die notwendige Anzahl Tauchgänge vorlegen.

Der PADI Adventure Diver ist mit dem SSI Specialty Diver vergleichbar.

PADI Advanced Open Water Diver

»Adventures in Diving« nennt PADI diese Stufe, die mit dem Adventure Diver beginnt. Nach den Specialty-Kursen Underwater Navigator und Deep Diver und drei weiteren Specialties nach freier Wahl kann man den Advanced Open Water (AOWD) beginnen.

Voraussetzungen

- PADI (Junior) Open Water Diver oder vergleichbare Qualifikation einer anderen Organisation
- Mindestens fünf Freiwassertauchgänge
- 15 Jahre (bei Minderjährigen mit Einverständniserklärung der Eltern) / 12 Jahre für Junior AOWD
- Tauchsportärztliches Attest (nicht älter als ein Jahr – nach den Richtlinien von PADI)
- Mindestens 5 Specialties – darunter Deep Dive und Underwater Navigator

Theorie & Praxis

- Ca. 15 Stunden Gesamtkurszeit
- Mind. 5 Freiwassertauchgänge

Der PADI Advanced Open Water Diver ist mit CMAS und SSI Advanced Open Water Diver vergleichbar.**

PADI Rescue Diver

Die nächste Stufe ist der PADI Rescue Diver nach dem AOWD.
Basierend auf den bisher erworbenen Fähigkeiten geht es in diesem Kurs darum, auftretende Problemsituationen in Griff zu bekommen. Richtiges Reagieren in der Unterwasserwelt ist entscheidend.

Voraussetzungen

- PADI (Junior) Advanced Open Water Diver oder vergleichbare Qualifikation einer anderen Organisation
- Mindestens 20 Freiwassertauchgänge
- 15 Jahre (bei Minderjährigen mit Einverständniserklärung der Eltern) / 12 Jahre für Junior Rescue Diver
- Tauchsportärztliches Attest (nicht älter als ein Jahr – nach den Richtlinien von PADI)
- Herz-Lungen-Wiederbelebung (HLW) / Erste-Hilfe-Kurs (Emergency First Respond), nicht älter als zwei Jahre

Theorie & Praxis

- Ca. 25 Stunden Gesamtkurszeit
- Mind. 5 Freiwassertauchgänge

PADI Master Scuba Diver

Nach Abschluss des Advanced Open Water-Kurses, der Rescue Diver-Ausbildung, des Emergency First Response-Kurses sowie mindestens fünf Specialty-Ausbildungen kann man den Grad eines Masters Scuba Divers beantragen. Dieser Grad bezeichnet bei PADI einen topausgebildeten Sporttaucher. Danach kann man den professionellen Weg einschlagen und den Kurs zum Divemaster besuchen. Divemaster beteiligen sich in PADI-Dive Centers und Ressorts bereits aktiv an der Ausbildung von Taucheinsteigern. Dazu gehört mitunter die Leitung geführter Tauchausflüge.

Voraussetzungen

- PADI Advanced Open Water Diver und PADI Rescue Diver oder vergleichbare Qualifikation anderer Verbände
- Mindestens 50 Freiwassertauchgänge
- 15 Jahre (bei Minderjährigen mit Einverständniserklärung der Eltern) / 12 Jahre für Junior Master Scuba Diver
- Tauchsportärztliches Attest (nicht älter als ein Jahr – nach den Richtlinien von PADI)
- Mindestens 5 Specialtiy- Kurse
- Herz-Lungen-Wiederbelebung (HLW) / Emergency First Respond, nicht älter als zwei Jahre

Theorie & Praxis

Für diese Stufe findet kein Kurs statt. Der Taucher muss hierzu nur die Nachweise an der Teilnahme von fünf Specialty-Kursen und die notwendige Anzahl Tauchgänge vorlegen.

Der PADI Master Scuba Diver ist mit dem SSI Master Diver vergleichbar.

8.1.3 Der Ausbildungsgang bei SSI

Nach dem Einstieg in das begleitete Tauchen, dem Passport Diver, bietet SSI den Open Water Diver auch als Junior-Variante. Mit weiteren Kursen und dem Ansammeln von Tauchgängen kann man bei SSI verschiedene Erfahrungsstufen erklimmen. Ein spezielles Scuba Skills Update gibt brevetierten Tauchern die Möglichkeit, ihre Fähigkeiten und Wissen aufzufrischen und zu verbessern vor allem, wenn sie lang nicht mehr unter Wasser waren.

Mit dem SSI Open Water Diver, zwei Specialties und 12 Tauchgänge kann man zum Specialty Diver brevetiert werden, was der zweiten Erfahrungsstufe (Level of Experience) entspricht. Stufe 3 ist der Advanced Open Water Diver, für den man mehr Tauchgänge und weitere Specialty-Kurse braucht. Hier hat SSI auch jede Menge im Angebot: Boat Diving, Deep Diving, Computer Diving, Dry Suit Diving, Night / Limited Visiblity Diving, Wreck Diving, Equipment Techniques, Enrichted Air Nitrox, Underwater Photography, Navigation, Diver Stress & Rescue, Search & Recovery und Wave, Tides & Currents.

Die Theorieausbildung findet bei SSI größtenteils im Selbststudium und mit Hilfe von eigenen Ausbildungsunterlagen und Videos statt. Es gibt bei SSI keine festgelegte Mindestzahl von Stunden, die der jeweilige Kurs zu dauern hat, sondern nur Empfehlungen. Die tatsächliche Dauer richtet sich dann nach Anzahl der Schüler, Alter und Leistungsstand.

Am Ende steht für Sporttaucher die Stufe des Master Diver, die ihn dann als fertig ausgebildeten Taucher bezeichnet. Der Dive Control Spezialist, SSI Associate Instructor bis hin zu den Instructoren stellt bei SSI den Weg in den professionellen Bereich dar.

Als Besonderheit bescheinigt SSI die Erfahrungen eines Tauchers anhand der Anzahl seiner Tauchgänge und vergibt auf Antrag spezielle Tauchnachweise. Es ist hier als Voraussetzung nur der Open Water Diver (oder äquivalentes Brevet) erforderlich. So bekommt man nach mindestens 100 Tauchgängen den SSI Century Diver, nach 500 Tauchgängen den SSI Gold 500 Diver und nach 1000 Tauchgängen den SSI Platinum 1000 Diver. Nach 10 Jahren Taucherfahrung und 5000 Tauchgängen kann sogar der SSI Platinum Pro 5000 Diver beantragt werden.

SSI Specialty Diver

Als Weiterführung zum Grundtauchschein Open Water Diver kann man seine Taucherfahrung anhand frei wählbarer Spezialkurse erweitern.

Voraussetzungen

- SSI (Junior) Open Water Diver oder vergleichbare Ausbildung
- Mindestens 12 Freiwassertauchgänge
- 15 Jahre (bei Minderjährigen mit Einverständniserklärung der Eltern) / 12 Jahre für Junior Specialty Diver
- Gesundheitliche Eignung oder Tauchsportärztliches Attest
- Mindestens 2 Specialties nach eigener Wahl

Theorie & Praxis

Für diese Stufe findet kein Kurs statt. Der Taucher muss hierzu nur die Nachweise an der Teilnahme zweier Specialty-Kurse und die notwendige Anzahl Tauchgänge vorlegen. Pro Specialty werden mindestens zwei Tauchgänge durchgeführt.

Der SSI Specialty Diver ist mit dem PADI Adventure Diver vergleichbar.

SSI Advanced Open Water Diver

Die nächste Erfahrungsstufe erreicht man durch den Advanced Open Water Diver, in der man seine in Spezialkursen vertieften Kenntnisse nachweisen muss und verstärkt mit dem Thema Tauchsicherheit vertraut gemacht wird.

Voraussetzungen

- SSI (Junior) Open Water Diver oder

Der modulare Ausbildungsgang bei SSI

vergleichbare Ausbildung

- Mindestens 24 Freiwassertauchgänge
- 15 Jahre (bei Minderjährigen mit Einverständniserklärung der Eltern) / 12 Jahre für Junior AOWD
- Gesundheitliche Eignung oder Tauchsportärztliches Attest
- Mindestens 4 Specialties nach eigener Wahl

Theorie & Praxis

Für diese Stufe findet kein Kurs statt. Der Taucher muss hierzu nur die Nachweise an der Teilnahme von mindestens vier Specialty-Kursen und die notwendige Anzahl Tauchgänge vorlegen. Pro Specialty werden mindestens zwei Tauchgänge verlangt.

Der SSI Advanced Open Water Diver ist mit PADI Advanced Open Water Diver und CMAS vergleichbar.**

SSI Master Diver

Als letzte Stufe kann der SSI Master Diver bescheinigt werden. Danach gibt es die Möglichkeit, mit zunehmender Taucherfahrung den SSI Century Diver, SSI Gold Diver und SSI Platinum Diver zu beantragen oder mit einem Lehrgang zum SSI Dive Control Specialist eine professionelle Karriere zu beginnen.

Voraussetzungen

- SSI (Junior) Open Water Diver oder vergleichbare Ausbildung
- Mindestens 50 Freiwassertauchgänge

• 15 Jahre (bei Minderjährigen mit Einverständniserklärung der Eltern) / 12 Jahre für Junior Master Diver
• Gesundheitliche Eignung oder Tauchsportärztliches Attest
• Mindestens 4 Specialties nach eigener Wahl
• Herz-Lungen-Wiederbelebungskurs
• Spezialkurs »Stress & Rescue«

Theorie & Praxis

Für diese Stufe findet kein Kurs statt. Der Taucher muss hierzu nur die Nachweise an der Teilnahme der Specialty-Kurse und die notwendige Anzahl Tauchgänge vorlegen. Pro Specialty werden mindestens zwei Tauchgänge durchgeführt.

Der SSI Master Diver ist mit dem PADI Master Scuba Diver vergleichbar.

8.2 Die wichtigsten Spezialkurse

Spezialkurse oder Specialties werden von den Tauchverbänden als Ergänzung zu den Grund- und Aufbautauchscheinen geboten. Sie sollen den Taucher befähigen, spezielle Bedingungen oder Extremsituationen besser zu meistern. Für die weiterführenden Tauchscheine werden verschiedene Spezialkurse meist auch als Voraussetzung benötigt. Der Taucher kann sich durch dieses modulare System Schritt für Schritt in seinem Können und Wissen verbessern. So kann er für seine persönliche Ausrichtung beim Tauchen spezielle Techniken und Sicherheitsrichtlinien erlernen. Der Spezialkurs »Wracktauchen« macht natürlich nur Sinn, wenn man auch Spaß an dieser Disziplin des Tauchens hat und auch Möglichkeiten sie auszuüben. Wenn ich nur im Urlaub in der Karibik tauchen möchte, brauche ich auch keinen Kurs »Eistauchen« und mir Gedanken um die Gefahren der Automatenvereisung machen.

Zum Beispiel bietet PADI eine ganze Reihe Specialties, bei denen jeder Taucher sein Interessengebiet finden sollte. In der einen oder anderen Form werden diese Module natürlich auch bei anderen Verbänden angeboten:

- Altitude Diver (Bergsee-Tauchen)
- AWARE Fish Identification (Biologie)
- Boat Diver (Bootstauchen)
- Cavern Diver (Grottentauchen, Tauchen in Meereshöhlen)
- Deep Diver (Tieftauchen)
- Dive Propulsion Vehicle (Lehrgang für UW-Scooter)
- Drift Diver (Strömungstauchen)
- Dry Suit Diver (Trockentauchen)
- Enriched Air Diver (NITROX-Kurs)
- Ice Diver (Eistauchen)
- Multilevel Diver (Dekotauchen)
- Night Diver (Nachttauchen)
- Peak Performance Buoyancy (Verbesserung der Tarierung)
- Search & Recovery (Suchen & Bergen)
- Underwater Naturalist (Spezialkurs Ökologie)
- Underwater Navigator (Orientierungstauchen)
- Underwater Photographer (UW-Fotographie)
- Underwater Videographer (UW-Video)
- Wreck Diver (Wracktauchen)

Neben einigen dieser Module bietet CMAS zusätzlich noch die Spezialkurse:

- Apnoetauchen
- Gewässeruntersuchung
- Medizin-Praxis
- Meeres- und Süßwasserbiologie
- Ozeanologie
- UW-Denkmalschutz und -Archäologie

Egal wie Sie zu den Kursen stehen und wie weit Sie sich spezialisieren möchten. Es gibt drei Spezialkurse, die von allen Verbänden angeboten werden, und die jeder Taucher früher oder später besuchen sollte:

Orientierung beim Tauchen, Nachttauchen und Strömungstauchen

8.2.1 Orientieren beim Tauchen / Underwater Navigator

Mehr noch als ein Wanderer auf einem nebligen Gebirgsplateau oder ein Autofahrer in einer fremden Großstadt, muss sich der Taucher unter Wasser in einer völlig neuen Umgebung zurechtfinden. Die Sicht ist selten optimal. Je tiefer man taucht, desto weniger Sonnenlicht kommt an. Durch die annähernde Schwerelosigkeit unter Wasser bekommt der Gleichgewichtssinn und somit der natürliche Orientierungssinn seine Probleme.
Orientieren unter Wasser, mit und ohne Hilfsmittel, kann man erlernen und üben. Gute Kenntnisse in der Orientierung helfen uns, entspannter ohne Angst zu tauchen, den Luftverbrauch zu reduzieren und damit unsere Tauchzeit optimal für die Entdeckungsreise unter Wasser zu nutzen.
Eine gute Orientierung unter Wasser ist die Grundvoraussetzung für das Tauchen in Kleingruppen ohne ortskundigen Tauchguide. Ich möchte jedem Taucher das entsprechende Aufbauseminar dringend ans Herz legen!

Als Hilfsmittel zum Orientieren stehen neben unserer Beobachtungsgabe der Kompass, die Uhr und der Tiefenmesser zur Verfügung. In dem Kurs (meist ein Wochenendseminar) lernen Sie sich anhand der natürlichen Umgebung zu orientieren und die Hinweise in der Natur zu nutzen (z. B. von der Strömung geformte Wellenlinien im Sandboden). Sie lernen mit dem Kompass umzugehen und üben – zuerst an Land, dann unter Wasser – verschiedene Kurse zu verfolgen.

CMAS-Spezialkurs »Orientieren beim Tauchen«

Nach drei Unterrichtseinheiten und vier Tauchgängen soll der Teilnehmer in die Lage versetzt werden, während eines Tauchgangs seinen Kurs und Standort zu bestimmen und sicher zum Ausgangspunkt zurückzufinden.

Voraussetzungen:
- CMAS * oder vergleichbare Qualifikation
- Mindestens 10 Tauchgänge
- Mindestalter: 14 Jahre
- Gültige Tauchtauglichkeit nicht älter als zwei Jahre

PADI-Specialty »Underwater Navigator«

Nach den Theorielektionen und drei Tauchgängen wird der Teilnehmer mit den Techniken, dem Grundlagenwissen, Verfahren und Instrumenten zur Navigation vertraut gemacht.

Voraussetzungen:
- Junior Open Water, Open Water Diver oder äquivalent erforderlich
- Mindestalter: 10 Jahre
- Gültige Tauchtauglichkeit

Wie finde ich mich in fremden Gewässern zurecht?

An erster Stelle steht ein gründliches Briefing von einem Ortskundigen. Er muss uns das Tauchgebiet umfassend beschreiben, markante Punkte erklären und Tipps für die Route geben. Lassen Sie eine Skizze anfertigen und fragen Sie nach Details, wenn noch Unklarheiten bestehen!
Beim Abtauchen prägen Sie sich die genaue Tiefe des Ankers und das Umfeld ein. Den Anfangskurs bestimmen Sie anhand des Sonnenstandes und Lichteinfalls. Oben an der Riffkante suchen Sie dann einen markanten Punkt (z. B. auffällige Felsformation). An der Kante geht es langsam auf die geplante Tiefe, von wo aus Sie sich z. B. nach rechts wenden, die Riffkante immer an der rechten Seite. Ist der Umkehrpunkt erreicht (z. B. bei 120 bar Restluft), drehen Sie und halten die Kante auf Ihrer linken Seite und steigen langsam höher. In flacherer Tiefe oder direkt an der Kante tauchen Sie so lange, bis Sie Ihren markanten Felsen wieder gefunden haben. Ein Blick auf den Sonnenstand zeigt Ihnen den Kurs grob in Richtung Ankerplatz zurück, wo Sie das Umfeld wieder erkennen und den Anker finden müssten.

SSI–Specialty »Unterwasser-Navigation«

Nach einer Unterrichtszeit von sechs bis zwölf Stunden und mindestens zwei Tauchgängen wird der Teilnehmer zur Orientierung unter Wasser, Kursbestimmung und Umgang mit dem Kompass befähigt. Die Anzahl der Übungstauchgänge legt der Instructor bei SSI je nach Ausbildungsfortschritt fest (maximal drei TG pro Tag).

Voraussetzungen:

- SSI Open Water Diver (SSI Junior Open Water Diver) oder äquivalent
- Mindestalter: 15 Jahre (für den SSI Junior Specialty Diver: 12 Jahre)
- Gültige Tauchtauglichkeit nicht älter als sechs Monate

8.2.2 Nachttauchen / Night Diver

Das Nachttauchen ist für jeden Taucher ein unvergleichliches Erlebnis. Ob im Meer oder im heimischen Baggersee, man entdeckt immer wieder neue Seiten des Gewässers. Die Faszination birgt aber auch einige Gefahren, denn in der Dunkelheit erwachen die natürlichen Urängste der Menschen. Da genügt schon ein harmloses Erschrecken unter Wasser (ein Fisch taucht auf, huschende Schatten durch die Lampe des Tauchpartners) und schon rasen Puls und Atmung. Wenn aber einige Grundregeln und Hinweise zur Absicherung befolgt werden, ist ein Nachttauchgang so stressfrei und sicher wie am Tag!

Im Spezialkurs Nachttauchen lernen Sie die Besonderheiten und Gefahren unter Wasser bei Nacht kennen. Sie erfahren mehr über die elementaren Verhaltensregeln (z. B. Partnerverlust) und die Absicherung eines Nachttauchgangs. Ein wichtiger Teil des Kurses ist dabei das Lichtmanagement: Wie markiere ich meine Ein- und Ausstiegsstelle? Warum sollte man immer zwei Unterwasserlampen zum Tauchen mitnehmen? Wie sehen die speziellen Tauchzeichen bei Nacht aus?

Den Abschluss des theoretischen Kursteils bilden dann zwei bis drei Nachttauchgänge, bei denen man mit dem Ausbilder zum ersten Mal die gelernten Inhalte auch praktisch umsetzen kann.

Ein Tipp zum ersten Nachttauchgang

Legen Sie den Tauchbeginn an den späten Nachmittag bei einsetzender Dämmerung. Sie können sich dann noch mit Licht umziehen, finden leichter zum Einstieg und haben eine besser Orientierung! Das eigentliche Tauchen findet dann im Dunkeln statt. Als Alternative lohnt ein Blick in den Kalender (die kleinen Mondsymbole): Nachttauchen bei Vollmond! Durch das Restlicht des Mondes ist es an der Wasseroberfläche heller, als man glaubt!

Fertigmachen zum Nachttauchgang

CMAS-Spezialkurs »Nachttauchen«

Nach zwei Unterrichtseinheiten und zwei Tauchgängen soll der Teilnehmer in Theorie und Praxis mit der sicheren Planung, Vorbereitung und Durchführung von Nachttauchgängen vertraut gemacht werden.

Voraussetzungen:
- CMAS * oder vergleichbare Qualifikation
- Mindestens 25 Tauchgänge
- Mindestalter: 16 Jahre
- Gültige Tauchtauglichkeit nicht älter als zwei Jahre
- Kenntnisse in der UW-Navigation (Spezialkurs Orientierung beim Tauchen)

PADI-Specialty »Night Diver«

Nach den Theorielektionen und drei Tauchgängen wird der Teilnehmer in Planung, Organisation, Verfahrensweisen, Techniken, Probleme und Gefahren des Nachttauchens eingewiesen.

Voraussetzungen:
- Junior Open Water, Open Water Diver oder äquivalent
- Mindestalter: 12 Jahre
- Gültige Tauchtauglichkeit

SSI-Specialty »Tauchen bei Nacht und eingeschränkter Sicht«

Nach einer Unterrichtszeit von sechs bis zwölf Stunden und mindestens zwei Tauchgängen wird der Teilnehmer zur Planung, Vorbereitung und Durchführung von sicheren Nachttauchgängen oder zum Tauchen bei eingeschränkter Sicht befähigt. Die Anzahl der Übungstauchgänge legt der Instructor bei SSI je nach Ausbildungsfortschritt fest (maximal drei TG pro Tag).

Voraussetzungen:
- SSI Open Water Diver (SSI Junior Open Water Diver) oder äquivalent
- Mindestalter: 15 Jahre (für den SSI Junior Specialty Diver: 12 Jahre)
- Gültige Tauchtauglichkeit nicht älter als sechs Monate

8.2.3 Strömungstauchen / Drift Diver

Der Drifttauchgang ist eine spezielle Form des Strömungstauchens. Hier kommt es nicht darauf an, gegen die Strömung zu schwimmen oder Strömungsschatten zu finden. Hier nutzen wir die Strömung in nur eine Richtung – der angenehmeren. Wir lassen uns treiben und genießen den »Flug«.
Wir müssen uns hierfür aber intensiver mit den Problemen und Gefahren von gewollten oder ungewollten Strömungen (mit oder dagegen) beim Tauchen auseinandersetzen. Nicht selten wird ein Tauchplatz im Meer unterschätzt oder ein See trügerisch als strömungsfrei angesehen. Das Tauchen gegen die Strömung kostet sehr viel Kraft und Atemluft. Der Luftvorrat geht schneller zu Ende. Leicht kann es zu Wadenkrämpfen kommen (vor allem bei zu harten Flossen und schlechtem Trainingsstand). Das Wissen um die Strömungsverhältnisse und das richtige Verhalten ist vor allem für Meerestaucher unverzichtbar.

Im Spezialkurs »Strömungs- und Drifttauchen« lernt man, wie Strömungen entstehen - durch Gezeiten, Wind, Sog, Gefälle, Temperatur- oder Dichteunterschiede im Wasser -, wie man sich beim Strömungstauchen verhält und wie man Tauchgänge mit oder gegen die Strömung sicher durchführt.

Wadenkrampf beim Strömungsschwimmen

Ein Krampf im Bein beim Flossenschwimmen ist äußerst unangenehm. Vor allem beim Ankämpfen gegen die Strömung, bei sehr kaltem Wasser oder zu hartem Flossenblatt kommt es leicht zu einem Krampf im Oberschenkel oder den Waden. Dann heißt es »nur nicht panisch werden« und besonnen den Krampf unter Wasser behandeln. Ein Muskelkrampf kann durch langsames Überdehnen des betroffenen Muskels (auch gegen den Schmerz) leicht wieder gelöst werden. Er birgt aber gerade bei unerfahrenen Tauchern oder Schwimmern die Gefahr einer Panikreaktion mit Wasseraspiration.

- Wadenkrampf: An den Zehen (Flossenspitze) das betroffene Bein durchstrecken, dabei Knie mit zweiter Hand nach unten drücken
- Oberschenkelkrampf (Vorderseite, Streckmuskel): Unterschenkel mit einer Hand nach hinten ans Gesäß ziehen
- Oberschenkelkrampf (Rückseite, Beugemuskel): Wie bei Wadenkrampf

Wie verhindere ich einen Krampf?
Regelmäßiges Konditions- und Flossentraining vor dem Freiwassertauchen ist das beste Mittel gegen frühzeitige Muskelüberlastung. Spürt man während des Tauchens schon eine sehr große Anstrengung und erste Verhärtung der Beinmuskulatur: Sofort langsamer tauchen und dem Tauchguide Bescheid geben. Unterwerfen Sie sich nicht dem Gruppenzwang und versuchen Sie nie krampfhaft mit leistungsstärkeren Tauchern mitzuhalten!

CMAS–Spezialkurs »Strömungstauchen«

Nach zwei Unterrichtseinheiten und drei Tauchgängen soll der Teilnehmer in Theorie und Praxis mit der sicheren Planung, Vorbereitung und Durchführung von Strömungstauchgängen vertraut gemacht werden.

Voraussetzungen:
- CMAS ** oder vergleichbare Qualifikation
- Mindestens 50 Tauchgänge
- Mindestalter: 16 Jahre
- Gültige Tauchtauglichkeit nicht älter als zwei Jahre

PADI–Specialty »Drift Diver«

Nach den Theorielektionen und zwei Tauchgängen wird der Teilnehmer in Planung, Organisation, Verfahrensweisen, Techniken, Probleme und Gefahren des Strömungstauchens eingewiesen.

Voraussetzungen:
• Junior Open Water, Open Water Diver oder äquivalent erforderlich.
• Mindestalter: 12 Jahre
• Gültige Tauchtauglichkeit

SSI–Specialty »Wellen, Gezeiten und Strömungen«

Nach einer Unterrichtszeit von sechs bis zwölf Stunden und mindestens zwei Tauchgängen wird der Teilnehmer zur Planung, Vorbereitung und Durchführung von sicheren Strömungstauchgängen befähigt. Die Anzahl der Übungstauchgänge legt der Instructor bei SSI je nach Ausbildungsfortschritt fest (maximal drei TG pro Tag).

Voraussetzungen:
• SSI Open Water Diver (SSI Junior Open Water Diver) oder äquivalent
• Mindestalter: 15 Jahre (für den SSI Junior Specialty Diver: 12 Jahre)
• Gültige Tauchtauglichkeit nicht älter als sechs Monate

8.3 Sondergebiete des Tauchens

8.3.1 NITROX und Mischgas-Tauchen

Viele Tech-Taucher, die in größere Tiefen vordringen oder die Tauchzeit verlängern wollen, greifen immer häufiger auf Mischgase zurück. Bei den bekannten Problemen mit Atemluft in größeren Tiefen, vor allem durch Stickstoff, drängt sich geradezu die Verwendung eines anderen Gasgemisches auf. Man kann z. B. den Stickstoffgehalt reduzieren, um die Stickstoffsättigung im Blut zu verringern und damit einer Dekokrankheit vorzubeugen.

Nitrox- und Sauerstoffflaschen für das technische Tauchen

Ein kurzer Überblick
Die mittlerweile gängigste Lösung sind die so genannten NITROX-Gemische (Nitrogen-Oxygen: Stickstoff / Nitrogen-Gehalt kleiner als 78% und Sauerstoff / Oxygen-Gehalt größer als 21%). Durch die Erhöhung des Sauerstoffanteils auf über 21% spricht man

auch von Enriched Air Nitrox (EANx): »Mit Sauerstoff angereicherte Luft«. Hierdurch reduziert man die Sättigung des Körpers mit Stickstoff beim Tauchen und damit die Belastung des Organismus durch geringere Bläschenbildung beim Auftauchen. Die erlaubten Nullzeiten werden erhöht und Dekozeiten verkürzt. Allerdings liegt durch die nun größere Gefahr einer Sauerstoffvergiftung die maximale Tiefe bei »nur« 30 - 40 m.
Gebräuchliche NITROX-Gemische sind:
- NOOA Nitrox I (32% O_2 / 68% N_2) – auch: Nitrox 32/68 (max. Tiefe: 33 m)
- NOOA Nitrox II (36% O_2 / 64% N_2) – auch: Nitrox 36/64 (max. Tiefe: 28 m)
- Nitrox B (60% O_2 / 40% N_2) – auch: Nitrox 60/40 (max. Tiefe: 13 m)
- Nitrox C (40% O_2 / 60% N_2) – auch: Nitrox 40/60 (max. Tiefe: 25 m)

Wer Interesse am Nitrox-Tauchen hat, kann bei fast allen Sporttauchverbänden Weiterbildungsmöglichkeiten zum Nitrox Diver und Advanced Nitrox Diver wahrnehmen.

Der Nachteil bei der Verwendung von Nitrox ist das einzuhaltende Tiefenlimit. Um größere Tiefen erreichen zu können, ersetzt man deshalb den Stickstoff im Atemgas durch Helium und taucht mit HELIOX (Helium-Oxygen: Der Helium-Gehalt ist i .d. R. größer als 79%, der Sauerstoff / Oxygen-Gehalt kleiner als 21%). Die Gefahr der Stickstoffnarkose ist gebannt und bei Senkung des O_2-Anteils lassen sich sehr große Tiefen erreichen. Allerdings ist Helium sehr teuer, die Dekompressionszeiten werden sehr lang und jenseits der 100 Meter-Grenze kommt es zu den ersten Symptomen einer Heliumvergiftung (HPNS – high pressure nervous syndrome). Diese Gemische werden vor allem bei Forschungs- und Berufstauchern eingesetzt.

Im Tec-Diving-Bereich setzte sich bald TRIMIX (**TRI** für griechisch »Drei« und **MIX** für Gemisch) durch. Hier wird in unterschiedlichsten Kombinationen Sauerstoff, Stickstoff und Helium gemischt. Dabei steigt ab größeren Tiefen zwar wieder das Tiefenrauschrisiko, aber das Gemisch ist wesentlich billiger als HELIOX. Bei extremen Tieftauchgängen gibt es noch den Trend Stickstoff durch Neon, Argon oder Wasserstoff zu ersetzen. Auch der Wechsel des Atemgases in der Dekompressionsphase (z. B. durch Erhöhung des Sauerstoffgehaltes) wird praktiziert.

Dies macht für Berufs- oder Forschungstaucher zum Erreichen bestimmter Tauchtiefen und -zeiten für bestimmte Arbeiten unter Wasser einigermaßen Sinn, es erhöht aber den Aufwand des Tauchganges ungemein. Es werden spezielle Pressluftflaschen, Mischer (oder fertige Gasgemische), Ventile und Atemregler benötigt. Spezielle Computer berechnen die Dekompressionszeiten nach den geänderten Sättigungsmodellen. Dadurch entstehen wieder neue Gefahrenquellen und Risiken für das Tauchen. Für das geänderte Sättigungsverhalten bei der Verwendung unterschiedlicher Gase stecken die Rechenmodelle noch in den Kinderschuhen. Über Langzeitwirkungen und mögliche Schädigungen des menschlichen Organismus weiß die Medizin heute noch nicht genug.

Pro & Kontra NITROX

Wie bei allem gibt es auch bei der Verwendung von Nitrox Vor- und Nachteile. Hier sind die Hauptargumente dafür oder dagegen:

Vorteile von Nitrox:
- Kürzere Dekompressionszeiten bzw. längere Nullzeiten als bei vergleichbaren Tauchgangsprofilen mit Pressluft
- Höhere Sicherheit durch geringere Stickstoff-Sättigung bei Nutzung der Pressluft-Austauchtabellen (z. B. geringere Gefahr der Bläschenbildung beim Aufstieg)
- Geringere Gefahr der Stickstoff-Narkose (Tiefenrausch)

Nachteile von Nitrox:
- Höhere Sicherheitsmaßnahmen erforderlich (erhöhtes Brandrisiko)
- Einhalten einer maximal zulässigen Tauchtiefe (Risiko der Sauerstoffvergiftung)
- Spezielle Ausbildung erforderlich (Nitrox Diver)
- Kosten für spezielle Nitrox- Geräte (Tauchcomputer, DTG, Gasprüfgerät und Atemregler – jedenfalls in Deutschland)
- Höhere Kosten für eine Flaschenfüllung, wenn nicht »Nitrox for free« angeboten wird!

Bilden Sie sich selbst eine Meinung über das Mischgas-Tauchen. Es wird dringend geraten, vorher eine entsprechende Aus- oder Weiterbildung bei einer Tauchorganisation zu besuchen.

NITROX für das Sporttauchen?
Nach allgemeiner Auffassung kann man durch die Verwendung von NITROX bei höherem Sauerstoffanteil sehr gut längere Tauchgänge im flacheren Bereich durchführen und reduziert so die Sättigung durch Stickstoff im Körper und damit die Dekompressionsgefahr. Aber alle Tiefen- und Rekordversuche bergen immer ein erhöhtes Risiko, ganz gleich, wie gut sich die Theorie über die Gasmischung anhört. Dies gehört nicht in den Sporttauchbereich!

Mittlerweile bieten viele Tauchbasen NITROX für zertifizierte Taucher an; auch das Angebot »NITROX for free« sieht man immer häufiger. Das Nitrox-Tauchen ist keine Randerscheinung mehr, sondern setzt sich zunehmend im Sporttauchbereich durch.
Da der Hobbytaucher im Urlaub ohnehin nicht in größere Tiefen vordringt, kann das mit Sauerstoff angereicherte Nitrox-Gemisch ideal verwendet werden. Wer die Sicherheit beim Tauchen erhöhen möchte, verwendet Nitrox

und berechnet seine Austauchzeiten mit der normalen Tabelle für Pressluft. Dadurch werden die Tauchgänge zwar nicht verlängert, aber wegen der geringeren Sättigung durch Stickstoff eine erhöhte Sicherheit erreicht. Allerdings muss immer das Tiefenlimit anhand der Nitrox-Mischung bestimmt und beachtet werden. Zum Beispiel ist die maximale Tauchtiefe – engl. Maximum Operating Depth (MOD) – bei der Verwendung von Nitrox I (32% O_2 / 68% N_2) auf 33 m begrenzt. Aber das reicht in der Regel leicht für einen schönen Tauchgang.

Da ein mit Sauerstoff angereichertes Gasgemisch verwendet wird, müssen im Umgang mit Nitrox einige Sicherheitsregeln beachtet werden. Sauerstoff ist ein stark oxydierendes Gas, das die Verbrennung anderer Materialien beschleunigen kann. Absolutes Rauchverbot beim Umgang mit Nitrox ist hier Grundvoraussetzung.

8.3.2 Höhlentauchen

Echtes Höhlentauchen ist Fortgeschrittenen mit entsprechender Ausbildung und Spezialausrüstung vorbehalten.

Grottentauchen vor Sardinien (Foto: Detlef Kraus)

Für den Sporttaucher ist allenfalls das Tauchen in Grotten, Überhängen und Süßwasser-Cenoten interessant. Gehen Sie nur in solche Höhlen oder Durchbrüche, wo Sie immer Sicht auf den Ausgang haben. Als ungesicherter Taucher ist es fahrlässig, sich ohne Spezialausrüstung zu weit in Höhlensysteme zu wagen. Sie bringen sich und Ihren Tauchpartner in Lebensgefahr!

Die größte Gefahr in Höhlen ist das Fehlen einer direkten Auftauchmöglichkeit. Bei Druckproblemen, Luftmangel oder Unfällen bleibt nur noch der Weg zurück. Deshalb gilt es das Hauptaugenmerk auf die Technik und Ausrüstung zu legen. Versagt der Atemregler oder das Pressluftttauchgerät ist man in der Höhle verloren!
Ein Problem beim Höhlentauchen darf man nicht verachten: Die menschliche Psyche. Mehr als beim Nachttauchen verstärkt sich das beklemmende Gefühl in der Dunkelheit durch enge Felsdurchbrüche und Räume. Eine Angst, die schnell zur Panik werden kann!

Gefährlich wird dies bei einem Tauchausflug mit Grotten und Durchbrüchen auf dem Weg. Gerade Anfänger lassen sich durch den Gruppendruck zu Touren überreden, deren Schwierigkeit sie eigentlich nicht gewachsen sind. Wehe dem, dessen Tauchpartner mitten in einer Höhle Panikanfälle bekommt.

In Höhlen herrscht so gut wie keine Strömung. Deshalb hat sich im Laufe der Zeit hier sehr feines Sediment abgesetzt. Kleinste Bewegungen wirbeln dieses Sediment auf und können die Sicht in Sekundenschnelle verschlechtern. Auch ein umsichtiger Flossenschlag vermeidet dieses Problem nicht ganz: Die Blasen der Ausatemluft lassen feine Ablagerungen von der Decke rieseln. Es kommt zu schnellen Sichtänderungen beim Durchtauchen.

Es gibt hier so viele Gefahren, die man als ungeübter Taucher noch nicht einschätzen kann. Sie sollten vor dem ersten Grottentauchen unbedingt den Spezialkurs »Cavern Diving« oder »Tauchen in Meereshöhlen« besuchen, wenn Sie etwas Taucherfahrung angesammelt haben.

Übrigens...
... mehr zum Thema Sporttauchen in Meereshöhlen erfahren Sie im Buch »Höhlentauchen, Künneth / Munzinger, Reihe Tauchpraxis, Müller Rüschlikon, Cham 2003«.

8.3.3 Wracktauchen

Wracktauchen als eine Sonderform des Höhlentauchens? Warum nicht!

Man kann ein Wrack als eine Art kleine Höhle sehen. Es gelten für uns Taucher die gleichen Verhaltensregeln wie für einen Höhlentauchgang. Ein Wrack kann ebenso verwinkelt sein,

sogar mehr noch ein labyrinthähnliches Innenleben haben.
Schiffswracks haben auf Taucher schon immer einen großen Reiz ausgeübt. Sie sind ein Teil versunkener Geschichte. Unzählige Sagen und Halbwahrheiten ranken sich um die ehemals stolzen Schiffe. Der Taucher wird zum Historiker, zum Entdecker und Schatzsucher. Von der Neugierde getrieben, möchte man immer tiefer in ein versunkenes Wrack eintauchen. Dabei ist der Schwierigkeitsgrad abhängig von der Tiefe und Lage des Wracks.
Vernünftig wäre es, ein versunkenes Schiff oder Flugzeug nur zu umtauchen. Betrachten Sie es in aller Ruhe von außen und begeben Sie sich nicht in unnötige Gefahr. Aber die Neugierde ist zu groß?

Neben der Gefahr der Sichtverschlechterung durch aufwirbelndes Sediment (wie in der Höhle), gibt es in einem Wrack extrem enge Gänge und Durchbrüche, die nur von erfahrenen, psychisch sicheren Tauchern (ohne Raumangst) gemeistert werden sollten.
An scharfkantigen, oft rostigen Hindernissen (Eisenteile, Gitter, spitze Stäbe, Schrott, Glas) kann man sich leicht verletzen. Die Folgen sind Schnittwunden mit mehr oder weniger starken Blutungen und Schockgefahr.

Faszination Wracktauchen: Ischialola Wrack bei der Insel Gianutri (Foto: Martin Hablützel)

Wie sieht die Vorbereitung eines Wracktauchganges aus?

Im Briefing muss der Tauchguide eine genaue Beschreibung der Lage vom Wrack abgeben. Besondere Umstände wie Strömungen und Gefahren müssen deutlich angesprochen werden:

- o Wie tief liegt das Wrack?
- o Wie groß ist es?
- o In welchem Zustand ist es?
- o Gibt es Innenräume zum Betauchen?
- o Wo sind sichere Ein- und Ausgänge?
- o Wie ist die Ladung (Gefährlich? Munition?)
- o Wie ist die Sicht am Wrack?
- o Gibt es gefährliche Strömungen?

Eindringen sollte man in ein Wrack, wie beim Höhlentauchen, nur mit besonderer Ausrüstung: Lampen, Helm, Ariadnefaden und zweite unabhängige Luftversorgung.

Aber: Hineintauchen in ein Schiffswrack sollten – wenn überhaupt – nur geübte Taucher mit spezieller Ausbildung!

Die Gefahr des Hängenbleibens oder Verfangens in alten Fischernetzen oder Leinen ist an einem Wrack besonders groß.
Auch hier lauern Meeresbewohner in dunklen Nischen oder Ecken, die ihr Revier mit Zähnen oder Giftstacheln verteidigen können.

In einem versunkenen Schiff herrscht immer Einsturzgefahr. Auch die Lage kann sich durch Strömungen oder Unterspülungen jederzeit ändern.
Durch Strömungen kann es zu einer Sogwirkung an Luken und durch Verengungen kommen.
Eine Orientierung mit Kompass ist an Wracks oft nicht möglich. Große Eisenmassen am Wrack können das Magnetfeld der Erde verfälschen und der Kompass weist den falschen Weg. Bedenken Sie das für den Rückweg zum Boot!

Haben Sie etwas bemerkt? Zu viele Gefahren und Risiken lauern beim unbedachten Wracktauchen. Hier sollten Interessierte unbedingt vorher einen Spezialkurs »Wracktauchen« absolvieren. Nur dann kann man die Gefahren richtig einschätzen und Wracktauchgänge sicher planen und durchführen.

Übrigens...
... mehr zum Thema Wracktauchen erfahren Sie im Buch »Wracktauchen, Dederichs / Priboschek, Reihe Tauchpraxis, Müller Rüschlikon, Cham 2002«.

8.3.4 Apnoetauchen

Zunehmender Beliebtheit in Sporttaucherkreisen erfreut sich das Apnoetauchen, also das Tauchen mit angehaltenem Atem – ohne Presslufttauchgerät. Nur mit Tauchanzug, Gewicht und ABC-Ausrüstung versucht der Apnoetaucher mit fortschreitendem Trainingsstand immer tiefer, immer länger und immer weiter nur mit einem einzigen Atemzug voranzukommen.

Der Reiz liegt darin, sich zu 100% auf seine eigenen körperlichen Fähigkeiten zu verlassen. Kein Lungenautomat, keine Pressluft, keine Gasgemische. Dieses Tauchen, das eigentlich schon seit Jahrhunderten von Speerfischern und Perlentauchern im Meer ausgeübt wird, hat erst vor einigen Jahren Einzug in die Gemeinde der Sporttaucher gehalten. Zurück zu den Wurzeln – immer mehr Taucher finden Spaß am Tauchen ohne Technik.

Man muss das Apnoetauchen heute in zwei Kategorien aufteilen:
Den Extremsport als Wettkampf und den Breitensport.

Die extremen Apnoe-Wettkämpfe und Rekorde kann man jedes Jahr wieder in der Presse verfolgen. Der Weltrekord im Streckentauchen liegt momentan bei 200 m; im Non-Limit-Tieftauchen mit variablen Gewichten wurde 2004 die 170-m-Marke überschritten. Leider hört man in diesem Zusammenhang auch regelmäßig von tödlichen Unfällen bei immer neuen Rekordversuchen. Über den Sinn und Unsinn dieses Extremsports kann man sich streiten. Das ist kein Gebiet für uns Sporttaucher!

Mittlerweile wird von einigen Verbänden das Apnoetauchen als Breitensport gefördert. Der VDST (Verband deutscher Sporttaucher) hat nun sogar eine eigene Ausbildungssektion Apnoe und eine Apnoe-Prüfungsordnung für interessierte Taucher. Der VDST limitiert aus Sicherheitsgründen in diesem Bereich Tiefe, Strecke und Zeit und bildet nur mit der Maßgabe aus:

75 m Strecke, 25 m Tiefe und 3 min Zeittauchen sind genug!

Bei der Ausbildung geht es dann auch mehr um das psychische und physische Einstimmen auf das Apnoetauchen. Mit Hilfe von Yoga und Atemübungen (keine Hyperventilation) wird ein Entspannungszustand trainiert, der die körperliche Leistungsfähigkeit erhöht und das Tauchen ohne technische Hilfsmittel zu einem Erlebnis macht. Der VDST definiert einen Apnoetauchgang nicht nur als einmaliges Abtauchen, sondern als eine Reihe kleiner Abstiege, bei denen die Unterwasserlandschaft erkundet wird. Ein Tauchgang kann dann von 15 Minuten bis zu zwei Stunden dauern.

Weitere Informationen zum Apnoetauchen gibt es bei:
- VDST Sektion Apnoetauchen (www.vdstapnoe.de)
- AIDA Deutschland e. V. – Deutscher Fachverband für Apnoe-Sport (www.aida-deutschland.de)

Sicherheitsstopp vor dem Auftauchen (Foto Michael Christ)

9. Anhang

Viel Spaß beim Tauchen!

9.1 Literatur

- Columbus Reiseführer, Nachschlagewerk für die deutschsprachige Tourismusindustrie 1997/98, Columbus Press, GB- London 1997

- Th. Künneth, »Tauch-Theorie, Das Komplettwissen für den Tauchsport«, Verlag Weinmann, Berlin 1997

- Th. Künneth, »Tauchreise-Planung«, Müller Rüschlikon Verlags AG, Cham 2000

- Th. Künneth, »Notfallratgeber für Taucher«, Müller Rüschlikon Verlags AG, Cham 2001

- O. F. Ehm, J. Wendling, R. Ehrsam, P. Knessl, P. Nussberger (Hrsg.) »Manual Tauchtauglichkeit«, GTÜM e.V. 2001

- Th. Künneth, »Handbuch Tauchsicherheit«, Müller Rüschlikon Verlags AG, Cham 2002

- T. Kromp, »Praxis des Tauchens«, Verlag Stefanie Nagelschmid, Stuttgart 2002

- H. Dederichs, A. Priboschek, »Tauchpraxis Wracktauchen«, Müller Rüschlikon Verlags AG, Cham 2002

- O. F. Ehm, »Tauchen, noch sicherer!«, Müller Rüschlikon Verlags AG, Cham 2003

- Th. Künneth, P. Munzinger, »Tauchpraxis Höhlentauchen«, Müller Rüschlikon Verlags AG, Cham 2003

- P. Fischer, Th. Künneth, A. Vorderauer, »Taschenbuch für Wasserretter«, ecomed-Verlag, Landsberg 2003

- P. Munzinger, L. Odewald, »Achtung Gefährlich«, uwmedia 2004

- E. Ritter, G. Wegner, »Haiunfälle«, Kosmos Verlag, Stuttgart 2005

9.2 Checkliste »Tauchausrüstung«

ABC-Ausrüstung

- o Flossen
- o Schnorchel + Schnorchelhalter
- o Tauchermaske

Taucheranzug

- o Füßlinge
- o Handschuhe
- o Kopfhaube
- o Neoprenanzug oder Tropenanzug / Shorty

Tauchgerät

- o Pressluftflasche
- o Tarierjacket
- o Lungenautomat
- o Finimeter
- o Oktopus
- o INT/DIN-Adapter

Sicherheit

- o Buddy-Leine
- o Deko-Tabelle
- o Erste-Hilfe-Koffer (optimal: mit Sauerstoff)
- o Leuchtsignal
- o Notfall-Adressen (Notrufnummer, Dekokammer)
- o Signalboje
- o Signalpfeife
- o Taucherboje mit Alpha-Flagge

Zubehör

- o Bleigewichte
- o Bleigürtel oder Jacket- Bleitaschen
- o Ersatzteile (Flossenband, Maskenband, O-Ringe)
- o Kompass
- o Oktopushalter
- o Tauchcomputer
- o Tauchermesser
- o Taucheruhr
- o Tiefenmesser
- o UW-Lampe + Ladegerät
- o Werkzeug-Set

UW-Fotoausrüstung

- o Kamera
- o UW-Gehäuse
- o Batterien, Ladegerät
- o Blitz, Blitzarm, Kabel
- o Filme oder Speicherkarten
- o Handgriff
- o Kameratasche, Koffer
- o Objektive
- o Reinigungsmaterial
- o Silikonpaste
- o Sucher, Prismenaufsatz
- o Vorsatzlinsen und Filter

Unterlagen

- o Ärztliches Attest
- o Logbuch
- o Nachweis Spezialkurse (z. B. Nitrox)
- o Taucherpass/-brevet

Transport

- o Tauchertasche
- o Transportkiste + Schlösser
- o Wasserdichter Plastikbehälter für Wertsachen

Sonstiges

- o Anti-Beschlagmittel für Maskengläser
- o Badezeug / Handtuch
- o Bonbons (gegen den Salzgeschmack nach dem Tauchen)
- o Brillenetui (für Brillenträger)
- o Fischbestimmungsbuch
- o Getränke (alkoholfrei) – vor allem bei Hitze
- o Küsten-/Gewässerkarte
- o Mütze (Ohrenschutz nach Tauchgang)
- o Sonnenschutz (Cap, Sonnenbrille, Creme)
- o Tauchbuch »Notfallratgeber für Taucher«
- o Taucher-Ohrentropfen
- o UW-Schreibtafel

9.3 Glossar für Taucher

ABC-Ausrüstung	Grundausrüstung zum Schnorcheln oder Tauchen, bestehend aus Maske, Flossen und Schnorchel
Absorption	Schwächung des Lichts: Mit zunehmender Wassertiefe nimmt die Helligkeit deutlich ab. Ebenso verschwinden die verschiedene Farben des Lichts in unterschiedlichen Tiefen (z. B. Rot ab ca. 5 m)
Abstürzen	Unkontrolliertes Absinken in die Tiefe
Abtauchen	Kontrolliertes Sinken in die Tiefe (i. d. R. durch Ablassen von Luft aus dem Jacket)
Abtrieb	Ist die Gewichtskraft des eingetauchten Körpers größer, als die des verdrängten Wassers, so sinkt der Körper.
Achtern	Hinten im Boot
Acidose	Übersäuerung des Gewebes durch zu viel gelöstes Kohlendioxid im Blut.
ADV-Jacket	»Adjustable Diving Vests« – eine Weiterentwicklung der Stabilizing Jackets
AGE	Arterielle Gasembolie (Verstopfung der Arterien durch Gasbläschen)
AIDA	Deutscher Fachverband für Apnoe-Sport
Air-Trapping	Durch Verstopfung (Schleim, Erkältung) vom normalen Gasaustausch abgetrennte einzelne Alveolen. Gefahr des Risses dieser Lungenpartie beim Auftauchen!
Alpha-Flagge	Das »A« im internationalen Flaggenalphabet wird als Hinweis auf Taucher verwendet
Alveolen	Lungenbläschen
Amonton-Gesetz	Der Druck einer konstanten Gasmenge nimmt je °C Erwärmung um 1/273 des Druckes bei 0 °C zu. Gleiche Erkenntnis, wie Gay-Lussac.
AMV	Atemminutenvolumen
anaerob	Stoffwechselvorgänge ohne Sauerstoff
ANDI	American Nitrox Divers International
Anzug (Tauch-)	Es gibt Nass-, Halbtrocken- und Trockentauchanzüge für Taucher
Aorta	Daumendicke Hauptschlagader, direkt nach dem Herzen
Apnoe-Maske	Spezielle Tauchmaske mit extrem reduziertem Innenvolumen, damit für den Druckausgleich nur so wenig Luft wie möglich verwendet werden muss.
Apnoe-Tauchen	Tauchen ohne Atemgerät

Archimedes-Prinzip	Ein Körper verliert in einer Flüssigkeit scheinbar so viel an Gewichtskraft, wie die von ihm verdrängte Flüssigkeit wiegt.
Argon	Edelgas, das wegen seiner schlechten Wärmeleitfähigkeit gerne als Füllgas für Trockentauchanzüge verwendet wird. Der Wärmevorteil gegenüber Luft ist aber messtechnisch nicht nachweisbar.
Arterie	Vom Herzen wegführendes Blutgefäß
Aspiration	Einatmen von Wasser
ATEC	Association of Technical Diving Instructors
Atemluft	Komprimierte atmosphärische Luft zum Tauchen
Atemminutenvolumen	Das vom Taucher in der Minute benötigte Luftvolumen in Liter pro Minute (l/min)
Atemregler	Hier wird in ein oder zwei Stufen der Flaschendruck auf einen atembaren Umgebungsdruck reduziert.
Atemreiz	Einatemimpuls bei Kohlendioxid-Überkonzentration und Sauerstoffmangel im Blut
Atrium	Vorhof (Kammer) des Herzens
Aufstieg	Aufsuchen geringerer Tauchtiefen normalerweise unter Einhaltung der Dekompressionsregeln
Aufstiegs-geschwindigkeit	Sollte nicht schneller als 10 m/min sein (Im Bereich 10 m - 0 m besser: 6 m/min)
Aufstiegszeit	Zeit des Auftauchens ohne Sicherheits- oder Dekostopps, die sich aus Aufstiegsgeschwindigkeit und Tauchtiefe errechnet.
Auftauchzeit	Uhrzeit, in der wir die Oberfläche wieder erreichen.
Auftrieb	Ist die Gewichtskraft des eingetauchten Körpers kleiner, als die des verdrängten Wassers, so steigt der Körper auf und schwimmt an der Oberfläche.
Außenohr	Sichtbarer Teil des Ohres. Besteht aus der Ohrmuschel und dem äußeren Gehörgang.
Austarieren	Ist die Gewichtskraft gleich der des verdrängten Wassers, so schwebt der Körper im Wasser. Dies nennt man auch hydrostatisches Gleichgewicht.
Austauchen	Beenden des Tauchgangs unter Einhaltung der Dekompressionsregeln.
Austauchpausen	Dekopausen
Austauchstufen	Dekostufen
Austauchtabelle	Dekompressionstabelle

Austauchzeit	Zeit vom Verlassen der Tauchtiefe bis zum Erreichen der Oberfläche inklusive aller Auftauchpausen.
Automatenrevision	Wartung des Atemreglers und Austausch von Verschleißteilen durch einen Fachhändler
Backbord	In Fahrtrichtung »links«
Backskiste	Verstauraum im/auf dem Boot
bar	Physikalische Einheit für Druck. Unter Wasser ist die Druckzunahme 1 bar pro 10 Meter.
Barotrauma	Kompressionskrankheit Squeeze: Druckschädigung in oder an Hohlräumen des menschlichen Körpers.
Beatmungsbeutel	Hilfsmittel für die Beatmung eines Bewusstlosen. Kann mit einem Sauerstoffgerät gekoppelt werden.
Bends	Schmerzhafte Gasblaseneinschlüsse in Gelenken
Bergen	Transport von Gegenständen mit Hilfe von technischem Gerät an die Oberfläche
Bergsee-Tauchen	Tauchgänge, die eine andere Deko-Tabelle für Höhenlagen (ab 700 m) erforderlich machen.
Bilge	Tiefster Punkt im Rumpf eines Bootes
Blackout	Plötzliche Bewusstlosigkeit ohne Vorwarnung
Blaukommen	Kompressionskrankheit bei Helmtauchern
Bleigurt	Mit einer Schnellabwurfschnalle versehener Gurt zum Befestigen der Bleistücke
Bourdon-Röhre	Teil eines mechanischen Tiefenmessers
Boyle-Mariotte-Gesetz	Bei konstanter Temperatur steht das Volumen einer Gasmenge im umgekehrten Verhältnis zu seinem Druck.
Bradykardie	Verlangsamung des Herzschlages
Brechung	Auch: Refraktion. Physikalischer Effekt, der das Abknicken eines Lichtstrahles beim Eintritt in das dichtere Wasser beschreibt. Das ist der Grund, warum Objekte unter Wasser um 1/3 größer und 1/4 näher als in Wirklichkeit erscheinen.
Briefing	Ausführliche Besprechung des Tauchgangs u. a. Mit Beschreibung des Tauchgebiets, Tauchprofil, Einteilung der Taucher und Notfallmanagement
Bronchien	Verbindungsröhren zwischen Luftröhre und Lunge
Bubble Disease	Erkrankung durch Gasblasen im Körper = Caisson-Krankheit, Gas-Embolie
Buddy	Tauchpartner (engl.: »Kumpel, Partner«)
Buddy-Check	Gegenseitige Kontrolle der Ausrüstung durch die Tauchpartner

Buddy-Leine	Leinenverbindung zwischen zwei Tauchpartnern
Bug	Vorderer Teil des Bootes
Caisson-Krankheit	Dekompressionskrankheit durch Ausperlen von gelöstem Stickstoff im Körper.
CBS	Constant Bleeding System – Patent an Sherwood-Atemreglern
CCS	Closed circuit scuba = Kreislaufgerät
Charles-Gesetz	Das Volumen eines Gases ist der absoluten Temperatur proportional, solange der Druck nicht verändert wird.
Chokes	Atembeschwerden, Schmerzen im Brustraum
CMAS	Confédération Mondiale des Activités Subaquatiques
Cousteau, Jacques-Yves	Tauchpionier und Mit-Erfinder des ersten Lungenautomaten
Crash-Blei	Bleikügelchen in Taschen eingenäht als Gewichtsstücke (meist 1 kg und 2 kg) für das Tauchen
Crossover	Seminar für Tauchlehrer, die eine Lizenz eines anderen Verbandes erwerben wollen
cubic feet	US Volumen-Maßeinheit für Flaschengrößen: 80 cubic feet = 2265 Liter (entspricht 11-Liter-PTG)
Dalton-Gesetz	Der Partialdruck eines Gases steigt in gleichem Verhältnis, wie der Gesamtdruck.
DAN	Divers Alert Network
DCS	Decompression Sickness; Dekompressionskrankheit
Deck	Freifläche im Boot
Dehydratation	Entwässerung, Flüssigkeitsverlust auch: Dehydration
Dekoleine	Hilfsmittel bei Bootstauchgängen für Sicherheits- oder Dekostopp im Freiwasser (ca. 6 m Leine mit Gewicht)
Dekompressiometer	Vorläufer des heutigen Tauchcomputers zur Anzeige der Sättigung mit Stickstoff (auch: Dekometer)
Dekompression	Langsamer Abbau der gelösten Gase im Körper bei Druckabnahme
Dekompressionstabellen	Zum Ablesen der Nullzeit, Dekopausen und -zeiten. Gebräuchlich sind u. a. die Tabellen Bühlmann/Hahn, DECO2000, NAUI, PADI, SSI
Dekompressionszeit	Ist die Zeit auf bestimmten Tiefen 3 m, 6 m, 9 m, die laut Tabelle oder Computer zum Entsättigen eingehalten werden muss.
Dekopausen	Zeiten, die gemäß Dekompressionstabelle auf bestimmten Tiefen zu verbringen sind
Dekostufen	Wassertiefen, auf denen die Dekopausen gemäß De-

	kompressionstabelle verbracht werden
Dekotauchgang	Tauchgang, der die Nullzeit überschreitet und beim Auftauchen Dekopausen notwendig macht.
Diastole	Herzzyklus, in der sich die Kammern mit Blut füllen
Dichte	Physikalische Einheit: Quotient aus Masse und Volumen. So ist z. B. Die Dichte von Wasser = 1 kg/Liter, von Luft = 1,29 g/Liter und Blei = 11 kg/Liter
Dioptrie	Optische Maßeinheit für Lichtbrechungsfaktor
Diurese	Verstärkte Harnproduktion
Dive/Pre-Dive Hebel	Macht das Ventil der zweiten Stufe schwergängiger, um ungewolltes Abblasen zu vermeiden.
DIWA	Diving Instructor World Association
DLRG	Deutsche Lebens-Rettungs-Gesellschaft
Downstream-Ventil	Öffnet sich mit dem Druck
Drifttauchen	Spezielle Art des Strömungstauchens. Kraftsparendes Tauchen mit der Strömung.
Drosselöffnung	Sicherheitsvorrichtung am Hochdruckschlauches des Finimeters
Druck	Physikalische Größe: Kraft geteilt durch Fläche – in der Einheit bar
Druckausgleich	Durch Zuhalten der Nase Luft durch die Ohrtube ins Mittelohr pressen
Druckfallerkrankung	Früherer Begriff für Dekompressionskrankheit
Druckkammer	Einrichtung u. a. zur Behandlung von Dekounfällen
Druckluftflasche	Auch Pressluftflasche. Enthält Luftvorrat zum Tauchen. Flasche aus Stahl oder Aluminium mit üblicherweise 10 l, 12 l oder 15 l Volumen bei 200bar Fülldruck.
Druckminderer	1. Stufe des Atemreglers, in dem der Flaschendruck auf einen über eine Feder einstellbaren Mitteldruck reduziert wird.
DTG	Drucklufttauchgerät
DTSA	Deutsches Tauchsportabzeichen
Ducht	Sitzbank im Boot
EANx	Enriched Air Nitrox (x = Sauerstoff-Anteil in Prozent) z. B. EAN36. Auch: Nitrox
Easy Diving	Begriff aus den USA: Tauchen als Freizeitspaß
Einschlauchatemregler	Heute übliche Ausführung der zweistufigen Atemregler
Eistauchen	Extremtauchgang, der besondere Ausrüstung, Vorbereitung und Durchführung voraussetzt. Wird als Spezialkurs von einigen Verbänden angeboten.

Embolie	Verstopfung von Blutgefäßen
Enriched Air	Auch: Nitrox. Gasgemische aus Stickstoff und Sauerstoff, wobei der normale Sauerstoffgehalt von 21% überschritten wird.
Entsättigung	Abgabe des überschüssigen Stickstoffs im Gewebe beim Auftauchen durch den abnehmenden Partialdruck
Erste Stufe	Auch: Druckminderer. Hier wird der Flaschendruck auf einen Mitteldruck reduziert.
Erythrozyten	Rote Blutkörperchen
Essoufflement	(Franz. = außer Atem geraten) Kohlendioxidvergiftung durch Ermüdung der Atemmuskulatur und schnelle, ineffektive Atmung.
Euphorie	Gesteigertes Wohlbefinden durch z. B. einen beginnenden Tiefenrausch
Eustachische Röhre	Auch: Ohrtube. Verbindung des Nasen-Rachenraums mit dem Mittelohr.
Fahrenheit	US Temperatureinheit: Celsius = (Fahrenheit - 32) * 5/9
Fenzy-Kragen	Rettungskragen PA 61 aus den 60er-Jahren, entwickelt von der Fa. Fenzy. Wurde in Tauchkreisen liebvoll »Klodeckel« genannt.
Finimeter	Auch: UW-Manometer. Druckmesser für den Flaschendruck
FIT	Freie Internationaltätige Tauchlehrer e.V.
Flachwasser-bewusstlosigkeit	Blackout beim Auftauchen durch Absinken des Sauerstoff-Partialdruckes – beim Schnorcheltraining oder Apnoetauchen
Flaschenventil	Ein- und Auslass der Druckflasche mit einem oder zwei Abgängen nach INT oder DIN-Norm
Flüssigkeitsmangel	Dehydration
foot	Englische Maßeinheit: 1 foot = 30,48 cm
Foramen Ovale	Angeborener Herzfehler. Hier sind durch eine Öffnung die beiden Vorhöfe des Herzens verbunden.
Freibord	Geringste Höhe der Bordwand über der Wasserlinie
FST	Fachverband staatlich geprüfter Tauchsportlehrer e. V.
Füßling	Aus 5 bis 7 mm Neopren als Kälteschutz. Werden nur in Verbindung mit Geräteflossen mit Fersenband getragen. Optimal mit fester Laufsohle.
Gasaustausch	Austausch von Sauerstoff und Kohlendioxyd in den Lungenbläschen und Kapillaren bei der Atmung.
Gasgleichung	Das Produkt aus Druck und Volumen dividiert durch die

	absolute Temperatur eines Gases ist konstant.
Gay-Lussac-Gesetz	Der Druck eines abgeschlossenen Gases ist der absoluten Temperatur proportional, solange das Volumen nicht verändert wird.
Gesamtlungen-volumen	Liegt bei einem gesunden Menschen bei ca. 6 l
Gewichtsstücke	Gegossene Bleistücke oder Crash-Blei-Taschen für Jackets mit integrierten Bleitaschen oder Bleigurt
Gleichgewichtsorgan	In den Bogengängen im Innenohr zu finden
Grundzeit	Zeit vom Verlassen der Oberfläche bis zum Beginn des ersten Dekostopps oder Sicherheitsstopps.
GUE	Global Underwater Explorers
Hämatome	Blutaustritte in das Gewebe (»blaue Flecken«)
Hämoglobin	Roter Blutfarbstoff
Hämolyse	Austritt von Hämoglobin aus den roten Blutkörperchen.
Handschuhe	Aus 1,5 bis 5 mm Neopren als Kälteschutz.
Harpunieren	Gehört nicht in das Sporttauchen!
Hautemphysem	Luftansammlung in der Halsregion nach Lungenriss (»Blähhals«)
HBO	Hyperbare Oxydation. Sauerstoffbehandlung unter Druck.
Heck	Hinterer Teil des Bootes
Heißwassermethode	Früher gelehrte Behandlungsmethode bei Vergiftungen durch Meerestiere – ist mittlerweile sehr umstritten und wird nicht mehr angewandt.
HELIOX	Atemgas-Gemisch aus Helium und Sauerstoff (Oxygen) zum Tieftauchen
Henry-Gesetz	Die Menge des in einer bestimmten Flüssigkeit gelösten Gases steht in direktem Verhältnis zum Partialdruck des Gases an der Flüssigkeitsoberfläche.
Herzkompression	Auch: Herzdruckmassage als Erste-Hilfe-Maßnahme bei Bewusstlosen mit Herz-Kreislaufversagen.
Herz-Lungen-Wiederbelebung	Erste-Hilfe Methode bei Herz- und Kreislaufstillstand
Hitzekollaps	Akuter Blutdruckabfall mit kurzer Bewusstlosigkeit wegen Überhitzung des Körpers
Hitzekrämpfe	Muskelzuckungen und -krämpfe wegen großem Flüssigkeits- und Salzverlust durch starkes Schwitzen
Hitzeschlag	Kreislaufkollaps und Bewusstlosigkeit wegen Überhitzung des Körpers und mangelnder Möglichkeit der Wär-

	meabgabe (z. B. durch Neoprenanzug)
HLW	Herz-Lungen-Wiederbelebung
Hochdruckabgang	Ausgang am Druckminderer, an dem direkt der Flaschendruck anliegt (zum Anschluss des Finimeters oder Drucksensors eines Computers)
Hockdruckschlauch	Speziell druckgeprüfter Sicherheitsschlauch am Finimeter mit Drosselöffnung
Höhlentauchen	Nur mit entsprechender Ausbildung, Ausrüstung und Erfahrung. Einige Tauchverbände bieten spezielle Kurse zu diesem Thema an.
HP	High Pressure. Bezeichnet Hochdruckabgang der ersten Stufe.
HPNS	High Pressure Nervous Syndrome (Heliumvergiftung beim Mischgastauchen in großen Tiefen)
HSA	Handicapped Scuba Association
Hydrostatisches Gleichgewicht	Ist die Gewichtskraft des eingetauchten Körpers gleich der des verdrängten Wassers, so schwebt der Körper.
hyperbar	Mit Überdruck (z. B. Sauerstoffgabe)
Hyperkapnie	Erhöhter Kohlendioxidgehalt im Blut
Hyperoxie	Erhöhter Sauerstoffgehalt in Atemluft und Blut
Hyperthermie	Überhitzung
Hyperventilation	Verstärkte Atmung durch Erhöhung der Atemfrequenz oder -tiefe
Hyperventilations-tetanie	Muskelkrämpfe ausgelöst durch Senkung des Kohlendioxidteildrucks im Blut nach Hyperventilation
Hypervolämie	Zunahme des Blutvolumens
Hypokapnie	Erniedrigter Kohlendioxidgehalt im Blut
Hypothermie	Unterkühlung
Hypovolämie	Abnahme des Blutvolumens
Hypoxie	Sauerstoffmangel
I.T.D.	International Tek Divers
IAHD	International Association for Handicapped Divers
IANTD	International Association of Nitrox and Technical Divers
IDA	International Divers Association
IDEA	International Diving Educators Association
IDIC	International Diving Instructor Corporation
IFDA	International Freediver Association
inch	Englische Maßeinheit: 1 inch = 2,54 cm
Inertgas	Gas, das beim Atmen nicht ge- oder verbraucht wird
Inflator	Zum Aufblasen der Tarierweste

Inflatorschlauch	Verbindung der ersten Stufe mit dem Inflator durch Schnellkupplung
Injektor	Konstruktive Maßnahme in der 2. Stufe. Durch eine Düse wird das Gas mit hoher Geschwindigkeit eingeblasen, um die Atemarbeit zu erleichtern.
Innenohr	Auch: Labyrinth. Mit Flüssigkeit (Endolymphe) gefüllter innerer Bereich des Ohres mit Gehörschnecke und Bogengängen
IRTDA	International Recreational and Technical Diving Association
Isopressionskrankheit	Störung oder Vergiftung durch Einwirkung von Gasen bei gleich bleibender Druckeinwirkung
ITD	International Tek Divers
Jackets	Oder: Tarierjackets. Auftriebs- und Stabilisierungshilfe für das Tauchen. Es gibt Stabilizing-Jackets, ADV-Jackets, Wing-Jackets und Mischformen auf dem Markt.
Joule-Thomson-Effekt	Abkühlung eines Gases bei gedrosselter Druckentlastung
Kajüte	Abgeschlossener Wohnraum
Kapillare	Haargefäß
Kelvin	Physikalische Maßeinheit der absoluten Temperatur (0 Kelvin = -272,15 Grad Celsius)
Kohlendioxid-vergiftung	Schädliche Erhöhung des Kohlendioxid-Teildrucks im Körper durch Pendelatmung, verunreinigte Luft oder flache Atmung (Essoufflement)
Kohlenmonoxid-Vergiftung	Inneres Ersticken durch Blockade der Bindefähigkeit von Hämoglobin mit Sauerstoff
Koje	Bett / Schlafplatz
Kompass	Unverzichtbares Hilfsmittel zur Orientierung. Sollte mit Drehring, übersichtlicher 360-Grad-Skala und Peilmarke ausgestattet sein.
Kompensation	Bauliche Maßnahme in der 1. Stufe, damit Mitteldruck unabhängig vom Flaschendruck bleibt.
Kompressor	Luftverdichter zum Füllen von Tauchgeräten mit Atemluft
Konduktion	Wärmeleitung
Konstantvolumenanzug	Auch: Trockentauchanzug
Konvektion	Wärmeströmung
Koronargefäße	Herzkranzgefäße
Körperkerntemperatur	Beim Menschen im Durchschnitt 37°C
Kraft	Masse mal Erdbeschleunigung ($F = m \cdot g$)
Kreislaufgerät	Atemgerät, das der verbrauchten Luft neuen Sauerstoff

	beigemengt und wieder verwendet wird. Es produziert keine Luftblasen und wurde ursprünglich für die Kampftaucher des Militärs entwickelt.
Kurs	Richtung, in die ein Boot fährt
Labyrinth	Bogengänge im Innenohr
Laryngospasmus	Stimmritzenkrampf
Larynx	Kehlkopf
Lee	vom Wind / Strömung abgewandte Seite
Leukozyten	Weiße Blutzellen
Lichtbrechung	Siehe: Brechung
Lichtgeschwindigkeit	Physikalische Maßeinheit: c = 299.792 km/s
Logbuch	Zur Kontrolle und Nachweise der Tauchgänge (auch: Taucherpass)
Long John	Separate Hose eines Neoprentauchanzugs
Luft	Besteht aus 78% Stickstoff, 21% Sauerstoff und 1% Edelgasen und Kohlendioxid
Luftdruck	In Meereshöhe = 1 bar
Luftdusche	Am Mundstück (2. Stufe) des Atemreglers zum Ausblasen von Wasser
Luftembolie	Gefäßverschlüsse durch Luftbläschen im Blut. Symptome und Auswirkungen wie bei einer Dekompressionskrankheit.
Luftfilterung	Reinigung der angesaugten Luft im Kompressor
Luftlieferleistung	Qualitätsmerkmal für Atemregler. Eine Luftlieferleistung von 300 bar l/min ist nach den Qualitätsnormen mindestens gefordert.
Luftmenge	Produkt aus Druck und Volumen eines Gases
Luftverbrauch	Beim Tauchen benötigte Luftmenge pro Zeit
Luftvorrat	Mitgeführte Luftmenge in der Pressluftflasche. Zur Tauchzeitberechnung wird immer eine Reserve abgezogen!
Lungenautomat	2. Stufe des Atemreglers, in dem der Mitteldruck auf den jeweilig herrschenden Umgebungsdruck reduziert wird.
Lungenödem	Wasseransammlung in der Lunge
Lungenüberdruck-Verletzung	Barotrauma der Lunge beim Auftauchen. Meist ausgelöst durch Panikaufstieg
Lungenunterdruck-Verletzung	Barotrauma der Lunge beim Tieftauchen, wenn das Residualvolumen (Restvolumen) unterschritten wird.
Luv	Zum Wind / Strömung zugewandte Seite
Lymphe	Flüssigkeit der Lymphgefäße
Maske	Siehe: Tauchmaske
Maske-Ausblasen	Grundübung in der Tauchausbildung zum Entleeren der

	Maske unter Wasser
Masse	Physikalische Maßeinheit in Kilogramm
Mediastinalemphysem	Luftansammlung im Mittelfellraum
Medic First Aid	Erste Hilfe
Medulla Oblongata	Verlängertes Rückenmark (mit Atemzentrum)
Membrantiefenmesser	Mechanischer Tiefenmesser
Mikrogasblasen	Bilden sich aus dem im Blut gelösten Inertgas beim Austauchen und werden über den Blutkreislauf in die Lunge transportiert, wo sie abgeatmet werden.
Mischgas	Alle Atemgasmischungen, die nicht Pressluft sind, z. B.: Nitrox, Heliox oder Trimix
Mitralklappe	Segelklappe in linker Herzhälfte
Mitteldruck	Im Atemregler erzeugte Zwischenstufe vom Flaschendruck zum atembaren Umgebungsdruck (i. d. R. 5 bis 15 bar)
Mitteldruckabgang	Ausgang am Druckminderer, wo der Mitteldruck anliegt (zum Anschluss der zweiten Stufe, Oktopus, Inflator oder des Trockentauchanzugs)
Mitteldruckschlauch	Geprüfter Sicherheitsschlauch zum Anschluss der Atemregler (2. Stufe). Auch Inflatorschlauch.
Multilevel-Tauchgang	Tauchgang, der auf verschiedenen Tiefenstufen geplant wird
Mund-zu-Mund-Beatmung	Technik der Atemspende bei der Herz-Lungen-Wiederbelebung
Mund-zu-Nase-Beatmung	Technik der Atemspende bei der Herz-Lungen-Wiederbelebung
NACD	National Association for Cave Diving
Nachttauchgang	Beobachtungstauchgang bei Dunkelheit. Bedarf einer entsprechenden Planung, eines Lichtmanagements und Absicherung. Alle großen Tauchverbände bieten spezielle Kurse zu diesem Thema an.
Nasenerker	Für den Druckausgleich an der Tauchmaske
Nasstauchanzug	Kälteschutz aus aufgeschäumten Neopren; in 1,5 bis 8 mm erhältlich
NAUI	National Association of Underwater Instructors
Neopren	Elastisches Material aus geschäumtem synthetischen Kautschuk für Tauchanzüge
Nervus Acusticus	Hörnerv
Nervus Vestibularis	Gleichgewichtsnerv
Nesselgift	Gift von Quallen und Korallen. Bei Berührung der Tentakel eines Nesseltieres explodieren tausende Kapseln

	und injizieren das Gift unter die Haut. Die Giftwirkung kann bei einigen Quallenarten zum Tode führen.
Niedergang	Treppe an Bord eines Bootes
Nitrox	Atemgas-Gemisch aus Stickstoff (Nitrogen) und Sauerstoff (Oxygen). Standardgemische, wie z. B. NOOA NITROX I besteht aus 32% Sauerstoff und 68% Stickstoff.
Non-Limit-Tauchen	Viele Tauchgänge über mehrere Tage hintereinander durchgeführt. Durch die erhöhte Sättigung mit Stickstoff im Körper vergrößert sich das Risiko einer Dekompressionskrankheit.
normobar	Unter Normaldruck
Notaufstieg	Schneller, direkter Aufstieg zur Wasseroberfläche
Notsignal	Bei Bootstauchgängen empfohlen (z. B. optische Leuchtsignale oder farbige Boje)
NRC	Nitrox and Rebreather College
Nullzeit	Grundzeit, die ein Taucher maximal in Anspruch nehmen kann, ohne Dekompressionspausen beim Aufstieg einhalten zu müssen.
Oberflächenpause	Pause zwischen zwei Tauchgängen
Ödem	Flüssigkeitsansammlung im Gewebe
Ohr	Besteht aus drei Abschnitten: Außen-, Mittel- und Innenohr
Ohrstöpsel	Sind tabu beim Tauchen!
Ökologie	Wissenschaft der Beziehungen eines Organismus zur ihm umgebenden Umwelt (auch: Lehre vom Umweltschutz)
Oktopus	Zweites Mundstück an gemeinsamer 1. Stufe im Notfall für den Tauchpartner
Orientierungstauchen	Fähigkeit unter Wasser anhand natürlicher Hilfsmittel oder mit Kompass zu navigieren. Wird als Spezialkurs bei allen großen Tauchverbänden angeboten.
Osmose	Konzentrationsausgleich zwischen Lösungen durch eine feinporige, für kleinste Teilchen durchlässige Scheidewand.
OWD	Open Water Diver
Oxidation	Chemische Reaktion bei Verbindung eines Stoffes mit Sauerstoff (auch: Verbrennung)
Oxydose	Sauerstoffvergiftung
PADI	Professional Association of Diving Instructors
Panik	Ausgeweitete Angstzustände, die ein unbedachtes Handeln verursachen (z. B. Panikaufstieg durch Atemnot)

Panikaufstieg	Unbedachtes Durchschießen zur Oberfläche durch Panik oder Angst
Partialdruck	Teildruck eines Gases im entsprechenden Verhältnis zu seinem Anteil im Gasgemisch
Pascal	Alte Druckeinheit: 1 bar =105 Pascal
PATD	Professional Association for Technical Diving
PDA	Professional Diving Association
PDIC	Professional Diving Instructors Corporation
Pendelatmung	Wiedereinatmen der eigenen Ausatemluft durch einen überlangen oder zu dicken Schnorchel. Gefahr einer Kohlendioxidvergiftung!
Pflichtzeichen	Notwendige Unterwasserzeichen für die Tauchprüfung (z. B. O.K., Auftauchen, Abtauchen, Luftnot)
PFO	Patent Foramen Ovale (siehe: Foramen Ovale)
Pleuraspalt	Abgeschlossener Raum zwischen Lungen- und Rippenfell
Plicht / Cockpit	Offener Aufenthaltsraum an Deck
Pneumothorax	Eindringen von Luft in den Pleuraspalt
pound	Englische Gewichtseinheit: 1 pound = 453,59 g
Pressluft	Atemluft, die durch einen Kompressor verdichtet wurde
Pressluftflasche	Auch: Druckluftflasche. Enthält den Luftvorrat zum Tauchen. Flasche aus Stahl oder Aluminium mit üblicherweise 10 l, 12 l oder 15 l Volumen bei 200 bar Fülldruck.
Presslufttauchgerät	Besteht aus Druckluftflasche, Ventil und Lungenautomaten
ProTec	Professional Technical Diving
Prüfdruck	Zur Überprüfung von Druckluftflaschen (beträgt das 1,5-fache des Fülldrucks)
psi	Englische Druckeinheit: pounds per squareinches (1 psi = 0,07 bar / 3000 psi = 207 bar)
PTG	Presslufttauchgerät
querab	Rechtwinklig zur Seite
Rautek-Griff	Rettungsgriff zum Transport eines Verletzten auf kurze Strecken (z. B. eines bewusstlosen Tauchers an das Ufer)
Reanimation	Wiederbelebung
Rebreather	Kreislauf-Tauchgerät
Rechts-Links-Shunt	Übertritt von stickstoffreichem Blut auf die arterielle Seite des Kreislaufes durch eine Verbindung der Herz-Vorhöfe (Foramen Ovale)
Refraktion	Brechung des Lichts
Rekompression	Erneute Kompression nach Tauchunfall in der Druckkammer

Rekompression, nasse	Erneutes Abtauchen nach Dekompressionsunfall zum Nachholen der Austauchstufen. Veraltete Lehrmeinung, wird nicht mehr angewendet!
Rescue Diver	Rettungstaucher z. B. bei PADI
Reserve	Die Luftreserve beträgt mindestens 20% vom maximalen Fülldruck der Flasche
Reserveschaltungen	Dienen als Warneinrichtung beim Tauchen und sollen rechtzeitig das Absinken des Flaschendruckes auf 20% anzeigen
Residualvolumen	Anteil der Luft, der bei maximaler Ausatmung in Lunge und Atemwegen verbleibt
Rettungskragen	Erste Tarierhilfe für Taucher. Entwickelt in den 60er-Jahren von der Firma Frenzy (»Klodeckel«)
Rettungsweste	Schwimmweste mit genormten Eigenschaften. Achtung: Ein Tarierjacket ist keine Rettungsweste!
Rohrfedertiefenmesser	Mechanischer Tiefenmesser
RSTC	Recreational Scuba Training Council
RTH	Rettungs- und Transporthubschrauber
Ruder	Das Steuer auf Schiffen
Rumpf	Bootskörper
Safe Air	Gasgemisch mit höherem Sauerstoffgehalt. Auch: Nitrox
Salzwasser	Meerwasser hat eine durchschnittliche Dichte von 1,03 kg/l. Dadurch entsteht ein größerer Auftrieb und der Taucher muss zum Ausgleich etwa 2 - 3 kg mehr Blei als normal mitführen.
Sättigung	Begriff für die Aufnahme und Lösung von (Inert-) Gasen im Körpergewebe bei höherem Umgebungsdruck
Sättigungstauchen	Langzeittauchgänge, bei denen der Taucher sich vollständig mit Stickstoff sättigt. Hierbei bleiben Berufstaucher oft tagelang zwischen den Tauchgängen in speziellen Druckkammern.
Sauerstoff	Hat einen Anteil von 21% in der Atemluft. Formelzeichen: O_2
Sauerstoffatmung	Das Mittel der Wahl zur ersten Hilfe bei Tauchunfällen nach dem Grundsatz: So schnell, so hochkonzentriert und so lang wie möglich!
Sauerstoffbeatmung	Zur ersten Hilfe eines Bewusstlosen mit Atemstillstand nach Tauchunfall nach dem Grundsatz: So schnell, so hochkonzentriert und so lang wie möglich!
Sauerstoff-Dekompression	Während des Dekostopps wird reiner Sauerstoff aus einer Stage- Flasche geatmet, um schneller den Stick-

	stoff im Körper abzuatmen.
Sauerstoff-Krampf	Kann bei einem Sauerstoff-Partialdruck ab 1,4 bar ohne Vorwarnung auftreten.
Sauerstoffvergiftung	Schädliche Erhöhung des Sauerstoff-Partialdruck im Körper. Der Grenzwert von 1,6 bar wird erst ab über 70 m Tiefe erreicht. Beim Tauchen mit Nitrox ist es allerdings eine nicht zu unterschätzende Gefahr!
Schallgeschwindigkeit	Normal 340 m/sec in der Luft. Unter Wasser: 1480 m/sec, weswegen der Gehörsinn die Richtung einer Schallquelle nicht mehr feststellen kann.
Schleppzeiger	Mechanische Hilfe im Tiefenmesser zur Anzeige der maximal erreichten Tiefe
Schnappatmung	Unzureichende Reflexatmung. Führt zu akutem Sauerstoff-Mangel.
Schnellablass	Auslassvorrichtung mit Klappe und Zugschnur an der Taucherweste
Schnorchel	Sollten eine max. Länge von 35 cm für Erwachsene nicht überschreiten. Innendurchmesser: für Kinder 15-18 mm, für Erwachsene: 18-25 mm.
Schock	Lebensbedrohlicher Zustand durch ein Missverhältnis zwischen der vom Körper benötigten und der vom Blutkreislauf zur Verfügung gestellten Blutmenge. Ursachen hierfür sind z. B. hoher Blutverlust, Flüssigkeitsverlust, Vergiftungen oder Störungen des Herz-Kreislauf-Systems.
Schwimmbad-Blackout	Durch Hyperventilation ausgelöste Bewusstlosigkeit beim Streckentauchen. Der Kohlendioxidgehalt wird durch Abatmen künstlich gesenkt, wodurch der Atemzwang zu spät einsetzt.
SCR	Semi-closed Rebreather = Halbgeschlossenes Kreislaufgerät
Sedimentation	Niederrieseln von durch Flossenschlag aufgewirbeltem Schlamm und Sand. Schädigt Pflanzen und Korallen.
Seekrankheit	Auch: Reisekrankheit. Reaktion des Gleichgewichtssinns auf Schlinger- und Schaukelbewegung. Eingenommene Medikamente wirken z. T. zentral dämpfend auf das Gehirn, weshalb vom Tauchen abgesehen werden sollte!
Sehen unter Wasser	Durch Brechung des Lichts an der Tauchermaske erscheinen Objekte unter Wasser um 1/3 größer und 1/4 näher als in Wirklichkeit
Seitenlage, stabile	Zur sicheren Lagerung eines Bewusstlosen

semipermeabel	Halbdurchlässig
Sicherheitsstopp	Sollte am Ende jedes Tauchgangs eingehalten werden. Empfohlen werden 3 bis 5 min auf 3 bis 5 m Tiefe.
Sicherungsschein	Bestandteil von Pauschalreisen, damit im Falle der Zahlungsunfähigkeit des Reiseveranstalters für einen kostenlosen Heimflug gesorgt ist.
Signalpfeife	Akustisches Signalmittel auf dem Wasser
Sparatmung	Versuch, durch flache Atmung den Luftverbrauch zu reduzieren. Hat meist eine gegenteilige Auswirkung und kann zu starken Kopfschmerzen (durch Sauerstoff-Unterversorgung) führen.
Specialty	Spezialkurs bei PADI oder SSI zu Sondergebieten des Tauchens, wie z. B. Nachttauchen, Orientierung oder Wracktauchen.
Squeeze	Engl. für Kompressionskrankheit, Barotrauma
SSI	Scuba Schools International
Stabilizing-Jacket	Variante des Tarierjackets mit durchgehender, ringförmiger Luftblase unter den Armen
Steuerbord	In Fahrtrichtung »rechts«
Steuerrad / Pinne	Gerät zum Legen des Ruders
Stickstoff	Ist ein Inertgas und hat einen Anteil von 78% in der Atemluft. Formelzeichen: N_2
Stickstoff-Narkose	Auch: Stickstoffvergiftung, Tiefenrausch
Stickstoffvergiftung	Auch: Tiefenrausch
Stimmritzenkrampf	Reflex des Körpers, um durch den Verschluss des Kehlkopfes Eindringen von Wasser in die Lunge zu verhindern.
Streuung	Optischer Effekt, bei dem das Licht an kleinsten Teilchen im Wasser abgelenkt wird.
Strömungstauchen	Wird von den großen Verbänden als Spezialkurs angeboten
Subkutanes Emphysem	Ansammlung von Luft unter der Haut
SUSV	Schweizer Unterwasser-Sport-Verband
Systole	Herzzyklus der Kontraktion und des Blutauswurfs
Tampen	Seil
Tarierjacket	Auftriebs- und Stabilisierungshilfe für das Tauchen. Es gibt Stabilizing-Jackets, ADV-Jackets, Wing-Jackets und Mischformen auf dem Markt.
Tarierung	Ausgleich des Auf- und Abtriebs im Wasser durch Luftein- oder Auslassen ins Jacket. Austariert ist man, wenn man Auf- und Abtrieb neutralisiert und den schwerlosen Schwebezustand erreicht (=hydrostatisches Gleichgewicht).

Tauchanzug	Es gibt Nass-, Halbtrocken- und Trockentauchanzüge für Taucher
Tauchapparat	Begriff für die ersten Tauchgeräte. Der Tauchapparat von Klingert 1797 hatte Ähnlichkeit mit einem Tauchhelm. Der Tauchapparat von Rouquayrol hatte 1864 den ersten automatischen Druckregler.
Tauchausrüstung	Alle Ausrüstungsteile zum Tauchen
Tauchbrevet	Nachweis der Tauchqualifikationen
Tauchcomputer	Zur Berechnung der Sättigungs- und Entsättigungsvorgänge. Kann u. a. Tauchtiefe, Zeit, Nullzeit, Dekostufen, Temperatur, Flaschendruck und Luftverbrauch anzeigen.
Taucherdiurese	Verstärkte Harnproduktion beim Tauchen
Taucherflagge	Auch: Alpha-Flagge; zur Absicherung der im Wasser befindlichen Taucher.
Taucherflöhe	Stickstoffbläschen in Hautkapillaren, die einen Juckreiz bzw. Hautrötung erzeugen.
Taucherpass	Auch: Logbuch – zum Nachweis der Tauchgänge
Taucheruhr	Sollte wasser- und druckfest sein
Taucherweste	Vorläufer des Tarierjackets
Tauchmaske	Gibt es in ein- oder mehrglasiger Ausführung. Sie sollte einen gut greifbaren Nasenerker haben und aus bruchfestem (tempered) Sicherheitsglas bestehen.
Tauchprofil	Idealisierter Tiefenverlauf des Tauchgangs mit Zeitangaben
Tauchreflex	Evolutionsbedingte Reaktion des Körpers auf Wasserkontakt: Verengung der Gefäße und eine Verlangsamung der Herzfrequenz
Tauchtauglichkeitsbescheinigung	Ärztlicher Unbedenklichkeits-Nachweis vor dem Tauchen
Tauchtiefe	Größte während eine Tauchgangs aufgesuchte Wassertiefe
Tauchzeit	Zeit unter Wasser: Auftauchzeit minus Abtauchzeit
TDI	Technical Diving International
Tec-Diving	Auch: Tek-Diving. Technisches Tauchen bei Forschungs-, Berufs- und Extremtauchern. Hier wird der Schwerpunkt auf die Ausrüstung und das Gasmanagement gelegt.
Teildruck	Siehe Partialdruck
Tempered Glas	Glas, bei dem durch Wärmebehandlung die Festigkeit erhöht wurde. Im Falle von Glasbruch zerfällt die Scheibe in kleine Krümel. Auch: Temperglas
Thermokline	Sprungschicht zwischen warmem und kälterem Wasser

Thorax	Brustkorb
Thrombozyten	Blutplättchen
Tidenkalender	Zeigt den zeitlichen Verlauf von Ebbe und Flut an einem bestimmten Küstenabschnitt
Tiefenmesser	Mechanische oder elektronische Anzeige der Tauchtiefe durch Messung des Umgebungsdrucks
Tiefenrausch	Alkoholrauschähnlicher Zustand durch erhöhten Stickstoff-Teildruck.
TIS	Thermal Insulating System. Patentiertes System der Firma SCUBAPRO, das die äußere Vereisung in der 1. Stufe unterbinden soll.
Torr	Alte Druckeinheit »Torricelli« entspricht mmHg
Totalkapazität	Gesamtes Volumen der Lunge, Luftröhre und Rachenraum
Totraum	Atemwege, die nur zum Transport von Gasen zum Ort des Gasaustausches dienen.
Totraumatmung	Rückatmung der Ausatemluft aus einem überlangen Schnorchel
toxisch	giftig
Trachea	Luftröhre
TRIMIX	Mischgas aus Sauerstoff, Stickstoff und Helium
Trockentauchanzug	Wasserfester Anzug aus Neopren, Trilaminat oder ähnlichem Gewebe, der durch Einblasen und Auslassen von Luft auf ein konstantes Volumen in der Tiefe gehalten werden muss.
Trommelfell	Trennt Außenohr vom Mittelohr
TSVOE	Tauchsportverband Österreich
Überatmen	Auch: Hyperventilation
Überdruckventil	Vorrichtung am Tarierjacket, die bei einem bestimmten Druck anspricht
Überhitzung	Siehe: Hyperthermie
Überströmen	Beim Überströmen stellt sich in beiden Druckbehältern der gleiche Gesamtdruck ein.
UDI	United Diving Instructors
Umgebungsdruck	Wasserdruck + Luftdruck
Unterkühlung	Körperkerntemperatur unter 35°C
Unterwasserzeichen	Zur Kommunikation unter Wasser. Neben zehn Pflichtzeichen gibt es noch einige Zusatzzeichen.
Upstream-Ventil	Öffnet gegen den Druck
Valsalva-Methode	Aktiver Druckausgleich im Ohr
VDST	Verband Deutscher Sporttaucher e. V.

VDTL	Verband Deutscher Tauchlehrer e. V.
Vene	Zum Herzen führendes Blutgefäß
Ventil	Das Ventil sperrt oder öffnet die Druckluftzufuhr aus der Pressluftflasche.
Ventrikel	Herz-Hauptkammer
Venturi-Düse	Injektor in 2. Stufe
VEST	Verband Europäischer Sporttaucher
VISH	Verband Internationaler Sporttaucher mit Handicap e. V.
VIST	Verband Internationaler Sporttaucher
VIT	Verband Internationaler Tauchschulen e. V.
Vitalkapazität	Luftmenge, die nach tiefster Einatmung wieder ausgeatmet werden kann.
VIVA	Venturi-Initiated Vacuum Assist: Bauliche Maßnahme in der zweiten Stufe zur Erhöhung des Atemkomforts.
Vollgesichtsmaske	Tauchmaske mit integriertem Atemregler, die das ganze Gesicht umschließt
Wärmeleitung	Auch: Konduktion. Wärmetransport durch direkte Berührung
Wärmestrahlung	Energietransport durch elektromagnetische Wellen
Wärmeströmung	Auch: Konvektion. Wärmetransport durch bewegte Flüssigkeiten oder Gase
Wasserdruck	Entsteht durch die Gewichtskraft des Wassers. Erhöht sich um 1 bar pro 10 m Tiefe.
Wiederholungsgruppe	Begriff der Dekompressionstabelle: Buchstabenkennzeichen, die zur Bestimmung des fiktiven Zeitzuschlags bei Wiederholungstauchgängen dienen.
Wiederholungs-tauchgang	Alle Tauchgänge, für die sich ein fiktiver Zeitzuschlag auf die Grundzeit aus der Tabelle ergibt.
Wing-Jacket	Jacket-Variante, bei der die Luftkammern hinten seitlich wie Flügel abstehen und eine waagerechte Schwimmlage begünstigen
Wracktauchen	Nur mit entsprechender Ausbildung, Ausrüstung und Erfahrung. Einige Tauchverbände bieten spezielle Kurse zu diesem Thema an.
yard	Englische Maßeinheit: 1 yard = 91,44 cm
Y-Ventil	Flaschenventil mit zwei Abgängen in Y-Form.
Zeitzuschlag	Begriff der Dekompressionstabelle für die Bestimmung der Tauchzeit von Wiederholungstauchgängen
Zusatzzeichen	Neben den Pflichtzeichen kennt der Sporttaucher einige zusätzliche Unterwasser-Zeichen.

Zweischlauchatemregler, einstufiger	Hier wird der Flaschendruck in einem einzigen Schritt auf den Umgebungsdruck reduziert.
Zweitautomat	Kompletter zweiter Lungenautomat (1. und 2. Stufe) als Reserve für den Notfall
Zweite Stufe	Auch: Mundstück oder Atemregler. Hier wird der Mitteldruck auf den atembaren Umgebungsdruck reduziert.
Zyanose	Sauerstoff-Unterversorgung des Körpers. Zu erkennen an Atemnot und blauen Lippen.